100+ 二维码扫一扫，
轻松获取权威旅行信息

旅游书架

美国穷游也行

《亲历者》编辑部 编著

中国铁道出版社
CHINA RAILWAY PUBLISHING HOUSE

图书在版编目（CIP）数据

美国穷游也行／《亲历者》编辑部编著 .—北京：中国铁道
出版社，2018.1
（亲历者·穷游也行）
ISBN 978-7-113-22941-2

Ⅰ.①美… Ⅱ.①亲… Ⅲ.①旅游指南－美国 Ⅳ.① K971.29

中国版本图书馆 CIP 数据核字（2017）第 057455 号

书　　名：**美国穷游也行**
作　　者：《亲历者》编辑部　编著

策划编辑：聂浩智
责任编辑：王　宏
版式设计：戴立志
责任印制：赵星辰

出版发行：中国铁道出版社（100054，北京市西城区右安门西街 8 号）
印　　刷：中煤（北京）印务有限公司
版　　次：2018 年 1 月第 1 版　　2018 年 1 月第 1 次印刷
开　　本：880mm×1230mm　　1/32　印张：12　字数：400 千
书　　号：ISBN 978-7-113-22941-2
定　　价：58.00 元

中央公园

当你看到
这页文字时

我猜
封面做得还算成功，起码它没恶心到你

我猜
你喜欢旅游，想去美国，并且想尝试穷游

我猜
你在怀疑这本书是不是在哗众取宠，作者是不是很靠谱

FOREWORD

说实在的，尽管去过很多次美国，但是我也不敢说能带你疯狂、带你飞。我走我的路，带着自己的习惯与性格。

旅行是成长与历练的过程，它不是工作，所以谈不上经验；从小语文跟数学对我来说就是很混乱的，跟我谈常识，我认为数学就应该是语文老师教。

那你编的书还能看？

小时候呆傻不代表现在愚笨，真诚做人、真诚做事是我的一贯准则，错了就改，落后就努力进步，尊重世间任何事与物。

所以，我以诚提笔，将所能提炼出的美国旅游信息尽数奉献。

再啰嗦两句

穷游不是去受罪，而是高效的旅行，同样的花销，有人只去纽约潇洒了一把，而有人则把整个美国体验了个遍。同样，穷游能使更多人出国旅行成为可能，大学生可以，普通职员可以，普通家庭也可以。

■ 希望上面的碎言碎语可以打动你，并准备着手去美国。关于本书，更希望你能挑出不足，并发送至意见信箱：BJJZBOOKS@126.com，在旅行的道路上，你永远不可能是一个人。

CON-目录
TENTS

行前实用干货

16

准备做得好，出行不用愁

42

了解复杂的交通是穷游的关键

Chapter **ONE**

东海岸（中大西洋）地区

落基山区

246

Chapter **FIVE**

五大湖周边地区

274

芝加哥

Chapter EIGHT

南部地区

328

Chapter NINE

中西部地区

340

行前实用干货

准备做得好
出行不用愁

华盛顿州
State of
Washington

蒙大拿州
Montana

北达科他州
North Dakota

明尼苏达州
Minnesota

缅因州
Maine

Oregon
俄勒冈州

爱达荷州
Idaho

威斯康星州
Wisconsin

密歇根州
Michigan

纽约州
New York

怀俄明州
Wyoming

南达科他州
South Dakota

艾奥瓦州
Iowa

印第安纳州
Indiana

俄亥俄州
Ohio

宾夕法尼亚州
Pennsylvania

内华达州
Nevada

犹他州
Utah

内布拉斯加州
Nebraska

伊利诺伊州
Illinois

弗吉尼亚州
Virginia

加利福尼亚州
California

科罗拉多州
Colorado

堪萨斯州
Kansas

密苏里州
Missouri

肯塔基州
Kentucky

北卡罗来纳州
North Carolina

亚利桑那州
Arizona

新墨西哥州
New Mexico

俄克拉何马州
Oklahoma

阿肯色州
Arkansas

田纳西州
Tennessee

南卡罗来纳州
South Carolina

傅克萨斯州
Texas

密西西比州
Mississippi

阿拉巴马州
Alabama

佐治亚州
Georgia

路易斯安那州
Louisiana

阿拉斯加州
Alaska

佛罗里达州
Florida

夏威夷州
Hawaii

1.新罕布什尔州 New Hampshire
2.佛蒙特州 Vermont
3.马萨诸塞州 Massachusetts
4.罗得岛州 Rhode Island
5.康涅狄格州 Connecticut
6.新泽西州 New Jersey
7.马里兰州 Maryland
8.特拉华州 Delaware
9.西弗吉尼亚州 West Virginia

▌美国各州分布示意图

① 掌握最有用的基本信息

地理分布情况

　　美国地域辽阔，拥有50个州和一个联邦直辖特区，要弄清楚每个地方的详细情况比较困难，也没什么必要，因为人们去美国旅游的核心城市或地区是屈指可数的。当然，除了核心区域，美国其他一些偏冷门的地方也独具风情，下面就把美国50个州和一个联邦直辖特区划分为10个地理大区，以方便认知。

美国各地理大区概况		
地理大区	**所辖州**	**代表城市**
东海岸（中大西洋）地区	纽约州、宾夕法尼亚州、新泽西州、特拉华州、马里兰州、弗吉尼亚州、西弗吉尼亚州、华盛顿哥伦比亚特区	纽约、华盛顿
新英格兰地区	缅因州、新罕布什尔州、佛蒙特州、罗得岛州、康涅狄格州、马萨诸塞州	波士顿
西海岸（太平洋沿岸）地区	华盛顿州、俄勒冈州、加利福尼亚州	洛杉矶、旧金山、西雅图
落基山区	蒙大拿州、艾奥瓦州、内华达州、怀俄明州、科罗拉多州、犹他州	拉斯维加斯、丹佛、盐湖城
五大湖周边地区	密歇根州、俄亥俄州、印第安纳州、伊利诺伊州、威斯康星州	芝加哥、底特律
东南地区	北卡罗来纳州、南卡罗来纳州、佐治亚州、佛罗里达州	奥兰多、迈阿密
西南地区	亚利桑那州、新墨西哥州、得克萨斯州	休斯敦、达拉斯
南部地区	肯塔基州、田纳西州、亚拉巴马州、密西西比州、阿肯色州、路易斯安那州	新奥尔良
中西部地区	明尼苏达州、艾奥瓦州、密苏里州、堪萨斯州、俄克拉何马州、内布拉斯加州、南达科他州、北达科他州	堪萨斯城、俄克拉何马城
本土以外地区	夏威夷州、阿拉斯加州	檀香山

气候及衣着

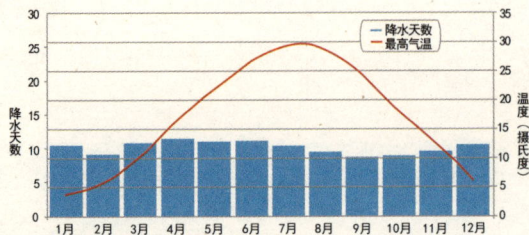

▌纽约（东海岸地区）气候图

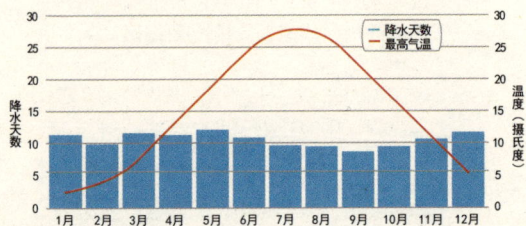

▌波士顿（新英格兰地区）气候图

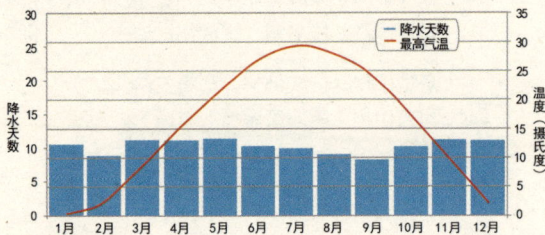

▌芝加哥（五大湖周边地区）气候图

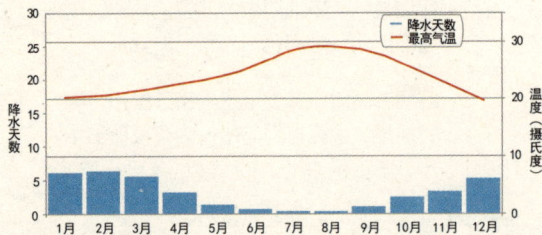

▌洛杉矶（西海岸地区）气候图

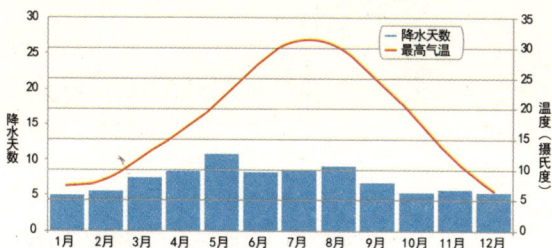

┃ 丹佛 （落基山区）气候图

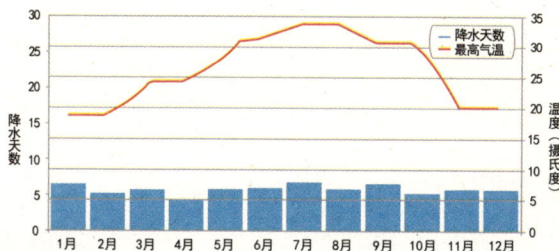

┃ 休斯敦 （西南地区）气候图

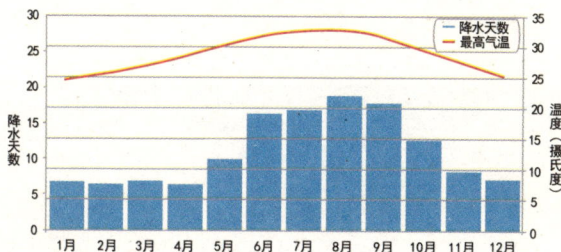

┃ 迈阿密 （东南地区）气候图

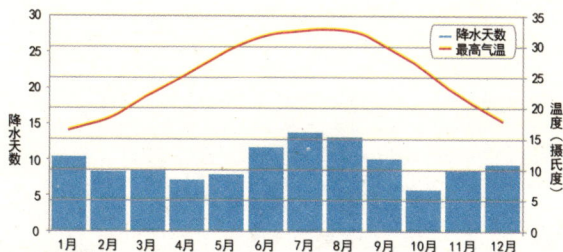

┃ 新奥尔良 （南部地区）气候图

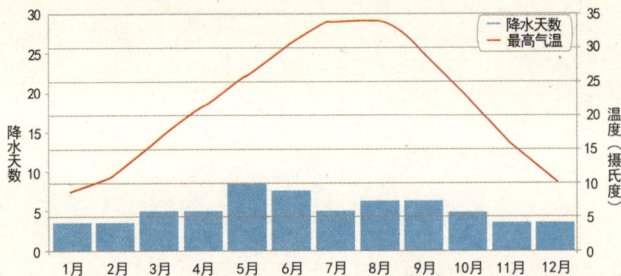

■ 俄克拉何马城 （中西南地区）气候图

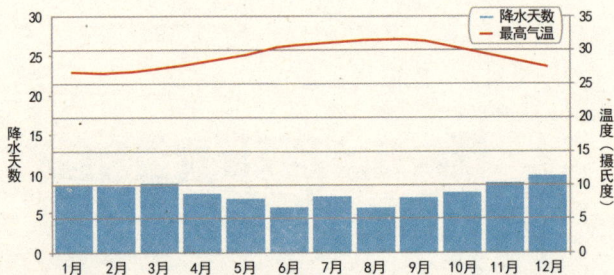

■ 檀香山 （本土以外地区）气候图

美国四季最佳游玩时间及穿着			
季节	时间	明显特征	衣着
春季	3～5月	春暖花开，气候适宜。除了东北部和北部在3月以前还有点冷以外，大部分地区已经气候适宜，万物复苏了，此时节日也相对多一些	在北部和东北部，3月还需要穿毛衣，或者稍微厚一点的衣服，基本4月以后就可以以单衣为主了
夏季	6～8月	旅游旺季，也是最热的季节	短袖、裙子即可
秋季	9～11月	秋高气爽，和春季的气温相仿，但是会更干燥一点	9、10月在大部分地区还可以穿单衣，11月以后天气就慢慢开始冷了

续表

季节	时间	明显特征	衣着
冬季	12月至次年2月	美国的南部还是很暖和，加州西南部也气候适宜，但是东北部、北部、中西部大部分地区还是很冷的，经常降雪并发生雪灾	大衣、羽绒服等，如果可以的话再备一双雪地靴

备注：到底什么时间去美国比较好？其实美国四季各具特色，这里推荐《美国四季旅行》一书，其详尽介绍了美国四季特色及最适合当令时节的旅行地

TIPS 可通过以下二维码查询美国天气情况，如温度、风力、紫外线指数、降水量等信息一应俱全。

www.accuweather.com

时差和电压

时差

美国国土东西跨度大，本土被分成4个时区，加上阿拉斯加和夏威夷一共是6个时区，分别是太平洋时区、山地时区（中西部时区）、中部时区与东部时区，以及夏威夷时区及阿拉斯加时区。当美国实行夏时制时，北京时间比美国东部（简称为E.T.)时间正好早12小时。非夏时制时，北京时间比美国东部时间早13小时。其他地区全都以此类推。

太平洋时区：代表城市洛杉矶，比北京时间晚16小时。

山地时区：代表城市盐湖城，比北京时间晚15小时。

中部时区：代表城市芝加哥，比北京时间晚14小时。

东部时区：代表城市纽约、华盛顿，比北京时间晚13小时。

夏威夷时区：代表城市檀香山，比北京时间晚18小时。

阿拉斯加时区：代表城市费尔班克斯，比北京时间晚17小时。

TIPS 到了美国后，时差问题直接关系到游客游玩的质量，所以建议你在飞机起飞前就把手表调成美国目的地时间，并且注意自己乘坐的航班到达当地的时间。根据到达时间和当地的实时时间进行同步调节，下飞机后可适应。中国飞往美国的航班，直飞时间一般为12.5～14小时，建议选择下午或傍晚到达美国的航班，以便到美国后直接休息，一觉醒来第二天就可以把自己的时差调整好。

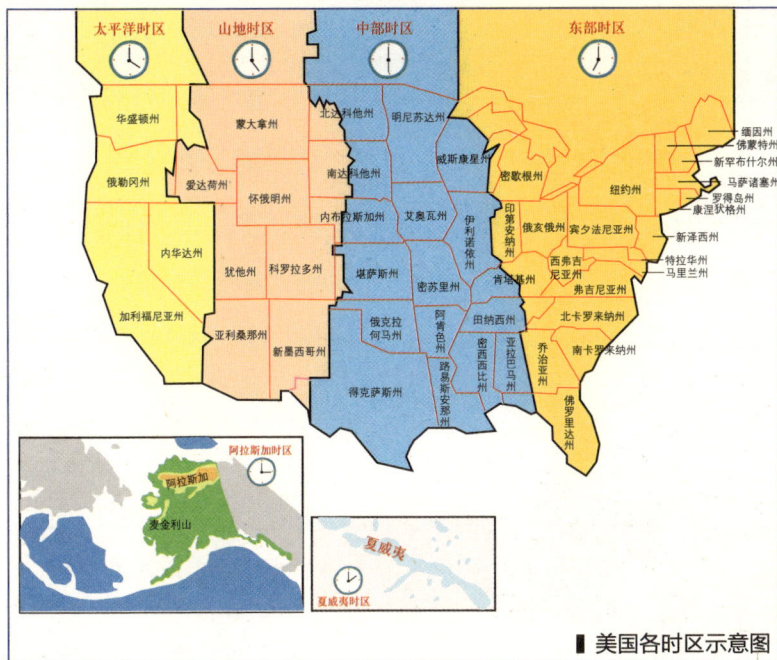

■ 美国各时区示意图

电压

美国常用电压为110V，与中国的220V相差较大，但如今众多电器的适用电压都为100~220V，建议游客出发前检查下所带电器的适用电压，再决定是否携带电压转换器。

插座

美国的插座大多为三孔（两扁一圆），如果你的插头是两项扁形的，并且电压适用110V，就可以直接使用。如果是中国的三项插头则无法使用，需用转换插座。现在市面上有变压与转换一体的插座，网店和超市都有出售，十分方便。

银行卡与小费

银行卡

去美国之前，最好办理一张开通了美元账户的维萨、运通、万事达等信用卡，因为预订酒店时就要用信用卡结算。其实在美国办理一张银行卡是一件很容易的事情，只要出示你的护照等有效证件，工作人员就会帮你办理了，一般都是一对一服务，且很多大城市的银行还提供中文服务。此外，想在美国的大型购物中心购物或者租车的游客，一定记得使用信用卡，这样真的会很方便，而且在租车的时候也不用缴纳高昂的保证金了。

最值得一提的是，美国几乎任何地方都可以使用信用卡支付（华人区某些地方除外），如果没有必要，还是尽量不要用ATM取款，因为非美国的银行卡账户取款需要交纳国际手续费。所以给大家推荐几种全球免手续费的银行卡。

全球免手续费的银行卡推荐	
花旗银行储蓄金卡	花旗银行储蓄金卡全球全币种取现不收手续费，在中国各花旗银行网点就可以办理
华夏银行储蓄卡	华夏银行储蓄卡每月第一笔取款全球免费，每月头一次查询也是全球免费的，其虽然是银联卡，但是在部分没有银联标志的ATM上也可以取款
大通银行	大通银行（Chase Bank）是美国当地最大的银行之一，如果你带的钱数额过大，可以到当地以后办理一张大通银行（Chase Bank）的储蓄卡，这样出去刷卡会很方便，取钱也很容易

TIPS 去美国兑换美元的话，可以在当地机场的外币兑换处进行兑换，但是通常汇率比正常汇率要低，并且有一笔手续费，所以不建议在机场兑换。你可凭自己的护照在当地商业银行进行兑换，兑换前需比较当天每家银行的汇率。

小费

　　美国是收小费的国度，只要你接受了他人的服务就要给小费，虽然没有强制性，但是给小费这种行为在美国人看来是你对他们服务的认可。一般去吃一顿饭给总消费额15%～20%的小费，吃自助餐（Buffet）的话一般每人给1～2美元就可以了。别人帮你停车，或者当你在酒店接受服务的时候，都需要留下一点点小费在那里。当然给小费的多少看自己对服务人员的认可，给多了自己吃亏，给少了又不太合适，所以下面列一个参考的表格。

在美国支付小费明细（单位：美元）			
场合	类型	计费方式	详情
就餐	快餐店	无须支付小费	如果打电话叫外卖的话，对方送到后，需给送外卖的人2～3美元的小费
	自助餐馆	按人数计费	看餐厅的豪华程度，一般给1～2美元/人即可，如果很豪华的餐馆，食材也很棒，需至少给3美元/人
	正式餐厅	按消费额计算	总消费额的15%～20%
住宿	打扫房间	一般来说按照每天每人计费	普通三星级旅馆3美元/人/天即可，四星级的每人每天多1美元，家庭旅馆、青年旅舍1美元/人/天
	开门	按人数计费	1美元/人
	拎行李	按行李数计费	1美元/件

场合	类型	计费方式	详情
坐出租车	乘车	按消费额计算	乘车费用的10%~20%
机场	搬运行李	按行李数	2美元/件
在卫生间	送毛巾、喷古龙水	按次数	1美元/次

邮政、快递

邮政

　　美国邮政又名USPS（United States Postal Service），在美国街头随处可以看到它们的邮箱。如果你只是寄信或者明信片回国，1盎司（约28克）收取1美元15美分（仅供参考）；如果寄美国境内只需49美分；如果信件超过1盎司，会每1盎司额外收取20美分，重量最多不能超过13盎司（约368克）。你只需根据信件重量购买足够金额的邮票贴上去，投入蓝色的邮筒即可，超过重量的信件，则需前往邮局办理（详见下文的国际快递）。

快递与寄存

　　如果随身行李太多，很难带到下一站，而你的住宿地又提前预订好了，那么就快递吧。美国的快递包裹也是直接称重邮寄，这一点UPS优势很大，其邮寄得越多越远优惠越大，如果只是退房了，想出去玩，那么直接把你的包裹寄存在前台就好，而且不用给小费。

国际快递

　　从美国邮寄大包裹到中国，最常用的国际快递当属USPS（美国邮政），其价格适中，速度比较快，相对来说比较合适，通常时效3~5个工作日到达。其他如UPS、DHL等在价格上没什么优势，也不如USPS好找，因为只要有美国邮局的地方就有USPS，而UPS和DHL却只能在相应的网点才可以找到。当然你也可以去华人区选择华人快递，华人快递实惠的价格赢得了很多客户的青睐，但是它有个缺点，就是运送时间久，最短的一般都要15个工作日。右侧是美国邮政的查询网站及二维码，下列表格则是国际邮件的快递服务时间。

www.usps.com

美国国际邮件服务		
Global Express Guaranteed （全球特快）	Priority Mail Express International （一般国际快件）	Priority Mail International （一般国际邮件）
1~3个工作日	3~5个工作日	6~10个工作日

不容忽视的生活设施

穷游一族在很多时候都会搭夜班车省住宿费，但这就会造成很多生活上的问题，且出发前也比较容易忽视，如洗澡、饮水、充电等，那该如何解决？

洗澡

如果是坐美国国铁的话，卧铺车厢有浴室可以供乘客洗澡；如果是去沿海城市游览，一般在海边可供换衣服的公共休息间里，都会有可以洗浴的地方；在纽约等大城市街头，你可能会看到一种蓝色的公交车，那其实是由报废的公交车改装而成的免费流动淋浴室，主要供流浪汉使用，里面洗浴用品齐全。

饮水

在美国，饮水是个让人头疼的问题。一般来说，除了少数住宿地的房间会有电热水壶，出去买水或者去餐馆喝水，只要你不提出不加冰，得到的基本上全是冰水。美国的水质相当好，从自来水管里接的水也都达到了饮用标准，所以外出用餐的游客，在餐馆里看到你的冰水是直接从自来水管里接的，请不要很吃惊地望着美国人。

在美国乘坐灰狗巴士、美国国铁等不用担心充电的问题，基本上每一个座位下面都会有充电插座，机场、巴士站等地也都有公共充电处，甚至麦当劳、肯德基等连锁餐厅也都可以充电。

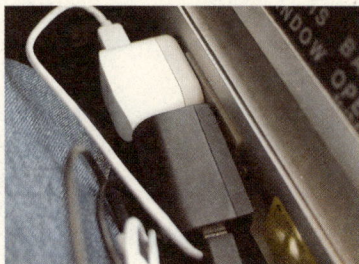

美国常用度量衡

长度

1英里（mile）≈1.60千米（公里）、1码（yard）≈0.91米=3英尺=36英寸、1英尺（feet）≈0.30米=12英寸、1英寸（inch）≈2.54厘米、1海里（nmi）≈1.85千米（公里）

容积

1美制加仑（us gal）≈3.78升

重量

1磅（lb）≈0.45千克≈16盎司、1盎司（oz）≈0.02千克、1克拉≈0.20克

温度

0摄氏度（℃）≈32华氏度（℉）、1摄氏度（℃）≈33.8华氏度（℉）、-1摄氏度（℃）≈30.2华氏度（℉）、摄氏度每增减1度，华氏度增减约1.8度

面积

1英亩（acre）≈4046.85平方米≈0.40公顷、1平方英里≈2.58平方公里、1平方码≈0.83平方米、1平方英尺≈0.09平方米

② 快速拿下签证的技巧

　　美国签证的申请其实是很简单的，并没有那么复杂，准备好必要的材料，再调整好心态，就比较容易通过。

首先要知道

　　★ 如今，在美国驻华大使馆的官网（www.ustraveldocs.com）上，从申请、交款到预约面签时间都可在线完成，十分便捷，没必要再去网上买 www.ustraveldocs.com 昂贵的电话卡打电话预约，也不需要大老远跑到银行付款。美国签证的付费是与中信银行合作的，所以要用到中信银行的银行卡。

　　★填写DS160表格（签证申请表）需要上传电子版照片，要求白底正面相，600×600像素，实体大小是5cm×5cm的正方形，并且是申请人最近6个月照的。建议在正规的照相馆拍，告诉摄影师照片拍摄的要求（或直接说申请美国签证用），之后别忘了要电子版照片，可以自带U盘拷贝或传到邮箱。

　　★进入DS160表格填写页面时，在右上角可以选择语言，选择简体中文后，把鼠标放在英文上就会显示出中文，然后严格按照说明填写即可。

　　★面签官的中文也是很好的，如果你对自己的英语不是太自信的话，就用中文与其交流吧。另外，面签时，一句"您好"加上一个微笑，总是会给人留下好印象的。

　　★面签的时候，不论材料能否用到，一定要准备充足，尽管很多人面签时只用到了护照和DS160表格的确认单。面谈时，应真诚、微笑、坚定，问什么答什么，被你否定的东西给予直接的说明即可。最重要的，DS160表格上填的要跟你说的一样，不能出现表上填的是跟团出行，你跟面签官说自由行。如果面签官跟你聊的时间越长，要你出示的资料越多，则越说明他对你的疑虑越大或还没有得到他想要的答案。顺利通过的人往往面签时间很短。

美国签证申请材料明细
有效期6个月以上的护照、含以往过期护照
DS160表格的确认单chinese.usembassy-china.org.cn/ds160onlineapplication.html
缴费条形码确认单
户口簿、暂住证、身份证、结婚证
在职证明（包含工作、职位、月薪、护照号、准假时间、公司信息）、名片、工资卡、公司奖励证书
所在企业营业执照、组织机构代码证，加盖公章
资产证明、账户6个月流水、信用卡6个月账单、股票交易流水明细
申请签证所用证件照片2张，全家福照片、旅行照片
国外学位证书
驾照、行驶证、房产证
行程简表
注：没有的材料可不带

★面签官一般对这些人群有顾虑：新婚年轻夫妻、刚工作的、刚毕业的、未有稳定工作和职业的人，如果你是其中一类，面谈时就要注意回答一些奇怪的问题了，当然真诚最重要。

多说两句

★如果你是第一次出国，而且觉得上面的流程实在烦琐，那就找旅游公司代办，这样可以省心、安心一点，但DS160表格是需要自己填的，面签还得自己去。旅游公司只是根据你提供的材料，进行材料审核与培训，按照他们以往的经验，告诉你面签时什么该说，什么不该说，判断你通过的可能性。他们会针对你的情况提供签证流程的全程跟踪，你只要给他们要的资料，最后等待他们通知你去面签即可。在选旅游公司时，切记选签证不过就不收费的那种，这样对自己有个保障。至于价格，因地而异，差不多是一次签证费的费用。

签证官最常问的问题
你去美国做什么（为什么去美国）
是自助游还是跟团游
准备去哪些城市
去多少天
有家庭成员的照片吗
在哪里工作，做什么的，收入多少
有没有出过国，什么时间去的
在中国有房子吗
结婚了吗，另一半为什么不去

★根据大多数人办理签证的经验，其实总结下来只有一条，那就是大大方方，不要怯场，以平和的心态面对面签官，因为你的签证通过与否是看签证官的心情，没有必要的紧张和话语过多只会让他怀疑你去美国的真实目的，他问什么你答什么就可以。

新政策补充

美国签证方面针对持有10年有效B1或B2签证的中国公民，推出了EVUS系统，这些人在前往美国前，必须完成EVUS登记，获得许可后，才可进入美国。

★什么是EVUS系统

EVUS系统即签证更新电子系统，供持有10年有效B1或B2签证的中国公民所使用的个人基本信息在线定期更新系统（有效期1年的签证无需登记）。

EVUS系统登记一次有效期2年，2年后去美国需再次登记更新。如果期间护照有变更，要在EVUS系统登记，就算是任何信息都没变，也需要登记更新。总之，信息更新2年一次，但不管有没有变动，都不太会影响你去美国。

★ 如何操作EVUS系统

登录EVUS系统网站（www.cbp.gov/EVUS，支持中英文），更新姓名、出生日期、护照信息、个人信息和就业信息等（填写需英文），用时3～5分钟，可由他人代提交。每次更新费用15美元（约100元人民币），可在线支付。申请完后需打印确认函。

★ 美签福利（持美签可免签国家）

1.墨西哥：持美国有效签证，可在墨西哥停留180天；

2.哥斯达黎加：持美国有效签证，可停留30天，仅限于美国有效签证的B\D\F\H签注；

3.多米尼加：持美国有效签证，可在多米尼加落地签，能停留30天；

4.洪都拉斯：持美国有效签证，可在洪都拉斯停留180天；

5.百慕大：持美国或加拿大有效签证，可停留180天；

6.巴拿马：持美国有效签证，并且使用过一次，可以在巴拿马停留30天；

7.韩国：持美国有效签证，可在韩国过境停留30天，但必须是以过境为目的；

8.新加坡：持美国有效签证可过境新加坡停留96小时，美国签证有效期至少还有1个月，往返只能停留一次；

9.菲律宾：持美国有效签证，可在菲律宾停留7天，前提是要从第三国起飞；

10.黑山：持美国有效签证，可停留7天，如果需要在欧洲其他国家转机，那就必须要申请申根签证；

11.开曼群岛：持美国有效签证，可停留30天；

12.牙买加：持美国有效签证，可停留180天；

13.巴哈马：持美国有效签证，可停留30天；

14.危地马拉：持美国有效签证，可停留90天。

③ 收藏和安装这些网站与APP

旅游类

Momondo

这款APP为一款综合的APP，在许多国家都可以使用，其中包含了预订酒店、机票、租车、活动这四大块项目。除此之外，这款APP还有很多城市项目可以选择，基本上世界知名城市的吃喝玩乐都可以在这款APP上找到。

网页版（支持中文，内含APP下载）

出行类

Google地图

Google地图是一个实用的地图软件，能帮助你在美国快速找到你要到达的目的地，包括制定出最符合你要求的路线。而且Google地图支持下载离线地图，可以先把美国的地图下好，到时候就不用联网也可以使用了。

苹果版扫二维码下载

网页版

Uber

这个软件现在在中国也有，相当于美国的滴滴打车，如果在城市里不想乘坐地铁和公交车出行的话，Uber也是一个不错的选择，因为在美国当地Uber还是很便宜的一种选择。

网页版

综合预订类

Expedia

这款APP为一款综合预订的APP，在许多国家都可以使用，其中包含了酒店、机票、租车、活动预订这四大块项目。而且这款APP还能自动挑选出最便宜的机票以及酒店，搜索酒店可以按照客人的价格和定位，自动帮客人筛选出性价比最高的酒店。

网页版（支持中文，内含APP下载）

Cheap Tickets

这一款APP和Expedia的界面几乎一样，可以两个APP一起比价，Cheap Tickets的优点是更容易拿到优惠券和打折的票。

网页版（英文，内含APP下载）

Priceline

在这款APP上可通过竞价方式竞拍到最便宜的酒店、机票、租车价格等，要注意，从该网站上竞拍后的订单不能取消。

网页版（支持中文，内含APP下载）

翻译类

谷歌翻译

谷歌翻译的实用性毋庸置疑，如今谷歌翻译再增添"字镜头"功能，你可以用手机摄像头拍摄任何标志或任何其他文本，并将它翻译成中文，并且该功能可以完全脱机工作，无需连接谷歌服务器。

苹果版扫二维码下载

安卓版扫二维码下载

旅行翻译官

旅行翻译官是蚂蜂窝的一款翻译软件，可免费下载30多种真人发音语言包，覆盖所有常用外语语种。你可以提前下载好所需的语言种类，则可便捷与人沟通了。

二维码扫描下载界面
（扫描之后分别下载苹果版和安卓版）

美食类

Yelp

Yelp（即大众点评）是去美国最常用到的美食搜索软件，支持中文页面。该软件具有方便的GPS功能，可以指定自己喜欢的美食类型、地区、预算等，并且都是中文菜单页，可以在线点菜。

苹果版扫二维码下载   安卓版扫二维码下载

住宿类

Airbnb

这是一款可以搜索到很多很特别的住宿地的软件，房源多为民宿，价格低、房间大，是Booking、Agoda等网站没有的资源。

安卓版扫二维码下载

苹果版扫二维码下载

airbnb

Kayak

这是一款综合的APP，以预订机票、酒店为主。可以搜到世界著名城市的所有酒店，你可将自己的筛选条件输入，这款APP会为你推荐最适合的性价比酒店。

苹果版扫二维码下载

Hotwire

这款APP以提供酒店住宿和机票以及租车的套餐信息为主，也可以单选。甚至还可以为你打包便宜的度假套餐。将其用来选择酒店也是不错的选择。

苹果版扫二维码下载

购物类

Amazon亚马逊

在手机上下载一个亚马逊的软件是美国之旅必不可少的一步。因为如果需要网购的话，在亚马逊上几乎能找到所有你想要的高性价比商品以及很多不同的高品质商家，所以说在美国本地，亚马逊是一款很实用的软件。

网页版

E-bay易购

这同样是一个大型的购物平台，和中国的淘宝相似，它与亚马逊的不同之处在于亚马逊大量的货品是自营的，而E-bay则是一个单纯的大型电商平台。这里的有些物品或许还会比亚马逊上更加丰富。

网页版

④ 如何保证随时联系和有网络可用

美国当地使用的网络频段与手机制式与中国不同（不同运营商也不一样），但如果你的手机支持联通WCDMA制式、1900HZ的网络频率，就可以在美国使用AT&T或T-mobile两大运营商的3G信号。如果要用美国的4G信号，则需要尽量满足美国LTE的10个频段（Bands：1/2/4/5/17/19/25/26/41），频段吻合越多越好，比如iPhone 6S支持LTE的20多个频段，基本走到哪都能使用4G网络。

去美国，开通国际漫游是与家人或朋友保持联系的最简单却又最昂贵的方式，但如果接打电话不多，使用酒店的免费Wi-Fi也可以，只是外出需要急用网络的时候就会很尴尬。其实现在去美国，能够保证自己随时有网、随时能与别人联系的方式有很多。

◆换卡

美国的通信运营商主要有AT&T、T-Mobile、Sprint、Verizon这四家，其中AT&T信号覆盖最广，T-mobile在美国发达地区信号较好，Sprint成立较晚且面向商业用户，Verizon好用但最贵，其中Verizon和Sprint采用的是CDMA制式，没法换卡，所以首选AT&T和T-Mobile。

AT&T和T-Mobile的电话卡，可以直接在中国的网店购买，切记购买原生卡，然后看卡支持的网络。关于卡的类型，iPhone 5/5S/5C/6/6P以上使用Nano卡，iPhone 4/4S使用Micro卡（小卡），三星等手机使用Micro卡，买卡的时候告诉卖家你的手机型号即可，同时还要卖家告诉你怎么设置APN、开通热点功能（就是将网络共享）等。

如果你的手机支持美国4G网络，并且你在美国有自驾的打算，那就果断买一张AT&T的3/4G无限流量卡（大约70美元），这样直接插卡用手机的谷歌地图做导航，还省去单独买GPS的费用。

如果在美国有急事需要往中国打电话，可去华人区买一张预付费电话卡，这种电话卡是专门往中国大陆打电话的电话卡，10美元左右有约1000分钟的使用时间。

TIPS 在美国如何打电话

　　美国是一个幅员广阔的国家，光本土就分4个不同时区，不同州的区域号码不同，因此计算下时差后再打电话很有必要，还要了解拨打不同区域号码的方法。

　　美国本地手机或电话拨打方法

　　本地同区域：直接拨7位数的电话号码；

　　本地区长途电话：拨1（本地区长途电话区号）+212（对方电话区号，如纽约）+5551212（对方电话号码）；

　　从美国打中国电话：拨00（国际电话识别号码）+86（中国国际电话区号）+10（北京电话区号，不加0）+88883333（对方电话号码）；

　　用漫游手机拨打方法

　　拨打中国电话：拨00（国际电话识别号码）+86（中国国际电话区号）+10（北京电话区号，不加0）+88883333（对方电话号码）；

　　拨打美国电话：拨00（国际电话识别号码）+1（美国国际电话区号）+212（纽约电话区号）+88883333（对方电话号码或手机）；

　　中国电话打美国电话（哪怕是在中国的美国号码）

　　中国打美国电话：拨00（国际电话识别号码）+1（美国国际电话区号）+212（纽约电话区号）+12345678（对方电话号码）；

　　另外，换卡后中国的号码可能暂时无法使用，为了保险起见，可以多带一部手机，将中国的号码开通国际漫游，并告诉家人或朋友如何联系你。

◆不换卡，用随身Wi-Fi

　　随身Wi-Fi（随身无线路由器）如今已经十分普及，只需将上文介绍的卡插进随身无线路由器卡槽，再进行网络设置即可。购买随身无线路由器的时候，要查看其支持的网络制式（如WCDMA 3G），随身无线路由器的网络设置需要通过网页（每个路由器都有特定的IP）来完成，将APN设置好即可，也可以在购买时咨询卖家如何使用。

随身Wi-Fi的好处毋庸置疑，可以同时支持多台设备上网（手机也可以设置Wi-Fi热点，但稍麻烦），并且网速相对较快，设备上的大多数软件都能正常运行。

◆使用网络电话

在有网络的情况下，网络电话虽然不是必须的（因为聊天软件都有语音视频功能），但有时还比较好用，也是通信的一大保障之一。网络电话可以直接拨打中国的固话或手机，费用低廉甚至免费，这就在于网络电话种类的选择。

如今，广为流行的网络电话有触宝电话、阿里通、Skype、UUCall等，种类很多，但基本功能差不多，很多网络电话首次注册都会送你免费通话时间，在美国足够用。

触宝电话官网
www.chubao.cn

阿里通官网
www.alicall.com

Skype官网
skype.gmw.cn

UUCall官网
www.uucall.com

◆寻找美国免费Wi-Fi

在美国可找到一些免费Wi-Fi，尤其以纽约、洛杉矶等大城市居多。你可从下文介绍的场所寻找免费Wi-Fi。在接入免费Wi-Fi后，有的会自动弹出一个网页，有的需刷新一下网页，然后便会出现一个Wi-Fi使用要求界面，接受相关条款之后便可上网了。

★城市中很多热门景点，如大都会博物馆、盖蒂中心等。

★很多游轮及长途大巴、飞机上；不少火车站也开始提供免费Wi-Fi，时间不限，流量不限。

★机场往往也可以使用免费Wi-Fi，连接后需要刷新网页，之后选择同意可使用。

★麦当劳之类的快餐店也可使用，需同意上网条款，不限制流量和时间。

★美国大多数酒店上网不需要收费，像青年旅舍、背包旅店之类的住宿场所往往会提供免费Wi-Fi，酒店几乎也都提供免费的Wi-Fi，有些酒店需收费，使用前，你需要去前台问清楚。

5 提前去这些地方看看优惠券

在美国怎样寻找打折商品或者优惠券是必须学会的一项技能，有时候可能你在不同的日期里，去店里直接购物的价格差别完全不同。而且有些地方能领到优惠券，这样打折的力度也比直接去店里购物要大很多。

1.RetailMenot

RetailMenot.com是一个搜集了许多不同商店折价券的网站，从服饰店到家具店，各行各业的商店都有，超过了50000个不同家商店，帮助消费者省钱，享受一个轻松的折扣购物体验。

网页版（www.retailmenot.com，英文）

2.Groupon

这个网站每天推出当日限定的折价券，优惠力度很大，半折、1折甚至免费都很常见。网站固定每天12:00更新，优惠券需要先买下来才能用，有一定风险（如店面倒闭，但很少见）。购买优惠券时，在线付款可以使用维萨、万事达等信用卡。

网页版（www.groupon.com，英文）

3.premiumoutlets

　　一般游客去美国购物都会到各地的奥特莱斯，Premiumoutlets是美国最大的奥特莱斯，几乎所有主要的城市都有其分店，去之前可以在官网上买一些优惠券，然后打印出来或者到指定的信息中心去领取，这样就可以享受折扣优惠了。

网页版（www.premiumoutlets.com，英文）

TIPS 其实在美国，优惠券、打折券无处不在，你可以在当地买几份当天的报纸，上面有每天最低的菜价，有当地饭店的打折券，也有当天比较优惠的宾馆以及其他活动的优惠券。其一般都在当地报纸的最后几张，它有几个专栏的广告，找到这几张就没错啦。

了解复杂的交通
是穷游的关键

① 便宜机票哪里找

　　机票是美国旅游花销最大的地方，所以能找到廉价的机票很关键。至于订机票的时间，当然是越早越好，国际机票一般可以提前半年到一年预订，而且来回的日期很值得思考，最好避开旅游最热门的5～9月份，一般来说，3～4月份和9月中旬还有11月是美国比较适宜游玩的时候。此时，跟团游的游客没那么多，天气也不热了，往往机票也最为便宜。下面给大家推荐一些可以淘到廉价机票的网站。

去美国实用的廉价航空比价网推荐		
名称	特色	网址/二维码
全球低价航空公司	可找到所有飞往美国的低价航空公司的航线和特惠信息	www.attitudetravel.com/lowcostairlines
Lastminute	紧急寻找廉价机票比价网	www.lastminute.com

名称	特色	网址/二维码
Cheapflights	美洲及欧洲廉价航空机票比价	www.cheapflights.com
Whichbudge	搜索许多廉价航空信息	www.whichbudget.com
Priceline	可组合两个不同航空公司的航班，买到比正常情况便宜的转机机票；另一大特色是可通过竞价方式拍到最便宜的机票或宾馆	www.priceline.com
Wego	可同时搜索上百家公司的机票，但它不卖机票，只帮助对比所有卖机票网站和航空公司网站的价格	www.wego.com
Kayak	信息量大的搜索网站，不卖机票，只帮助对比所有卖机票网站和航空公司网站的价格，能搜出便宜的机票，廉价航空公司的除外	www.kayak.com
Vayama	专门为国际机票而开的网站，可以买到最高60%折扣的国际机票	www.vayama.com

名称	特色	网址/二维码
eSoon-Travel	提供很便宜的世界航程机票，和非常便宜的中美往返机票	www.esoon-travel.com
Airfare	常提供折扣可达70%的机票，经常能买到很便宜的国际机票	www.airfare.com
Expedia	全世界的机票价格按照是否直飞排列出来，可以直接订购，经常能买到廉价机票。会定期在你的E-mail上发一些廉价机票的信息	www.expedia.com
eee	不定期更新自由行、住宿地、特价便宜机票等，价格有时候会便宜到令你难以想象	www.eee.com
momondo	一个非常好的机票、酒店竞价网站，是通过第三方竞价，在上面常常能看到很便宜的机票	www.momondo.com

美国国内段廉价航空

美国境内的航空公司同国际段到达美国的大不一样，价格要便宜得多，并且经常能遇到几十美元的便宜机票。通常美国境内廉价机票的价格是很便宜的，有时甚至坐飞机比坐长途大巴更划算。在美国国内主要的廉价航空公司为Jetblue、西南航空，其他的航空公司则差别不大。

美国国内廉价航空公司信息			
名称	特色	关于行李	网址/二维码
Southwest	经常能淘到便宜机票，但是经常需要转机，飞长途很少有直飞航班	这算是美国对行李要求最宽松的航空公司了，2件托运行李完全免费，十分划算。而且会在登机前4小时通过邮件通知乘客	www.southwest.com （网页）
Jetblue	Jetblue除了提供通常飞机上的饮料外，还提供小吃，同时可以收看小电视	Jetblue对于行李的要求也算宽松，托运第一件行李是完全免费的，但是剩下的则需收费	www.jetblue.com （网站）

② 专注旅行服务的美国国铁

说起美国国铁，熟悉美剧的朋友首先想到的会是美剧《越狱》里面有C-Note坐国铁从芝加哥去犹他州的镜头，细细一想在其他美剧中似乎很少看到有美国铁路的镜头。实际上，随着发达的公路网和汽车的大面积普及，美国火车已经变成了一种鸡肋的存在形式。尽管如此，铁路仍然是美国国家交通的重要组成部分，也不妨碍美国国铁成为美国旅行的一种很有特色的方式。在国铁上，你可以在一个相对宽松的环境中静静地观赏沿途的风景。

西雅图 Seattle
波特兰 Portland
Spokane
Havre
Minot
East Glacier Park
Empire Builedr
（帝国建设者号）
Fargo
（海岸星光号）
Coast Starlight
St. Paul Minneapolis
（加州和风号）
California Zephyr
Milwaukee
芝加哥 Chicago
盐湖城 Salt Lake City
旧金山 San Francisco
丹佛 Denver
Kansas City
圣路易斯 St. Louis
Santa Barbara
Flagstaff
Southwest Chief
（西南酋长号）
洛杉矶 Los Angeles
Albuquerque
Oklahoma City
Little Rock
图森 Tucson
Heartland Flyer
（腹地飞鸟号）
Fort Worth
Dallas
Texas Eagle
（得州之鹰号）
El Paso
Sunset Limited
（日落特别号）
Austin
休斯顿 Houston
新奥尔良 New Orleans
圣安东尼奥 San Antonio

▌ 美国国铁线路示意图

国铁速读

　　美国国铁在美国拥有超过30条火车路线，能让游客欣赏到北美地区的最美景色，著名的国铁旅游线路有海岸星光号、加州和风号、帝国建设者号、日落特别号等。由于以观景、慢旅行为主，所以有必要了解下美国国铁的特色。

美国国铁座位概况	
类型	**概况**
不对号二等座	美铁通勤线和短途线常设不对号二等座，先到先得。通常订购美铁短途及通勤线联运票时，不对号二等座是默认选择，座位也可自由选择
对号二等座	为美铁大部分列车的基本座位，座位为2x2模式。短途二等座用于始发到终点的短途列车；长途二等座和卧铺车厢混编，用于长途夜班列车。所有的票在卖出的时候都没有指定的位置，由车上的列车员指定位置，在座位充足的情况下可以自行选择

续表

类型	概况		
普通二等座	普通单座、沙发坐，是美国国铁最基本的座位形式		
商务座	有两种：1.不设专门的商务座位，和餐车合并在一起　　2.单独设立的商务座车厢，提供免费的饮料和报纸杂志等		
卧铺	Roomette	可容纳2个大人	无厕所、无浴室
	Bedroom	可容纳2个大人	1厕所、1浴室
	Bedroom Suite	可容纳4个大人	2厕所、2浴室
	Family Bedroom	可容纳2个大人、2个小孩	无厕所、无卫生间
	Accessible Bedroom	可容纳2个大人	1厕所、无卫生间
一等座	一等座分成单座、单座餐具以及双坐和双坐餐具等排列方式，其票价包含了餐费和饮料服务费，还提供毯子和免费的报纸		

美国国铁热门线路				
区域	路线	Wi-Fi	成人票价（13~61岁）单位：美元	时间
西海岸	太平洋冲浪者号（Pacific Surfliner）：圣路易斯（St.Louis）—奥比斯保（Obispo）—圣芭芭拉（Santa Barbara）—洛杉矶（Los Angeles）—圣迭戈（San Diego）	无	61（超值）92（商务）	需要8小时30分钟
	首都走廊号（Capitol Corridor）：奥本（Auburn）—萨克拉门托（Sacramento）—爱莫利维尔（Emeryville）—奥克兰（Oakland）—圣何塞（San Jose）	有	43（超值）	需要4小时13分钟

区域	路线	Wi-Fi	成人票价（13～61岁）单位：美元	时间
西海岸	瀑布山脉号（Amtrak Cascades）：温哥华（Vancouver,BC）—西雅图（Seattle）—塔科马（Tacoma）—波特兰（Portland）—塞伦（Salem）—尤金（Eugene）	有	90（超值）146（普通）120（商务）	需要6小时50分钟（之后需转巴士）
	海岸星光号（Coast Starlight）：西雅图（Seattle）—洛杉矶（Los Angeles）	有	226（普通）585（卧铺）	需要35小时25分钟
中西部/西南部	海华沙号（Hiawatha）：芝加哥（Chicago）—密尔沃基（Milwaukee）	有	25（超值）26（普通）	需要1小时39分钟
	帝国建设者号（Empire Builder）：芝加哥（Chicago）—圣保罗（St.Paul/Minneapolis）—密尔沃基（Milwaukee）—斯波坎（Spokane）—西雅图/波特兰（Seattle/Portland）	无	178（超值）386（普通）929（卧铺）	需要46小时10分钟
	林肯服务号（Illinois Service）：芝加哥（Chicago）—圣路易斯/昆西/卡本代尔（St.Louis/Quincy/Carbondale）	有	27（超值）70（普通）48（商务）	需要5小时20分钟

续表

区域	路线	Wi-Fi	成人票价（13～61岁）单位：美元	时间
中西部/西南部	加州和风号（California Zephyr）：芝加哥（Chicago）—丹佛（Denver）—格伦伍德斯普林斯（Glenwood Springs）—爱莫利维尔（Emeryville）	无	166（超值）319（普通）916（卧铺）	需要52小时10分钟
	日落特别号（Sunset Limited）：新奥尔良（New Orleans）—圣安东尼奥（San Antonio）—洛杉矶（Los Angeles）	无	133（特惠）166（超值）320（普通）830（卧铺）	需要46小时35分钟
	西南酋长号（Southwest Chief）：芝加哥（Chicago）—阿尔布开克（Albuquerque）—洛杉矶（Los Angeles）	无	172（超值）331（普通）651（卧铺）	需要43小时15分钟
	腹地飞鸟号（Heartland Flyer）：俄克拉何马城（Oklahoma City）—沃思堡（Fort Worth）	无	31（超值）51（普通）	需要4小时
	得州之鹰号（Texas Eagle）：芝加哥（Chicago）—圣路易斯（St.Louis）—达拉斯（Dallas）—圣安东尼奥（San Antonio）—洛杉矶（Los Angeles）	无	138（特惠）172（超值）331（普通）771（卧铺）	需要65小时50分钟

区域	路线	Wi-Fi	成人票价（13～61岁）单位: 美元	时间
东部/东南	银星号（Silver Star）：纽约（New York）—罗利（Raleigh）—迈阿密（Miami）	无	147（特惠） 320（普通） 326（卧铺）	需要31小时
东北地区	东北区域号（Northeast Regional）：波士顿—普罗维登斯/斯普林菲尔德（Boston—Providence/Springfield）—哈特福德（Hartford）—纽约（New York）—华盛顿特区（Washington,DC）—林奇堡/里士满/纽波特纽斯（Lynchburg/Richmond—Petersburg—Norfolk/Newport News）	有	109（特惠） 214（普通） 165（商务）	需要12小时37分钟
	阿西乐特快（Acela Express）：波士顿（Boston）—纽黑文（New Haven）—纽约（New York）—费城（Philadelphia）—巴尔的摩（Baltimore）—华盛顿（Washington,DC）	有	166（超值商务） 282（商务） 292（一等车厢）	需要5小时
	基石服务号（Keystone）：—哈里斯堡（Harrisburg）—费城（Philadelphia）—纽约（New York）	有	44（特惠） 59（超值） 116（普通）	需要3小时30分钟

续表

区域	路线	Wi-Fi	成人票价（13~61岁）单位：美元	时间
东北地区	帝国服务号（Empire Service）：纽约（New York）—奥尔巴尼（Albany）—雪城（Syracuse）—罗切斯特（Rochester）—布法罗尼（Buffalo）—尼亚加拉瀑布城（Niagara Falls）	有	65（超值）122（普通）97（商务）	需要9小时
	东北人号（Downeaster）：不伦瑞克（Brunswick）—波特兰（Portland）—波士顿（Boston）	有	29（超值）34（普通）38（商务）	需要3小时25分钟

关于买票的那些事儿

1.可以直接去火车站购买，在火车站的购买速度会很快，而且不用排队，只是很少能遇到优惠的价格，再加上中国游客可能会有语言交流上的障碍，所以不推荐这么买。

2.在线购买，登录美国国铁的官网（www.amtrak.com），在官网的右上角语言栏里选择中文，之后就可以自己操作了。然后把车票打印出来，或者到车站拿着自己的手机将订单给工作人员看即可。而且，车站里会有很多自动出票机，到达车站再取票也会很方便。

www.amtrak.com

TIPS 网上购买火车票一般会有10%的优惠，凭学生证可以享受10%的优惠，注册全美铁路旅客协会会员也可节省10%。另外，美国国铁不定期也有套票推出，下表的套票仅供参考，以国铁官网最新推出为准。

美国铁路通票		
时间 　　票价	成人	儿童（2～12岁）
15天（8个分段）	约449美元	约224.5美元
30天（12个分段）	约679美元	约339.5美元
45天（18个分段）	约879美元	约439.5美元

　　另外，California铁路通票允许乘客在一个为期21天的时间内乘火车旅行长达7天，成人票价约159美元，2～12岁儿童为79.5美元（每位购买全价票的成人最多可携带2名儿童）。

　　California铁路通票在日落特别号、西南酋长号、加州和风号和得州之鹰（Texas Eagle）上无效。搭乘海岸星光号时，往返加州以外的车站需要单独购票。

行李托运的规定

　　通常美国国铁在托运行李方面，规定每位乘客限带2件单件不超过22.6千克的行李，最多托运3件单件不超过22.6千克的行李，托运的时候记得给行李挂上行李牌，以免丢失。而且在有些火车站是不能办行李托运的，这个需要小心留意。

美国穷游也行

③ 穷游族长途旅行必备的长途巴士

在美国，长途巴士是很受欢迎的，因为它比国铁的票价便宜很多，速度也快，还免去自己开车的疲劳，加上车上设施一应俱全，线路四通八达，是人们长途旅行的首选。

灰狗巴士

提到美国的长途巴士，估计大家首先想到的就是贯通全美、无处不在、哪都有它的灰狗巴士了，其几乎是美国的长途巴士的代名词。而且去美国穷游的朋友在不租车的情况下，城市之间的旅行基本上就靠它了。灰狗巴士的标志是一只灰色的大狗用奔跑的姿势贴在车身的两侧，非常容易辨认，而且它跟自驾比起来，又有不用自己开车那么累的优势，价格方面比飞机和火车便宜很多，加上座椅本身高大，乘坐舒适，性价比还是相当高的。

自由观光

乘坐灰狗巴士，只需记住出发地点的上车日期和班次以及最终目的地，沿途便可以自由下车观光，选定哪条巴士路线都行，只要自己计算好时间，搭乘任意班次的灰狗巴士在半个月之内到达终点站就行。

灰狗巴士站

灰狗巴士站的名称在美国不同的城市都不同。在纽约、旧金山等一些大城市，被称为"Bus Terminal"；在圣保罗等城市，被称为"Bus Depot"；在一些小城市，或是村庄，则被称为"Bus Stop"。其站点在官网上就可以查询。

www.greyhound.com

灰狗巴士官网：www.greyhound.com

购票须知

1.灰狗巴士采取在网上购票和在柜台购票两种方式。一般来说，只要不是在大站，就不会有什么人排队买票；如果是在大站的话，偶尔需要排队，但速度也是很快的，乘客购票时，只需出示自己的证件，说明自己想要去的城市就可以了。

2.最值得推荐的是网上购票。你可先去灰狗巴士的官网注册一个账号再订票，有时可以享受到最高60%的折扣，正常情况下10%左右的折扣还是很容易遇到的。买完票以后，直接去柜台或者是自动取票机取票就好了，十分便捷，而且越早订票越便宜，还可以根据价格浮动情况来定行程，达到最省钱的效果。

灰狗巴士常用线路价格（以下是提前1个月左右订的价格）		
线路	单程价格	全程所需时间
纽约—亚特兰大	约25美元	约2小时25分钟
纽约—波士顿	11~26美元	约4小时20分钟
纽约—费城	11~18美元	约2小时5分钟
纽约—华盛顿	11~24美元	约4小时19分钟
纽约—奥本尼	16.5~22.5美元	约2小时50分钟
纽约—巴尔的摩	11~24美元	约3小时20分钟
纽约—霍福德	10~18.5美元	约2小时20分钟
亚特兰大—费城	11~12美元	约1小时10分钟
拉斯维加斯—洛杉矶	9~14美元	约5小时14分钟
洛杉矶—圣迭戈	11.5~16.5美元	约2小时25分钟
洛杉矶—旧金山	16.5~22.5美元	约7小时35分钟
洛杉矶—凤凰城	20~28美元	约6小时40分钟
芝加哥—密尔沃基	15~18美元	约4小时
达拉斯—休斯敦	14~18美元	约5小时40分钟
休斯敦—圣安东尼奥	4~9.5美元	约3小时50分钟
奥斯汀—休斯敦	5.5~7美元	约3小时30分钟

乘坐灰狗巴士不得不说的事儿

灰狗巴士因为车站覆盖率很广，车子基本上2小时就会停一次，几乎所有通过的城市都会停下来，停留时间短的为3～5分钟，长的20分钟左右。乘客可以时不时下来透透气，但如果是晚上，每2小时停一次就会折磨得你无法入眠。而且你不能只顾睡觉，因为如果坐长途到了中转站，要及时听提醒乘客换车的广播，因为坐过站是很糗的一件事，也特别麻烦。一般中转站的停留时间会长一些，通常为20～40分钟。

坐长途的话，虽然在车站有便利店，可是东西特别贵，能比外面贵出30%左右。如果不想花冤枉钱，建议你提前买点吃的带着比较好。至于充电，则不用担心，因为灰狗巴士每个座位下面都会有一个充电的插座，车上也有Wi-Fi。

另外，灰狗巴士很多线路的票价不是固定的，有很多线路浮动较大，甚至一周7天变换7种价格，有时候短途线路价格高的那趟车能比便宜的多出来2倍。所以订票之前，上官网找到Find Your Bus Stop（找到你的车站）这个选项，它会显示离你最近的车站在哪里，然后将网页拉到底会看到Popular Bus Routes（常规巴士路线），这下面几乎大城市之间的每一条线路都有了，点进去就会出现周一至周日的票价，选一条最适合你的线路就好。

Mega巴士

Mega巴士是美国常用的两种巴士之一，和灰狗巴士不同，它是一家在美国、加拿大、欧洲都有运营网的全球性巴士公司。在美国，由于其低廉的价格，优质的服务还是颇受广大乘客的青睐，尤其在美东地区，Mega巴士很大程度上可以和灰狗巴士并驾齐驱。

Mega巴士的优缺点

1.Mega巴士和灰狗巴士在同样的路线上，价格有很大的优势，通常能比灰狗巴士便宜1/4，有时甚至便宜一半。

2.Mega巴士的折扣活动相对灰狗巴士来说多一些，有时候你甚至可以买到1~5美元的特价车票。

3.Mega巴士的车站基本都在大城市，线路也都是大城市之间的，而且在同一大城市里也没灰狗巴士的站点多，可能不是太好找。

购票指南

Mega巴士购票跟灰狗巴士大同小异，在有车站或者站点的地方直接购票就可以了，购票时，你需带上证件，报上目的地，工作人员便会帮你把票出好。如果在Mega巴士的官网（us.megabus.com）订票，把主页拉到最下面，便可看到Our Network（我们的工作网），这里的线路基本上就是它们所有的线路了，然后选择适合自己的线路后，可以买票了。

MEGA巴士常用路线价格		
线路	**单程价格**	**全程所需时间**
巴尔的摩—纽约	5~21美元	约3小时30分钟
亚特兰大—奥兰多	5~10美元	约8小时40分钟
波士顿—纽约	5~10美元	约4小时45分钟
达拉斯—休斯敦	20~37美元	约4小时30分钟
达拉斯-圣安东尼奥	约25美元	约4小时45分钟
休斯敦—奥斯汀	约5美元	约3小时
休斯敦—新奥尔良	约31美元	约7小时30分钟
洛杉矶—拉斯维加斯	20~41美元	约7小时45分钟
洛杉矶—旧金山	5~41美元	约7小时30分钟
迈阿密—奥兰多	约5美元	约4小时30分钟
纽约—多伦多	约25美元	约11小时35分钟
纽约—华盛顿	5~19美元	约4小时35分钟

续表

线路	单程价格	全程所需时间
纽约—费城	5～13美元	约2小时15分钟
费城—华盛顿	15～29美元	约3小时30分钟

华人大巴

　　说到运输业，其实华人在美国的涉足也很深了，基本上在东西海岸灰狗巴士能辐射到的大城市或者中型城市，华人大巴也都可以到达。华人大巴的司机只有在中途换车的时候才会把车长时间地停下，否则中间只停一两次供乘客上厕所，其价钱比灰狗巴士稍稍便宜，而且速度也会比灰狗巴士快一些。车内设施也不差，如果同一个城市灰狗巴士和华人大巴都可以到达的目的地，选华人大巴可能会更方便快捷、更舒服一点。

　　至于怎么买华人大巴的票，只要你到了洛杉矶、纽约、旧金山这些大城市的唐人街，到处都可以看到带有中文的大巴路线和广告。当然了，你也可以问当地的华人，基本上每个人都知道从哪里可以坐华人大巴。

④ 通用的地铁与公交车

如果是在城市内游玩，少不了便捷的地铁与公交车（美国更多叫巴士）。美国大城市的公共交通还是比较完善的，并且交通工具相互贯通，十分方便。

购票说明

一般来说，地铁卡和公交卡是通用的，乘完地铁再转公交车是免费的，乘坐完这辆公交车再转另一辆公交车也免费。但如果先坐了公交车，拿转车卡去坐地铁是不可以的。下面以纽约为例，阐述下美国公共交通系统车票的购买方式。

1.直接用硬币投币，比刷卡要贵0.25美元/次，而且还要问司机要转车卡。

2.直接买一张价值10美元左右的卡（洛杉矶和纽约价格不一样，实际上要多付1美元的卡钱），一般在里面会有额外赠送的0.25美元的票价，然后可以刷4次左右，凭卡可以直接转车。

3.周卡：31美元一张，在一周内可随便坐公交车和地铁，不限次数，如果要在纽约好好玩几天，准备一张周卡是很有必要的。

4.月卡：116.5美元一张，一个月内不限次数乘坐公交车和地铁。

TIPS 纽约的地铁卡一般都是黄色的，很多人用完就扔掉，绿色的卡是纽约市学生的学生卡，学校发放的，一般分为半价和全价两种。一般家住的比较远的学生是完全免费的卡，家住的近的学生也能拿到半票卡，但这种卡只有每周一至周五有效。

乘车需知

1.找站台

美国地铁线路一般用颜色、数字和字母来表示和区分，标志为"Subway""M""T"等字样。

很多的公交车站都是很不起眼的一个牌子，上面写着"BUS STOP"，站牌上会写着经过的车辆，以及车辆经过的时间（基本上精确到分钟）。

2.买票

地铁售票可在自助售票机上完成，也可以到人工服务处购买。公交车上是没有售票员的，你需要自觉地投入硬币或者刷卡，注意车上只收硬币，不收纸币。

3.下车时应注意

乘客上公交车以后，司机不会每一站都停车，有人要下车或者要上车，司机才会停车，如果下一站没人，你想下车，那么你要拉一下窗户边上的黄线（Tape Strips）或者按扶手上的按钮（Stop Button），当车前方的Stop灯亮起来的时候，司机就知道有人要下车了，到站后车门会自动打开，注意，只能从前门上，后门下。

既要住好
又要省钱

① 免费住宿

沙发客

沙发客（Couchsurfing）是一款特别适合穷游族和年轻人的一个很有趣的交友平台，可以为你免费提供住宿，虽然是让你睡在别人的沙发上，但是对于爱旅游、爱冒险的穷游族来说，没有什么比这种方式更好了。

可通过以下二维码进入官网：

沙发客网址：www.couchsurfing.com

露营

在美国露营的地方有很多，很多的美国人更喜欢自己到荒无人烟的地方去露营，但是对于我们穷游族来说，到美国最好的选择莫过于前往山河壮丽的国家公园去露营。公园内不但安全系数高，还有免费的营地和优美的景色。

可通过以下二维码进入官网：

美国国家公园官方查询网址：www.nps.gov

② 随处可见的高性价比住宿地

便宜又不失标准的汽车旅馆

　　汽车旅馆（Motels）是美国最具代表性的住宿选择，一般分布在城镇入口处、主要的道路边，常见的连锁汽车旅馆有Motel 6、Super 8、Comfort Inn、Red Roof、Sleep Inn、Holiday Inn Express、Suites by Radisson等。

Motel 6：
www.motel6.com

Super 8：www.wyndhamhotels.com/super-8

Comfort Inn：
www.choicehotels.com

Holiday Inn Express：
www.ihg.com/holidayinnexpress

美式风情的家庭旅馆

住家庭旅馆（Home Stay）可深入地了解美国的文化与生活，其一般由一家人或夫妻经营，内部装饰与美国家庭的房间相差无几，但客房一般比较少，要提前预订。

Home Stay官网：
www.homestay.com

B&B

B&B（Bed&Breakfast）提供住宿和早餐，设施比较简单，有单人间、双人间、多人间等几种客房类型，以多人间居多，住宿费一般为20～30美元。

B&B官网：
www.abba.com

青年旅舍

美国青年旅舍（Youth Hostel或Hostelling International）是经济实惠的住宿地，其内部的厨房、卫生间、洗衣间等都是公用的，如果你有青年旅舍会员卡，可享受一定的优惠，入住时间一般为17:00～22:30，退房时间7:00～10:00，需自备盥洗用具。

美国青年旅舍官网：
www.hiusa.org

③ 寻找廉价住宿

　　如果对住宿条件没有要求就去华人区吧，在那里你总能找到最便宜的家庭旅馆，有的甚至是几个人拼一个屋子，但一人一张床，浴室是公用的，一晚上差不多10～15美元。华人区这种旅馆的广告很多，随便问问街上的人就会很容易找到。

④ 住宿优惠信息

了解常用的住宿地预订网站

常用的住宿地预订网站推荐		
名称	网址/二维码	特色
Booking	www.booking.com	知名的全球及对岸预订网站，有中文网站，只需要信用卡担保就可以订房，不需要提前支付任何费用，可避免行程临时有变而给你造成经济上的损失
Airbnb	zh.airbnb.com	为用户提供各种各样的住宿信息，价格通常比在酒店前台支付便宜。该网站所提供的民宿不都是房客和房主住在一起，有很多是整座房子或别墅，尤其适合带孩子或陪同父母出行的朋友

名称	网址/二维码	特色
Agoda	www.agoda.com	提供全球低价的酒店折扣价格，预订酒店需要提前付款，可以使用双币信用卡或者支付宝支付
Hostel Traveler	www.hosteltraveler.	可预订青年旅舍和廉价旅馆
Priceline（竞拍网站）	www.priceline.com	可通过竞价方式拍到最便宜的宾馆，要注意，从该网站上预订了住宿地后，不能取消订房
Momondo（竞价网站）	www.momondo.com.cn	这是一款竞价网站，飞机票、酒店和当地的参观都可以按照它的方式来竞价，所有的平台都能被它找到，从而按照评分、价格、性价比由低到高评选出来你需要的商家

📍⑤ 优惠信息

如何找到有折扣的旅馆

在美国自驾或者乘车会路过高速公路休息站，那里除了有自动售货机以外，经常还有免费的杂志，里面会把该州好吃的、好玩的以及你没听说过的东西都介绍到。在那些杂志中，通常会有Motel或者Hotel的杂志，里面全是周围旅馆的信息，而且带有优惠券（10%~40%的优惠），你会很容易遇到高性价比的汽车旅馆或者是小酒店。

汽车旅馆

通票也可能是游览的陷阱

① 按照实际需求购买通票

通票通常包含了很多景点和购物点的折扣，以及游客不用排队进入景区的待遇。但是购买通票的时候需要慎重考虑，确定自己是否能把票钱"玩回来"。毕竟折扣和减免再多，如果没有精力和时间将所优惠的景点都玩到，也确实没有买的必要，所以这也是一种销售陷阱，利弊很明显。

比方说你只在纽约玩3天，可是你的通票包含了几乎所有的景点和购物点，花了700元购买，给你的感觉很划算，但实际上呢，3天的时间大量的景点是根本没有时间去的，看起来实惠，实际上你的很多钱白白打了水漂，所以购买通票需慎重。下面给大家几个通票预订的网站，大家可以参考一下。

选择 CityPASS 目的地

美国城市旅游通票预订网站推荐	
网址/二维码	**特色**
www.smartdes tinations.com	基本上包含了美国所有大城市景点的通票，包括了团票和儿童票，有中文版页面可以在网站右上角切换
www.newyo rkpass.com	纽约一卡通，这个网站的卡是专门在纽约使用的，有多个套餐，可任意选择，包含了所有的景点、购物点和游览大巴，不过购买之前应规划下，因为有些用不到
www.lulutrip. com/special/ citypass	这个网站有众多美国城市通票，订票还附赠优惠券
zh.citypass. com/#	这是专门做美国、加拿大通票的网站，可按照城市选择，对于景点和城市的描述比较细致

② 不能忽视的免费景点

很多到美国旅游的人，都叹服美国宏伟壮丽的自然风光和风格迥异的城市魅力。按照人们习惯性的思维，好风光就肯定是要钱的，其实并不是，美国有大量的景点实际上是免费的，而且不乏一些非常著名的景点。下面给大家介绍一些免费的景点，给你的穷游旅途增加亮点。

名称	相关信息
时代广场	见P126
渔人码头	见P219
布鲁克林大桥	见P125
金门大桥	见P219
圣莫妮卡海滩	见P198

③ 全美国游览亮点速览

令人沉醉的国家公园

在美国旅游，不可错过的一个重要的地点就是各种国家公园，这里几乎包含了美国所有的名山大川和壮阔的风景。在这里你可以看到荒凉无边的西部景色，一望无边的沙漠，五颜六色的湖水，不由得让人感叹造物主的伟大。

美国著名国家公园推荐		
名称	相关信息	穷游亮点
黄石国家公园（Yellowstone National Park）	见P269	世界上第一座国家公园，也是美国最大的国家公园，同样是美国最大的自然保护区，园内不但能看到五彩斑斓的黄石湖，还能看到气势如万马奔腾的黄石瀑布，以及野牛、麋鹿、黑熊、灰熊、大角鹿等
大峡谷国家公园（Grand Canyon National Park）	见P266	美洲大陆的壮丽和大自然的鬼斧神工尽显无遗
大沼泽地国家公园（Everglades National Park）	见P299	天然形成的沼泽地，美国第三大国家公园，可驾驶着小船穿梭其中，欣赏大自然最原始的美
优胜美地国家公园（Yosemite National Park）	见P243	野生动物的天堂，同时也是拥有众多瀑布的一个国家公园
死亡谷国家公园（Death Valley）	见P241	美国海拔的最低点，和其他国家公园正好相反，炎热和荒凉的死亡谷内呈现出一派生命禁区的景象
阿卡迪亚国家公园（Acadia National Park）	见P189	整个国家公园包含了著名的海滨小镇巴尔港，怪石嶙峋的山峰和苍郁的森林，加上周围一望无际的大海，构成了阿卡迪亚国家公园的全貌。园内上有一条27英里长的环绕公路，可以让游客更好地观看整个国家公园的全貌。
大提顿国家公园（Grand Teton National Park）	见P268	整个大提顿国家公园给人的感觉就是一望无际的荒凉北美荒原，可感受远处的雪山和明亮的湖水所带来的视觉冲击
夏威夷火山国家公园（Hawaii Volcanoes National Park）	见P375	在夏威夷大岛上，你可以看到世界上为数不多的活火山和火热的岩浆所带来的震撼

美国独特的公路风光

美国美丽的自然风光当然不只有国家公园，还包括了很多著名的公路。其实，去美国最值得体验的就是美国的公路文化，沿公路自驾可穿越这个辽阔的国家，顺便欣赏路途上的风景。在一望无际的公路上穿越美国，可抵达心灵的归宿。

美国著名公路推荐		
名称	**相关信息**	**穷游亮点**
加州1号公路（Highway 1）	见P203	一条著名的无敌海景公路，一边面临一望无际的太平洋，一边倚靠悬崖峭壁，一路会经过无数美妙的海滩和小镇
66号公路（Route 66）	见P282	美国的"母亲之路"，建于美国西部大开发的时期，驾车从芝加哥到亚利桑那，来一场西部的穿越之旅吧
美国1号公路（US route 1）	见P311	贯穿美国整个东海岸，从东北部的加拿大边境一直到佛罗里达州最南端的基韦斯特群岛，在东北段能看到大片极美的森林，到佛罗里达州最南端经跨海大桥一直可以开到美国最南端
50号公路（US route 50）	见P251	被称为"世界上最孤独的公路"，横穿内华达州，人烟稀少，在路上，驾驶者往往看到一条笔直的公路直入天边，但是路两旁几乎一辆车也没有，一路上加油站也很稀少，此时，你可以欣赏沿途的美景，寻找一种"在路上"的荒凉孤独感

美国公路旅行不得不说的几点

1.对于喜欢自驾游的朋友，公路旅行是一个必须体验的课题，但最好找几个同伴一起去，因为美国很多著名的中西部公路，人烟稀少，而且人容易出现疲劳驾驶，这在人烟稀少的地方，可是一个很大的安全隐患。

2.千万别以为美国的公路是完全免费的，有些公路不但不免费，收费还不低，且车上的GPS往往会导航最近路线，不会绕过收费路段，所以还是早做功课为妙。

3.如果要去50号公路和66号公路自驾，尤其是50号公路，提前预备一些吃的、喝的，甚至是汽油都是很有必要的，因为一路上很少有加油站，很可能在某些路段开好几个小时都没有一个加油站进行补给，汽车没油抛锚的事情也会随时发生，所以去自驾的朋友一定要注意自己的油量表。

充满文化沉淀的博物馆

虽然美国的历史比较短暂，但是这里却集中了大量世界知名的博物馆，从自然博物馆到艺术博物馆再到军事博物馆，你都能找到。在馆内，你可以清楚地看到人类从远古到近代再到当今科技时代的发展轨迹。

美国著名博物馆推荐		
名称	相关信息	穷游亮点
大都会艺术博物馆（Metropolitan Museum of Art）	见P121	美国最大的博物馆，同时也是世界四大博物馆之一，几乎涵盖了世界上所有时代的历史文物展品，且每一个古国都有单独的展馆
美国自然历史博物馆（American Museum of Natural History）	见P127	世界上最大的自然历史博物馆，涵盖了包括天文、矿物、人类、古生物和现代生物5个方面的展品
国家航空航天博物馆华盛顿分馆（National Air and Space Museum in Washington，D.C.）	见P155	这里你不但可以看到美国过去几十年各种型号的飞行器，还可以看到美国航天发展的历史
盖蒂中心（Getty Center）	见P199	你在这里能看到从文艺复兴时代一直到近代以来众多欧美大师的作品，包含服装、家具、绘画等，盖蒂中心依山而建，还是一个可以眺望洛杉矶全景的好地方

美国特有的标志性看点

去一个国家旅游，那个国家的标志性景点都不可以错过。想到美国，我们就会想到著名的摩天大楼群、好莱坞的电影，以及脍炙人口的卡通人物。所以来到美国，那些代表了美国文化的景点，也是不得不去的选择。

美国特有的标志性看点推荐		
名称	相关信息	穷游亮点
帝国大厦（Empire state of building）	见P124	纽约的地标性建筑物之一，《北京遇上西雅图》的取景地之一，同时也是纽约最高的建筑物之一
好莱坞环球影城（Universal studios）	见P196	世界上最著名的影城，内部不但能参观到各种经典电影的道具，还可以进去观看各种电影场景，看美国大片是怎么拍摄的
百老汇（Broadway）	见P130	百老汇是纽约的一条大道，这条大道上散布着众多的剧院。是美国歌剧和音乐剧的发源地，如果到了美国，不妨去百老汇的歌剧院一饱眼福
时代广场（Times Square）	见P126	美国纽约市中心最繁华的商业区，世界的中心，在时代广场上你能感受到这个时代最时尚的气息
美国男子职业篮球联赛（NBA）	见P297、317	世界上最好的篮球联赛，来美国必看NBA，你可在官网上订票，再去球馆感受一下美国浓厚的篮球氛围

美国男子职业篮球联赛

从路边摊到高档餐的全面体验

1 便利店、快餐店、超市的独家美食

在美国这样一个民族熔炉国家，美食到处都是，中高级餐厅、连锁快餐店、超市、便利店几乎遍布了每一个角落。如果你对饮食的要求不高，在超市或者连锁快餐店解决饮食，无疑是一个很好的选择。

方便快捷的连锁快餐店

方便经济的连锁快餐店解决一顿饭的价格为5～10美元，这对于穷游族来说，还是很实惠的。下面给大家推荐一些常见的连锁快餐店。

美国连锁快餐店推荐		
名称	特色	网址/二维码
肯德基（KFC）麦当劳（McDonald's）	与中国的店面、食物相同，只是套餐有所不同。在美国的各大超市、商场、加油站、车站、机场、街道上都能见到它们的踪影	www.kfc.com www.mcdonalds.com
汉堡王（Burger King）	分量很大，可乐和汉堡都比同品牌的大得多	www.bk.com
赛百味（Subway）	主打健康的三明治，使用大量健康和有助于减肥的食材，味道不错，不油腻	www.subway.com
唐恩都乐（Dokin Donut）	美国很知名的甜品品牌，主卖咖啡和甜甜圈，味道很好	www.dokindount.com
必胜客（Pizza Hut）	与肯德基属于同一家大公司的另一个快餐品牌连锁店	www.pizzahut.com

实惠的便利店

便利店是一个很方便的地方，你可以直接在里面买咖啡、饮料、快餐。和中国有所不同的是，它们的快餐不做关东煮，以汉堡、炸鸡、比萨和三明治为主。一般做三明治的时候，你可以按照自己的要求挑选香肠和配料，总的来说价钱还算优惠。

美国便利店推荐		
名称	**特色**	**网址/二维码**
CVS	与中国的店面大体一样，里面卖的东西也都一样，吃喝用品都有，只是快餐跟咱们不一样，都是自己做的小比萨、汉堡、三明治、炸鸡之类的	www.7eleven.com.us
Go-Mart	大多是开在加油站的便利店，里面的快餐、商品和7-11差不多，只是7-11多集中在市区，这种便利店在公路上经常会看到	www.gomart.com
7-11	美国大型连锁综合便利店，也是美国最常见到的一个大型便利店，只要你能想到的日用品这里几乎都有，不同的是这里还有药房	www.cvs.com

续表

名称	特色	网址/二维码
Walgreens	和CVS差不多类型的一家店，都是很大的连锁店，内部也有药店，但是分店没有CVS那么多	www.walgreens.com

TIPS 在这些便利店里，7-11、CVS、Walgreens在城市里分布比较多一点，而Go-Mart则是公路旅行上的标配。CVS和Walgreens相对于其他便利店来说更大，商品种类也更全面，比较像大型超市，其他便利店的商品以吃的、喝的为主。如果需要买一些日用品，CVS和Walgreens是首选。

种类齐全的超市

在美国大型连锁超市很多，在这些超市里，你能找到全部的生活用品和精美食材，而且这些东西不但价格便宜，买得越多价格也会越实惠。

美国大型连锁超市推荐		
名称	特色	网址/二维码
沃尔玛	美国乃至世界最大的连锁零售超市，内部吃、喝、玩、乐、生活用品、户外用品应有尽有，折扣活动很多，总的来说除了菜价，其他的商品价格和各大超市比起来都会便宜一些	www.walmart.com
BJ's	会员制连锁型超市，需要你或者你的朋友拥有那里的会员卡才可以结账。它和沃尔玛相似，是很大型的超市，商品种类齐全。如果身边的朋友有卡，那推荐你来这里买，且这里适合批发商品	m.bjs.com

名称	特色	网址/二维码
好市多	和BJ'S相似，是一家会员制连锁超市，以批发商品为主，买得越多越划算，基本属于大批量购买性质的超市	www.costco.com
Key Food	美国国内连锁的大型食物超市，有各种冷饮、食材、方便食品、酒水等商品出售，还有自己做的特色餐。相对来说这里除了食物类的商品外，没有其他商品出售	www.keyfood.com

② 户外BBQ的风味体验

所谓的BBQ，就是我们通常说的户外烧烤。当然了，烧烤在美国几乎已经成为了一种生活。美国人在周末或者休息日，时不时地就会和家人或者朋友到海边、草坪上去烧烤，体验那种简单又快乐的时光。

有关BBQ的小知识

★美国很多地方都会有"BBQ"标志，如各大公园、绿地、休息区、海滩边、露营地等，这些地方一般都提供桌子、椅子和烤箱，但是器具和食材则需要自己带。

★在美国的公共烧烤区域，大家一般都使用当地的公共烤箱，当然也有自己带的。美国的烤箱通常都是烧炭的烤箱，所以去烧烤之前，你要到超市买一袋烧烤用的碳。

★烧烤所需的食材主要有牛排、羊排、猪肠、鱼片、虾等，在烧烤之前，尽量先将这些食物在调料中腌制数小时，食用时加上以各种烧烤酱以及各种蔬菜、水果。另外，在超市专门的烧烤区域，你也可以买到很多专门用来烧烤的食材，这样省去了很多自己整理食材的时间。

★记住，在户外公共场所使用烧烤炉后，要将其清理干净，并且带走自己产生的食物垃圾。

热门户外BBQ地推荐

美国热门户外BBQ地推荐			
城市	名称	地址	介绍
纽约及周边	布鲁克林展望公园（Prospect Park）	95 Prospect Park West,Brooklyn, NY 11215	公园内不仅拥有大片的绿地、树林，还有大片湖水，更有动物园、网球中心、溜冰场，还可以钓鱼、观鸟等。这里有12处烧烤地点，还有4处野餐地点。如果不想自带烧烤炉，公园还提供了4个公用烧烤炉和用于野餐的木桌椅
	曼哈顿河滨公园（Riverside Park）	Riverside Park Riverside Dr.,Upper West Side,New York	公园里种植了大量的榆树，如华盖般交错，在园内沿哈得孙河散步或者骑车，美景可一览无余，公园145街以上的地方是允许烧烤的，但公园内不提供烧烤用具，需要自备
	皇后区法拉盛草原可乐娜公园（Flushing Meadows-Corona Park）	Grand Central Pkwy, Whitestone Exwy.（111 St and College Point Blvd.,Park Drive E）	曾是世博会举办地的可乐娜公园，是皇后区最大的公园，近华人区。园内大片的草地使之成为夏季户外烧烤的胜地，在湖边就有不少烧烤区，是华人朋友首选的户外烧烤场地

城市	名称	地址	介绍
纽约及周边	布朗士佩勒姆湾公园（Pelham Bay Park）	Hutchinson River,Long Island Sound bet,Bronc County Line and Middletown Rd,Watt Ave,Bronx	人们在公园内不但能打高尔夫球、爬山、还能观赏到Orchard Beach的海景。这里也是很好的户外烧烤去处，园内设有30个公用烤箱，但是盛夏季节经常被人占满，所以如果要去尽量自己带烤具
	布鲁克林曼哈顿海滨公园（Manhattan Beach Park）	Oriental Blvd.,between Ocean Ave.,and Mackenzie St,Brooklyn	如果你想来一次海边烧烤，在穿着泳衣戏水后，回到沙滩上既能晒太阳又能吃到香喷喷的烧烤，这个公园无疑是最适合你的选择
洛杉矶及周边	回声公园（Echo Park Lake）	751 Echo Park Blvd.,Los Angeles 90026	这个公园环境幽美，中间有一个大湖，水质极佳，并且还有喷泉和幽静的小路。公园允许人们在这里烧烤，但是要自备烤具
	三叶草公园（Clover Park）	2600 Ocean Park Blvd.,Santa Monica 90405	一个不大的公共公园，近著名的圣莫妮卡海滩，环境很好，吃完烧烤再去海滩转转很不错
旧金山及周边	贝克海滩（Baker Beach）	Golden Gate,National Recreation Area,SanFrancisco CA	旧金山西北角一个著名的公共海滩，全天开放，又称天体海滩。在海滩上可以直接眺望金门大桥，同时又是户外BBQ的好去处，但是需要自己带烤具

③ 遍地开花的中式自助餐

　　说起最经济实惠，还能吃出花样的餐厅，就不得不说美国的中式自助餐了。自从中式自助餐在美国出现以后，几乎横扫全美。不论你是否爱吃，在美国这都是一个不争的事实。中式自助餐一直以价格低廉、食物种类丰富著称，价格根据地区和时间的不同（午餐、晚餐价格不一样）而变化，一般来说都是7～13美元，大城市的或是有海鲜自助的稍贵一些。

如何寻找中式自助餐

　　寻找中式自助餐厅其实很简单，直接下载一个Yelp的App（见P35）然后在上面一输入Chinese Buffet就可以找得到了，或者直接用苹果手机的地图搜Chinese Buffet或者Buffet，都会出现很多家这样的餐厅供你选择，建议你选择之前，最好先打电话问问价格比较好。

④ 自己动手，丰衣足食

　　在美国，如果每顿饭都在外边吃，花费肯定不会少，再加上吃不惯当地食物，可能会导致身体不舒服。为了更好地节省餐饮预算，可自己动手做饭。

　　首先，你可以预订带厨房和厨具的公寓式酒店、民宿或者青年旅舍；然后，提前备好食材即可。相关的住宿地信息可参考既要住好又要省钱这一部分的内容（见P60）。如果是自驾旅行，还想更加节省一些的话，则可以在外边做饭，比如露营地、公园等公共设施比较健全的地方。

美国主要城市的华人超市

城市	店铺推荐	地址	联系电话
纽约	香港超市（HongKong Supermarket）	37-11 Main St., Flushing,NY 11354	718-5396868
	金城发超市（Gold City Supermarket）	48-15 Kissena Blvd.,Flushing,NY 11355	718-7626188
	大中华超市 （Great Wall Supermarket）	1300 Metropolitan Ave.,Brooklyn,NY 11237	718-3860089
洛杉矶	汉亚龙超市（Hmarket）	2825 S. Diamond Bar Blvd.,Diamond Bar,CA 91765	909-8390300
	光华超级市场（Quang Hoa Supermarket）	645 W Duarte Rd.,Arcadia,CA 91007	626-4476282
	东方超级市场 （ABC Supermarket）	8970 Bolsa Ave.,Westminster,CA 92683	626-4476282
芝加哥	美华超市（MEI HUA Supermarket）	10706 W.Oklahoma Ave.,West Allis,WI53227	414-3288980
	美国麦生鲜（Maifresh）	4012 S Kedzie Ave.,Chicago,IL 60632	567-2498144
	大家发市场（Richwill Market）	1835 S. Canal St., chicago,IL 60616	312-2269611

美国主要城市的华人超市信息

续表

城市	店铺推荐	地址	联系电话
旧金山	大华超级市场（Great Wall Supermarket）	338 Barber Lane,Milpitas,CA 95035	408-9468899
	永和超级市场（Marina Food）	10122 Bandley Dr., Cupertino,CA 95014	650-3456911
	新世界超市市场（Sunset Supermarket）	2425 Irving Street,San Francisco,CA 94122-1528	415-6823738

购买食材

购买食材时，如果附近有华人超市，尽量选择到华人超市购买，毕竟那里的食材和调料与我们的口味相近，不会产生太大的饮食差异。如果没有，就近找美国的连锁超市购买即可。一般美国无论哪个城市的商业区，都会有这样那样的连锁超市，具体超市参见本书（P77）。

超市购买食材推荐	
常备食材	便于携带食材
肉、蔬菜、鸡蛋、各种调料，以及牛奶、面包、三明治。美国各类食材品质很好，即使是打折优惠的，也不用担心质量问题；牛羊肉比较实惠；牛奶和矿泉水都很便宜，而且口感很好。各类的熟食也是不错的，而且价钱极为便宜	在美国的超市里，可以买到大量的方便面和矿泉水，而且都是难以想象的低价，通常矿泉水几美元便可以买一箱，牛奶一加仑只需3～4美元。而且外带方便，也可以去买一些真空包装的火腿肉和火鸡肉，带着在路上吃没问题，而且放在背包里也便于携带

不可或缺的做饭用品

有厨房的住宿地设施齐全，做起饭来跟在自己家里差不多，而没有厨房的话就需要自备做饭用具了。尤其是出去户外或者是到了人烟稀少的国家公园，以及住在免费营地（即使收费也非常便宜），很多东西都是需要自己准备的。

自己做饭所需装备	
名称	**介绍**
水	在美国买水是很便宜的，几美元就能买一箱矿泉水，所有自来水管里的水也都达到了饮用水的标准。你可以买一些水自己带着，也可以自己多带一些水袋水壶，在有水管的地方接一些水以备不时之需
火	提前准备好打火机，或者简易炉、气罐，因为安检的问题，这些东西可以到了当地以后在超市购买
碗筷	碗筷可以去Dollar Tree或99分店买（类似于中国2元店），那里的碗筷都比较便宜，其实还是推荐自己买些一次性的碗筷，毕竟比较轻，携带起来也方便
冰袋	如果是自驾或者自己带有保温箱的话，这个必须准备，以用来贮藏食物。美国所有的便利店都有卖冰块的，1美元很大一袋，同时所有的宾馆每一层都有制冰机，你可以免费领取

① 了解美国商品打折规律

在美国，通常打折季是9月和11～12月，尤其是11～12月。其中，感恩节（11月的第4个星期四）是美国最佳打折季，打折活动从感恩节之后的黑色星期五（Black Friday）凌晨零点开始，那时候所有的大商场和奥特莱斯都会有人排起长长的队，7:00以后去就很晚了，因为商场第一波的折扣力度让你难以想象。另外，美国劳工节的打折幅度也会很大。

总的来说，美国各个节日或多或少都有打折的活动，只是幅度的大小和时间的长短不同而已。

美国大型节日折扣概况			
打折节日	时间	简介	打折力度
情人节（Valentine's Day）	2月14日	各大网站、商场都会推出以情人节为主题的活动，是人们购买化妆品、香水、领带、西装的好时机，一般从节前1～2周开始	★★★

打折节日	时间	简介	打折力度
总统日（President's Day）	2月的第3个星期一	一般以服装类的商品为主，从节前的那个周末开始	★★★
地球日（Earth Day）	2月22日	以环保商品为主，比如保健品、儿童用品等	★★★
母亲节（Mother's Day）	5月的第2个星期日	以女性商品为主，如服装、皮包、化妆品等，一般从节前1周半开始	★★★★
阵亡将士纪念日（Memorial Day）	5月的最后一个星期一	商家都会搞有特殊纪念意义的活动，一般节前的周末开始	★★★
父亲节（Father's Day）	6月的第3个星期日	以男性商品为主，如钱包、皮带、鞋子、剃须刀等，一般节前一周开始	★★★★
独立日（Independent Day）	7月4日	美国的国庆节，各种商品的折扣都会比较大	★★★★
美国劳工节（Labor's Day）	9月的第1个星期一	这是美国一个全国连休三日的假期，也被视为美国换季的日子，如果在当季卖不掉的衣服都会在劳工节时上架处理，折扣力度会非常的大	★★★★

打折节日	时间	简介	打折力度
返校季 （Back to School）	8月末至9月初	主要是对学生用的商品进行一个大范围的打折	★★★
感恩节 （Thanksgiving Day）	每年11月的第4个星期四	感恩节后第一天的"黑色星期五"，是美国传统的大折扣和大抢购的节日，几乎所有的大商场和奥特莱斯都人满为患，当天的商品的价钱是原价的25%～65%，是去美国购物的最好时候	★★★★★

TIPS 如果是打折季的当天，越早去越好，因为凌晨5:00以后商场内几乎人满为患了，那天商场周围会很堵，能坐车就坐车去，开车去很可能找不到地方停车。如果那个地方只能开车去，建议你到华人区坐华人巴士，它会把你拉到一些很出名的奥特莱斯。

各大商场优惠信息

通常各城市的大型商场会在官网上发布即时折扣信息，还有一些商场会发放小宣传册，里面聚集了各家店面的信息，在商场入口处便可领取。Macy、Old navy之类的大型购物地，都会时常推出宣传册。

美国大型商场官网推荐	
名称	网址/二维码
韦斯特菲尔德 （Westfield）	www.westfield.com

续表

名称	网址/二维码	
梅西 （MACYS）	www.macys.com	
老海军 （OLD NAVY）	www.oldnavy.com	

TIPS 大商场的官网一般查各种优惠折扣信息比较便捷，网站更新的速度也快，但是要提前做功课。如果在打折季的当天，网站经常会因为人流量太大而导致无法登录，所以你应未雨绸缪才行。

打折优惠网站不容错过

到了打折季，不但实体店的商品会打折降价，网店在当天也会大降价，如果不想去排队购买，想待在旅馆里网购的话，当然要了解美国人经常网购的网站及其折扣啦！

打折优惠网站推荐	
介绍	**网址/二维码**
这个网站汇集了其他网店打折或者降价的便宜商品，有它就不用刻意去找降价网站了，只是一些商品有时候需要它提供的优惠券号码（Coupon Codes）才有折扣	www.bensbargains.net

介绍	网址/二维码
著名的"黑色星期五",感恩节大降价。众所周知,此时无论网站还是实体店都会大降价。这个网站能查到"黑色星期五"当天各大品牌或者知名实体店、网店都有哪些货物降价、折扣大	www.blackfriday.com
这是一个做批发的网站,折扣很大,一般是供在eBay上开网店的店家来进货的	www.dhgate.com
这是一个类似于中国的淘宝一样的网络交易平台,能淘到很多便宜货	www.ebay.com
这是一个二手商品转卖平台,上面有很多看起来稀奇古怪的东西。它还有很多便宜货,如果想海淘一些神器回来,这绝对是个很好的选择	www.woot.com
"亚马逊"就不解释了,世界最大的网购平台之一,相信国内国外人都知道	www.amazon.com

领取免费优惠券、折扣代码

作为全球商品集散中心的美国,遍地都是折扣代码和优惠券,它能助你找到性价比更高的商品。如果找到优惠券,可以打印出来使用,也可以在网购时使用优惠网站上给你的折扣代码。

领取免费优惠券、折扣代码的网站推荐	
介绍	**网址/二维码**
这个网站是被美国公司收购的一个竞价优惠网站，可以提供现金回扣服务，它是一个竞价网站，如果你通过这个平台进入另一个链接，那么购物时会享受20%~40%的现金回扣，现在已经有2000多家商铺加入该平台	www.shop.com
这是大型的优惠券下载团购网站，上面的折扣力度很大，且每天都有更新	www.groupon.com
Retail Me Not是美国一家在线优惠券团购网站，它不但可以供人们从网上下载优惠券，而且可以手机上下载APP随时应用，它每周会推送一个本周Retail Me Not的团购消费榜到客户的电子邮件，让客户随时了解折扣新动态	www.retailmenot.com

② 当地人推荐的购物地

大型购物中心

当地人推荐的大型购物中心		
所在城市	**名称**	**信息参考**
纽约	伍德柏瑞奥特莱斯（Woodbury Common Premium Outlets）	见P139
	哥伦比亚圈购物中心（The Shops at Columbus Circle）	见P140

所在城市	名称	信息参考
洛杉矶	比弗利中心（Beverly Center）	见P210
	棕榈泉奥特莱斯（Desert Hills Premium Outlets）	见P210
	好莱坞高地中心（Hollywood & Highland Center）	见P211
拉斯维加斯	凯撒宫古罗马购物中心（The Forum Shops at Caesars）	见P257
费城	普鲁士国王购物中心（King of Prussia Mall）	见P150
明尼苏达州	美国摩尔购物中心（The Mall of America）	见P361
波士顿	卡普利中心（Copley Place）	见P182
迈阿密	阿文图拉购物中心（Aventura Mall）	见P304
夏威夷	阿拉莫阿那中心（Ala Moana Center）	见P373
休斯敦	休斯敦奥特莱斯（Houston premium Outlets）	见P322
新奥尔良	Dillard's Lakeside Shopping Center	见P336

美国的市场

当地人推荐的市场/市集		
所在城市区域	名称	信息参考
纽约	布鲁克林跳蚤市场（Brooklyn Flea Market）	见P141
	切尔西市场（Chelsea Market）	见P142
洛杉矶	洛杉矶农夫市场（Farmers Market）	见P213
	圣莫妮卡海鲜市场（Santa Monica Seafood Market）	见P213
	玫瑰碗跳蚤市场（Rosebowl Swapmeet）	见P214

续表

所在城市区域	名称	信息参考
费城	雷丁集贸市场（Reading Terminal Market）	见P150
波士顿	昆西市场（Quincy Market）	见P183
	哈里森大道SoWa市场（SoWa Markets）	见P184
夏威夷	欧胡岛国际市场（International Market）	见P374
西雅图	派克市场（Pike Place Market）	见P238

备注：田纳西州有个詹姆斯顿127号走廊（127Corridor），是世界上最长的露天市场，在美国127号公路沿线，跨过田纳西州进入肯塔基州。市场上从独立战争时代的物品，到水果食品、生活用品、手工艺品应有尽有。不过每年8月的第一个周四市场才开放，持续时间超过三周

TIPS 这些市场都是美国最原生态的农贸和跳蚤市场，进去看看里面的东西，你肯定会大涨见识，尤其是127号走廊，去那里最好是和朋友拼车或者租车，因为没有巴士或者火车可以到达。

奥特莱斯

奥特莱斯（DFO，Direct Factory Outlets，即工厂店）也叫作工厂直销店。美国不但是商品的集散地，还是奥特莱斯的发源地，现在已经建立了300多家奥特莱斯购物中心，几乎已经达到了每个州都有，每个大城市也都有。但是，大多数奥特莱斯不在市区里，一般都在距离市区有一段距离的小镇上，其商品价格是原价的25%～65%，非常实惠。不仅如此，奥特莱斯的配套设施也非常齐全，有餐厅、咖啡馆、旅馆、加油站等，而且能叫上名字的品牌在这里几乎都找得到，是在美国海淘的极佳去处。

去奥特莱斯有什么要注意的

去奥特莱斯之前，当然要先做一些功课，这样才能让自己有充足的时间和用极大的优惠淘到更多东西，下面给大家具体说说这方面应做的准备工作。

1.往返的问题。一般来说，人们都是开车去，如果是自驾的朋友自然没有这方面的担心，如果不是自驾的朋友，就只能自己坐车前往，比较著名的奥特莱斯都有公共交通到达。当地的华人区会有直达奥特莱斯的巴士，市区里也会有直通车，这个可以去奥特莱斯官网查询（www.premiumoutlets.com）。

www.premiumoutles.com

2.首先到奥特莱斯官网注册会员，然后可凭注册邮件到奥特莱斯信息中心（Information Center）领取奥特莱斯的地图和优惠券本（Coupon Book）。创建会员的时候，可以选择一些自己关注的奥特莱斯，这样一旦有活动或者打折季，网站都会给你的邮箱发通知和优惠券。

3.注册完成登录官网，可以看到官网的右上角有一个"VIP CLUB"。点击进去，你会发现你选择关注的奥特莱斯后面有"EXLUSIVE COUPONS AND VIP COUPON BOOK"这样一个选项，这个优惠券的优惠力度比你去信息中心领的优惠券的优惠力度还大。等你到相应的商家购物的时候，只要出示手机里他们店的VIP CLUB里的CODE，就可以得到相应的折扣了。

4.如果有在美国留学的亲戚朋友就再好不过了，和他们一起去，用学生卡在某些店里也可以享受10%～15%的折扣优惠。

5.如果可以就尽量组团去吧，这样能享受很多店里的优惠，比如买2赠1的满额优惠，或者一些其他的优惠。几个人在一起会更划算一些，不但是这些，如果满10个人还会在信息中心得到一些食物优惠券。

6.现在大部分奥特莱斯可以用银联卡直接付账，这个很重要，而且现在很多奥特莱斯对中国的银行卡都会有消费返现活动。

TIPS 美国绝大部分的奥特莱斯都是Premiumoutlets品牌的连锁店，游客在一家买的东西如果有损坏或者不满意，可以在另一家退换。如果发现到另一家他们旗下的奥特莱斯的店里，卖的东西比你之前买的那个贵，可以直接去退差价，所以千万不要忘记比较Premiumoutlets的相同商品的价格。

全美著名奥特莱斯

全美著名奥特莱斯推荐	
名称	**简介**
伍德柏瑞奥特莱斯（Woodbury Common Premiumoutlets Outlets）	见P139
卡马里奥奥特莱斯（Camarillo Premium Outlets）	见P211
拉斯维加斯奥特莱斯北店（Las Vegas Premium Outlets）	见P257
芝加哥时尚奥特莱斯（Fashion Outlets of Chicago）	见P288
棕榈泉奥特莱斯（Desert Hills Premium Outlets）	见P210

3 让人欲罢不能的美国购物清单

不容错过的当地特产

特色商品

1.蔓越梅（Cranberry）是一种北美当地生产的水果，中国也有少量生产，由于其全球地区不到27.33平方公里的种植面积和本身具有防癌抗老化的效果，显得十分珍贵。

2.美国花旗参（Panax quinquefolius）是一种药用价值很好的保健品，由于生长于没有一丝污染的土壤里，所以味道甘香，用来泡茶、烹汤都是保健的上佳选择。

3.纳帕河谷葡萄酒（Napa Valley Wines）是美国加州旧金山湾纳帕河谷的特产。这是美国加州当地很著名的一种葡萄酒，味道香醇，价格还十分便宜，在一般的酒庄都可以买到，一般来说10～20美元就可以买到一瓶很不错的葡萄酒。

4.星巴克（Starbucks）咖啡是标准的美国特产了，如果去西雅图旅游的话，到星巴克的总部买两斤咖啡豆，回去后自己手工磨碎以后泡咖啡，味道会比买到的更香浓也更原味。

5.在美国可以买到所有老人和孩子食用的保健品和补品。物美价廉的保健品，现在受到广大中国人的青睐，无论是自己吃还是买回去送人，都是不错的选择。

美国常见保健品种类推荐		
种类	**品牌介绍**	**购买指南**
蛋白粉（Protein Powder） 鱼油（Fish Oil） 卵磷脂（Lecithin） 糖尿病健康包（Diabetes Health Pack） 钙片（Calcium） 奶粉（Milk Powder） 善存复合维生素（Centrum） 维骨力（Move Free） CoQ10	GNC、Puritan's Pride、Nature Made、Neocell、Kirkland、NaturesWay、Amway、Avon、CardinalHealth等品牌都是美国常见的保健品品牌，基本上在美国购买的保健品大都是这些牌子，而且都是大公司，质量可以得到保障	通常保健品在美国各大超市如BJ、Cosco、Walmart等大型连锁超市里，都可以很轻易地买到。除了GNC这个品牌是有自己独立的连锁店的，需要到连锁店才可以购买以外，其他的商品几乎都可以在大型连锁超市买到

性价比高的本土品牌

美国性价比高的本土品牌推荐			
类型	**名称**	**介绍**	**网址/二维码**
服饰类、鞋类	阿贝克隆比 & 费奇（Abercrombie Fitch）	1892年创建于纽约的本地品牌，是当今最火的年轻人休闲服装，也是掀起世界时尚的美国第一大休闲品牌	www.abercrombie.com
	美鹰傲飞（American Eagle Outfitters）	1977年成立的一家服装品牌，现在主要为青少年提供牛仔和潮流服饰，在美国青少年人群中拥有较高的人气	www.ae.com

类型	名称	介绍	网址/二维码
服饰类、鞋类	盖璞（GAP）	1968年创建于美国加州的服装品牌，风靡30多个国家，有3000多家连锁门店，是美国常见的几个时尚休闲品牌服装品牌之一	www.gap.com
	耐克（Nike）	1972年成立于美国的一家运动品牌，是世界最大的运动品牌之一，也是全世界青少年最喜爱的品牌之一	www.nike.com
	匡威（Converse）	诞生于1908年的美国百年品牌，集复古、流行、环保于一身的ALL STAR帆布鞋品牌，是美国常见的喜欢穿帆布鞋、滑板鞋的少年首选	www.converse.com
	新百伦（New Balance）	1906年诞生于波士顿的一款跑鞋，最近在中国风靡，也是美国最流行的几大运动鞋品牌之一	www.newbalance.com
包类	迈克·科尔斯（Michael Kors）	1981年成立于美国纽约的品牌，近年来在美国和中国非常火，是二线奢侈品牌很好的选择	www.michaelkors.com
	蔻驰（Coach）	1941年诞生的美国时尚高端品牌，是在美国很常见的品牌，适合高端和经济两种人群	www.coach.com

续表

类型	名称	介绍	网址/二维码
化妆品类	雅诗兰黛（Estee Lauder）	1946年成立于纽约的化妆品公司，旗下拥有众多品牌	www.esteelauder.com
	贝玲妃（Benefit）	1976年由美国一对双胞胎姐妹创建的彩妆品牌，是美国常见的化妆品之一	www.benefitcosmetics.com
打火机	芝宝打火机（Zippo）	1932年创立于美国的经典打火机品牌，是一款受全球男士钟爱的打火机品牌	www.zippo.com

TIPS 在美国无论是买鞋还是买衣服，尺码和中国是完全不一样的（见P28），买的时候要看清楚，美国的鞋上面会有US（美国）和EUR（欧洲）两种码，其中欧洲码就是我们通常在中国使用的号码，需要看清楚再买，不然买完了穿不上就白花钱了。不过，美国所有奥特莱斯的商店和购物中心的店里都会有试衣间，商品结账前可以先试穿好。

④ 不可不知的退税常识

在美国旅游，购物是很重要的一环，不过美国大部分的州是不能退税的，因为美国不收取联邦消费税，所以没有国家级的退税制度。但美国每个州有州税，而且每个州的州税是不一样的，只有两个州可以退税，分别是路易斯安那州和得克萨斯州，但是还有5个免税州，分别是俄勒冈（Oregon）、阿拉斯加（Alaska）、特拉华（Delaware）、蒙大拿（Montana）、新罕布什尔（New Hampshire），部分免税的州则是新泽西（New Jersey）。

美国各州税率

东海岸（中大西洋）地区		新英格兰地区	
州名	州税/最高地方税	州名	州税/最高地方税
纽约州（New York）	4%/8.75%	缅因州（Maine）	5%/5%
宾夕法尼亚州（Pennsylvania）	6%/7%	新罕布什尔州（New Hampshire）	0%/0%（餐馆8%）
新泽西州（New Jersey）	7%/7%	佛蒙特州（Vermont）	6%/7%
特拉华州（Delaware）	0%/0%	罗得岛州（Rhode Island）	7%/7%
马里兰州（Maryland）	6%/6%	康涅狄格州（Connecticut）	6%/6%
弗吉尼亚州（Virginia）	4%/5%	马萨诸塞州（Massachusetts）	5%/0%
西弗吉尼亚州（West Virginia）	6%/6%		
华盛顿哥伦比亚特区（Washington D.C.）	5.75%/0%		

西海岸（太平洋沿岸）地区		五大湖周边地区	
州名	州税/最高地方税	州名	州税/最高地方税
华盛顿州（Washington）	6.5%/9.5%	密歇根州（Michigan）	6%/6%
俄勒冈州（Oregon）	（餐馆5%）0%/0%	俄亥俄州（Ohio）	5.5%/7.75%
加利福尼亚州（California）	8.25%/10.25%	印第安纳州（Indiana）	7%/9%
		伊利诺伊州（Illinois）	6.25%/11.5%
		威斯康星州（Wisconsin）	5%/5.6%

东南地区		西南地区	
州名	州税/最高地方税	州名	州税/最高地方税
北卡罗来纳州（North Carolina）	6.75%/7.25%	亚利桑那州（Arizona）	5.6%/10.6%
南卡罗来纳州（South Carolina）	6%/0%	新墨西哥州（New Mexico）	5%/0%
佐治亚州（Georgia）	4%/8%	得克萨斯州（Texas）	6.25%/8.25%
佛罗里达州（Florida）	6%/7.5%		

南部地区		中西部地区	
州名	州税/最高地方税	州名	州税/最高地方税
肯塔基州（Kentucky）	6%/6%	堪萨斯州（Kansas）	5.3%/0%

州名	州税/最高地方税	州名	州税/最高地方税
田纳西州 （Tennessee）	7%/9.75%	艾奥瓦州 （Iowa）	6%/7%
亚拉巴马州 （Alabama）	4%/10%	明尼苏达州 （Minnesota）	6.5%/7.5%
密西西比州 （Mississippi）	7%/9%	俄克拉荷马州 Oklahoma	4.5%/5%
阿肯色州 （Arkansas）	6%/6%	内布拉斯加州 （Nebraska）	5.5%/7%
路易斯安那州 （Louisiana）	4%/9%	密苏里州 （Missouri）	4.225%/0%
		南达科他州 （South Dakota）	4%/0%
		北达科他州 （North Dakota）	5%/0%

落基山区		本土以外地区	
州名	州税/最高地方税	州名	州税/最高地方税
蒙大拿州（Montana）	0%/3%	夏威夷州（Hawaii）	4%/0%
爱达荷州（Idaho）	6%/0%		
内华达州（Nevada）	6.5%/0%		
怀俄明州（Wyoming）	4%/7%	阿拉斯加州 （Alaska）	0%/7%
科罗拉多州（Colorado）	2.9%/0%		
犹他州（Utah）	4.75%/0%		

TIPS 在美国购物的时候，所有的标签上的价钱都是税外价，就是没有加税的价钱，只有在结账的时候，才会把物品的价格加上税，免税店除外。

关于免税和退税

关于免税州，前面已经大概介绍了一下，分别是俄勒冈、阿拉斯加、特拉华、蒙大拿、新罕布什尔，这五个州的政府不对任何商品征收购物消费税，但是地方市政府还是会收商品的购物消费税。下面，还是来说说美国可退税的得克萨斯州和路易斯安那州。

得克萨斯州退税详情

1.得克萨斯州政府规定，无论是学生、游客，还是美国公民，都可以在得克萨斯州享受退税的待遇，即在离开得克萨斯州或美国之前30天之内在指定商家购物、并且在同一家商家购物消费超过了10美元，就可以到指定地点去享受退税服务。

2.退税的物品只包括在指定购物点购买的商品，不包括酒店、超市等。

3.目前被得克萨斯州指定的有超过6000多家商店或者购物中心被包含在退税政策里面，详情见得克萨斯州官方指定退税店查询网址：www. taxfreetexas.com/participating.aspx

www.taxfreetexas.com/
participating.aspx

4.得州的退税点一共有13个，但是相对来说比较方便的有以下几个：达拉斯及周边有达拉斯沃斯堡机场、Galleria购物中心、North Park购物中心、Allen Premium Outlets、Grand Prairie Premium Outlets、Tanger Outlets。圣安东尼奥及周边有麦卡伦市梅西百货。休斯敦及周边有休斯敦乔治·布什国际机场、Galleria购物中心、Galleria购物中心内的梅西百货、Best Buy Galleria电器卖场。

TIPS 特别提醒大家购物的收据和小票千万要收好，因为同一商场或者同一商店购物的收据可以互相累积，而且如果是在机场退税的话，一定要在托运行李以前到Tax Freeshopping柜台办理退税手续，工作人员会查看商品、收据和小票的原件。

得克萨斯州退税所需的材料

在离开得克萨斯州或美国之前30天内，购买的符合美国出境要求的商品，退税点人员会进行检查，以下是退税时所需材料，需提前准备。

得克萨斯州退税所需材料
1.购物商店提供的原始数据和小票，所有形式的复印件、照片、电子邮件都将不被接受
2.护照原件
3.I-94卡、入境章以及入境时持有的签证
4.有效的离境机票行程单打印件，行程单上需要显示航程从得州前往原居住国；如果乘坐其他交通工具离开得克萨斯州或美国，也要提供相关证明

TIPS 如果是以网购形式购买的物品，那么需提供卖家放置于包裹里的原始收据，从网站上打印的购买记录不能作为直接证据，只能作为佐证。所有的游客可以在退税之前先登录下得克萨斯州退税的官网，然后注册一个账号以加快退税申请处理的速度，在网站上填写好个人姓名、密码以及国内有效地址就行了。

得克萨斯州退税官网：
www.TaxFreeShopping.com

得克萨斯州退税的形式和手续费

1.可以选择以现金、支票或者Paypal账户接收的形式退回税款。

2.如果要以支票的形式接收，需要准备一个中国的收件地址，并且在离境后3~7个月内才可以收到支票。

3.关于手续费。如果选择支票或者Paypal接收退税款，手续费为退回税款的35%加上每家曾经购物的商店3美元的手续费。

4.如果选择现金接收，可以用最快速度拿到退税款，但是手续费比较高，为退税款的50%。

5.现金退还的上限是250美元，超过250美元的部分就不能用现金形式退还了。Paypal账户和支票接收税款是没有上限的。

路易斯安那州退税详情

1.目前路易斯安纳州只为在美国境内停留不超过90天、持旅游签证的游客提供退税服务，和得克萨斯州不一样的是，留学生和美国公民不被包括在该州可申请退税人员的范围内，但是游客必须在指定的免税购物商店（LTFS成员）购物，才可以享受退税服务。

2.路易斯安那州现在有超过1000多家店参加了退税计划，其中包括著名的梅西百货、Bestbuy等广受欢迎的商店。详情可参照路易斯安那州退税指定商店的网站：www.louisianataxfree.com/directory

www.louisianataxfree.com/directory

目前路易斯安那州的退税点

1.新奥尔良国际机场

2.The Outlet Collection at Riverwalk内的退税中心

3.Acadiana Mall内的Lafayette Refund Center

4.The Outlets at Louisiana Boardwalk内的Shreveport/Bossier Refund Center

5.Lakeside Mall中梅西百货内的Metairie Refund Center

6.The Mall of Louisiana中的Baton Rouge Refund Center

路易斯安那州退税的形式和步骤

路易斯安那州退税的形式和步骤	
步骤	所需材料和形式
第一步	在购物的时候需要带上护照，结账的时候可出示护照，然后向店员索取对应金额的退税券（Tax Refund Voucher）。这个很重要，一定要妥善保存退税券和收据、小票等
第二步	在LTFS退税中心向工作人员出示护照及带有离开美国行程的离境机票打印件，凭退税券或者小票接收退款。但是退税中心会收取一定的手续费，其会从所退税费中扣除
第三步	退回税款低于500美元的以现金形式退还。如果高于500美元的退回税款，需要准备一个地址，退回税款将会以支票的方式邮寄回游客的居住地址

免费体验美国民风民俗

① 热闹有趣的节庆活动

美国主要的法定节日简介		
名称	时间	简介
新年 （New Year）	1月1日	美国一年一度的新年，这一天通常和圣诞节的假期连在一起。在纽约的时代广场会有盛大的跨年演唱会，而且不要门票哦，不过要提前至少8个小时进入，且需要忍受几个小时上不了厕所
马丁·路德·金日 （Birthday of Martin Luther King, Jr.）	1月的第3个星期一	唯一一个纪念黑人的联邦法定假日，这一天学校、公司都放假，美国国内会开展大规模的慈善运动和民权宣传活动
华盛顿诞辰日 （Washington's Birthday）	2月的第3个星期一	纪念美国第一任总统华盛顿的法定节日，不但每个州会举办隆重的纪念仪式，美国人在这天还有吃樱桃馅饼、玩纸质斧子的习俗
美国阵亡将士纪念日 （Memorial Day）	5月的最后1个星期一	美国的一个盛大节日，为了纪念在历次战争中牺牲的美国士兵而设。它也代表夏季的开始，很多夏季开放的小岛、沙滩都会在这个周末以后开始开放

名称	时间	简介
美国独立日（Independence Day）	7月4日	美国民众庆祝国家独立的日子，是美国的国庆节，在各地会出现盛大的庆祝游行、军队的特技表演、阅兵等，到晚上还能在纽约看到盛大的烟花典礼
美国劳工节（Labor Day）	9月的第1个星期一	夏季最后一个连休3天的小长假，不但是学生们新学期的开始，而且还是美国民众全家出游的假日，在这个假日中全美的商店会有一波大折扣
哥伦布日（Columbus Day）	10月的第2个星期一	为了纪念航海家哥伦布发现美洲大陆而设立的节日，是美国意大利裔移民的重要节日，各大城市会轮流举办哥伦布日大游行
退伍军人节（Veterans Day）	11月11日	是美国全国性节日，以向历经战争的退伍军人表示敬意，各地都会出现纪念老兵的活动
感恩节（Thanksgiving Day）	11月的第4个星期四	是美国最重要的节日之一，美国民众家家户户会吃含有火鸡的感恩节大餐。不仅如此，从节后第一天开始还有美国最大的抢购折扣日"黑色星期五"
圣诞节（Christmas Day）	12月25日	西方国家的主要节日，会有一个大长假，国内到处都能看到圣诞树、圣诞大餐，弥漫着浓浓的节日气氛

美国特色节庆日推荐		
名称	**时间**	**介绍**
超级碗星期天 （Super Bowl）	通常在2月的第1个星期日	美国国家橄榄球赛的决赛，是全美收视率第一的比赛。人们即使不去现场，当天晚上也要看电视转播，届时酒吧里、餐馆里到处可见到转播的比赛
情人节 （Valentine Day）	2月14日	是专门为爱情及爱人庆祝的日子，是一个浪漫、暖心的节日
圣帕特里克节 （St.Patrick's Day）	3月17日	是爱尔兰的国庆节，人们身穿绿色衣服，享受爱尔兰音乐、食物及饮料，还会举行爱尔兰节庆大游行
万圣节 （Halloween）	10月31日	当晚小孩会穿上化妆服挨家挨户收集糖果或其他礼物，成年人则盛装打扮去参加派对。尤其在纽约的时代广场上，你能看到各种各样的妖魔鬼怪Cosplay和万圣节妖魔大游行

② 贴近生活的特色玩法

　　除了参与一些节庆活动外，在美国还可以去开展很多其他有特色的活动。比如在当地的NBA球场买一张球票，在百老汇的剧场看一场戏剧，甚至在本地的公园进行一次徒步活动，每个城市的这些特色活动，在下面的景点介绍里都会有提及，如果有需要你可以前去查找资料。

美国特色推荐		
名称	时间	介绍
美国男子篮球职业联赛（NBA）	10月至次年5月	到美国了你还等什么呢，去看一场NBA球赛吧，这是全世界在哪里也找不到的盛大赛事
国家橄榄球联盟（NFL）	6月至次年2月	美国特色的运动，美国人对橄榄球的热情超过了足球，如果可以有幸看一场超级碗的比赛，将是一种很美妙的体验
百老汇（Broadway）	全年开放	如果到了美国，那就必须来纽约，到了纽约就必须去百老汇。而百老汇是以歌剧闻名的，可以去看一场百老汇的特色歌剧
国家公园（National park）	大部分全年开放	国家公园里除了拥有壮丽的景色，还有众多野生动物可以观赏，如果有精力，在公园内开展一次徒步、露营活动，定会让你难忘

Chapter ONE

东海岸
（中大西洋）地区

纽约

纽约最优出行方案速查

机场到市区

　　纽约肯尼迪国际机场是纽约市的主要国际机场，也是全世界最大的机场之一，拥有7个航站楼。搭乘从北京、上海、广州、成都等城市出发的航班，不用转机即可到达纽约。

肯尼迪国际机场信息	
地址	John F. Kennedy International Airport（JFK）,New York, NY 11430
电话	718-2444444
网址/二维码	www.jfk-airport.net

肯尼迪国际机场至市区的交通			
交通工具	介绍	票价	注意事项
机场快线（Airport Link）	连接肯尼迪国际机场的地铁线是A、E、J、Z线，机场快线和地铁A线的中转站为Howard Beach，每5～10分钟一班，和地铁E、J、Z线的中转站为Sutphin blvd，每5～10分钟一班。从机场到地铁站全程需10～20分钟	机场快线单程票价5美元，地铁单程2.25美元	5岁以下儿童免费
机场巴士（Shuttle Bus）	在纽约的宾州车站（Penn Station），港口巴士总站（Port Authority Bus Terminal）和中央车站（Grand Central Station）往来	该机场大巴单程票价13美元起，可上网购买	机场巴士每30分钟一班，还提供接驳拉瓜迪亚国际机场和新泽西纽瓦克国际机场的专车

交通工具	介绍	票价	注意事项
市内公交车（BUS）	Q3从Jamacia出发，到169st转地铁F线可到，市内单程约50分钟左右。从Kew Gardens、Richmond Hill and South Ozone Park出发乘坐Q10可直达5号航站楼，B15从Bedford Stuyvesant出发，在Myrtle Av转乘J、M、Z号地铁可到	单程转乘免费，加上转车价单程2.75美元	如果市内公交车使用的多了，可以买一张整天使用的一天卡，这样会比一次一付的卡便宜很多
出租车（Taxi）	纽约的正规出租车为黄色，上面有TAXI的牌子。机场服务人员会引导你到车前，然后会给一张收据单，详细罗列车子到每个区的费用	航站楼之间4～14美元，到布朗士Coop市52～57美元，到布鲁克林市中心69～64美元，到皇后区22～24美元，到曼哈顿需60～80美元。还要另外交2.5美元的机场费	出租车价格还与等待时间有关，等待时间越长越贵。打车费用较高，2人以上可以考虑打车

TIPS 刚到纽约可能对当地不熟，坐公交车或地铁转车不太方便，所以建议坐机场大巴，虽然票价比公交车、地铁要高，但是不用转车，比较方便。如果乘坐出租车的话，除了车费还要加15%～20%的小费。到机场有多家大巴公司，这里的机场巴士只是以其中一家为例。

拉瓜迪亚国际机场信息	
地址	La Guardia Airport（LGA）,Flushing,New York,NY 11371
电话	718-5333400
网址/二维码	Laguardiaairport.com
相关介绍	这是一个国际机场，规模没有肯尼迪国际机场大，美国国内的航班大部分都会从这里起飞

拉瓜迪亚国际机场至市区的交通			
交通工具	介绍	票价	注意事项
市内公交车（BUS）	乘坐M60路公交车可到曼哈顿或从机场转乘Q33，Q47和地铁线E、F、G、R、V、7等线，连接曼哈顿、布朗克斯和布鲁克林区，但是市内公交车为慢车	单程票价2.25美元，可付现金，不找零，或者用纽约的公交卡（Metro Card）支付	地铁和市内公交车是最经济的线路，但是转车复杂，且速度较慢，对目的地不熟悉的人不推荐选择
机场巴士（Shuttle Bus）	同样在纽约市的宾州车站（Penn Station），港口巴士总站（Port Authority Bus Terminal）和中央车站（Grand Central Station）往来	该机场巴士单程票价13美元起，可上网购买	机场巴士每30分钟一班，还提供接驳肯尼迪国际机场和新泽西纽瓦克国际机场的专车

交通工具	介绍	票价	注意事项
出租车（Taxi）	纽约的正规出租车为黄色，上面有TAXI的牌子，机场服务人员会引导你到车前，然后会给一张收据单，详细罗列车子到每个区的费用	从拉瓜迪亚国际机场前往曼哈顿的路程，统一收费30美元（不包括小费及过路费）	出租车价格还与等待时间有关，等待时间越长越贵。打车费用较高，2人以上可以考虑打车

纽瓦克自由国际机场信息	
地址	Newark International Airport（EWR）,1 Brewster Road,Newark,NJ 07114
电话	973-9616000
网址/二维码	www.panynj.gov/airports/newark-liberty
相关介绍	纽瓦克自由国际机场并不在纽约市内，且规模相对于另外两个机场来说小很多，其离曼哈顿较近，但是离其他区比较远

纽瓦克自由国际机场至市区的交通			
交通工具	介绍	票价	注意事项
纽瓦克机场轻轨（Air Train Newark）	方便快捷，适合经济出行的游客，连接纽瓦克自由国际机场的航站楼，也可以到达机场以后乘坐新泽西快线到纽约的宾州车站，0.5小时可达	不同的目的地价格不同，到曼哈顿约12美元	可在车站人工服务处或自动购票机购买NJ Transit车票，其中已包含了Air Train的车资
机场巴士（Shuttle Bus）	在纽约的宾州车站（Penn Station），港口巴士总站（Port AuthorityBus Terminal）和中央车站（Grand Central Station）往来	该机场巴士单程票价13美元起，可上网购买	—
出租车（Taxi）	机场服务人员会引导你到车前，然后会给一张收据单，详细罗列车子到每个区的费用	从机场到曼哈顿根据距离收费50~70美元（不包括小费和过路费）	出租车价格还与等待时间有关，等待时间越长越贵。打车费用较高，2人以上可以考虑打车

交通工具	介绍	票价	注意事项
新泽西巴士/快速巴士（NJ Transit）	从新泽西乘坐28、37、62、67、107路公交车可以在机场和路线目的地之间相互来往，乘快速巴士也可从纽瓦克自由国际机场到纽约	单程票价16美元，往返20美元	全年24小时运营，纽约全市一共有三个巴士停泊点

TIPS 纽瓦克自由国际机场适合经济出行的人乘坐，行李不多的朋友适合乘坐降落在这里的航班，廉价航空大多数会停在这里。但是如果你要在这里过夜或者是半夜抵达，不要出机场，机场外的安全系数不高。

出行使用纽约公共交通卡（Metro Card）

在纽约可以使用纽约公共交通卡（Metro Card）乘坐地铁与公交车，可在地铁站人工柜台或自动售票机购买。自动售票机可选中文语言服务，可以用硬币、纸币、信用卡和储蓄卡付账，可购买一次性使用的单程卡、充值卡、周卡或月卡。

纽约市区地铁图在线查看：
web.mta.info/maps/submap.html

纽约市区公交车和地铁时刻表：
www.mta.info/schedules

纽约公共交通卡简介		
种类	价格	简介
单程卡	2.75美元	单程纸质的卡，2小时内有效，可转车一次
充值卡	2.5美元/次	可随意冲入金额，比单程票每次便宜0.25美元，买卡需1美元
周卡	30美元	7天内地铁和公交车可以无限次数乘坐
月卡	112美元	30天内地铁和公交车可以无限次数乘坐

TIPS 纽约的地铁和公交车都是MTA的，地铁卡和公交卡完全通用。如果买的是充值卡或者单程卡，先坐公交车再转一次地铁或者先坐地铁再转一次公交车，都是免费的，不过如果是单程纸质卡，记得向司机索要转车票（也是纸质卡，Transfer）。

纽约玩点速览+线路推荐

玩点速览

大都会艺术博物馆

　　大都会艺术博物馆（Metropolitan Museum of Art）是美国最大的艺术博物馆，也是与英国伦顿的大英博物馆、法国巴黎的卢浮宫、俄罗斯圣彼得堡的列宁格勒美术馆（也称冬宫）齐名的世界四大艺术博物馆馆之一，还是纽约市的象征之一。馆内收藏有300多万件藏品，共有19个不同的主题馆区，是世界上收藏有人类文化瑰宝的最重要的博物馆之一，也是人们去纽约必去的景点。

旅游资讯

🏠 1000,5th Avenue New York,NY 10028

📞 212-5357710

📍 乘坐地铁4、5、6号线到86街站下车，然后走3个街区（约10分钟）到达第五大道；或者乘坐公交车M1、M2、M3、M4路到82街或83街站下

🕐 周日至周四10:00～17:30，周五至周六10:00～21:00，感恩节、圣诞节、元旦节、5月的第一个周一闭馆

💲 捐款性质，一般成人25美元，学生12美元，儿童（12岁以下）免费，老人（65岁以上）17美元

📶 www.metmuseum.org

TIPS 1.不建议开车去大都会艺术博物馆，因为其周围根本无法免费停车，停车费用会特别贵。

2.大都会艺术博物馆其实是不收门票的，是选择性捐款，捐多少钱都可以，可以根据自己的经济状况决定，一样不影响游览。

3.在大都会艺术博物馆的大厅拐角处，有一个咨询处，在那里可以租用语音解说器。工作人员还会专门提供一个和语音解说器的解说相符合的展示图，展示图上画的就是馆长推荐的游览路线，馆内的很多展品是没有中文解说的，但是重点展品基本都有，不过中文讲解的和英文讲解的编号是不同的。

自由女神像

自由女神像（Statue Of Liberty）由埃菲尔铁塔的设计师古斯塔夫·埃菲尔设计，是法国在1876年送给美国、用以庆祝独立战争胜利100周年的礼物。自由女神像全名为"自由女神铜像国家纪念碑"，正式名称是"照耀世界的自由女神"。自由女神身穿古希腊风格服装，右手高举着火炬，左手紧抱着一本书，脚下残留着许多打碎的脚镣，象征着民主和自由。自由女神像矗立在自由岛上，是美国的国家象征，也是纽约的标志，于1984年被列入世界遗产名录。

旅游资讯

🏠 Liberty Island,10004 New York Harbor

📞 212-7523849

📍 乘坐地铁4、5号线到Bowling Green站，地铁R线到Whitehall Street站下，地铁1号线到South Ferry站下；乘公交车M15路到Whitehall Street站下

🕐 9:30～15:30

💲 往返渡轮为成人18美元，4～12岁儿童9美元，4岁以下免费，62岁以上14美元

📶 www.nps.gov/stli/index

TIPS 1.如果大家是夏季去，最好提前几个月订票，因为旺季票卖得太快，而且上岛之前还要进行安检，慢的话需要将近2小时，建议提前订票，以免浪费不必要的时间。

2.自由女神像里面是空的，有楼梯和电梯直通最顶层，因为票包含了埃利斯岛的票，你也可以顺便去埃利斯岛看看移民博物馆，那是纽约早期的移民管理局。

中央公园

中央公园（Central Park）有纽约的"后花园"之称，位于曼哈顿岛最中心的地带。公园占地面积达340万平方米，是纽约市民休闲娱乐的好去处，也是到纽约必去的地方之一。公园里有茂密的树林、草坪、湖泊，在里面漫步让人有一种深处都市中的世外桃源的感觉。它的特殊之处是在寸土寸金的曼哈顿商业区的中心地带，竟然存在这样一个环境如此幽美的公园，给人一种别样的感觉。

旅游资讯

🏠 Manhattan Bounded by 5th Ave & Central Park W

📞 212-3603444

📍 乘地铁N、Q、R线到5th Avenue/ 59th street站下，乘坐A、C、B、D、1线到达59thstreet/Columbus Circle站下，中央公园有很多进出门，这两个进出口是其中最大和最常用的

🕐 6:00至次日1:00

💲 入园免费，内设部分景点收费

📶 www.centralparknyc.org

帝国大厦

帝国大厦（Empire State Building）是纽约闻名世界的一栋摩天大厦，也是经典爱情片《北京遇上西雅图》的重要取景地，还是和自由女神像一样的纽约地标性建筑。它的名字来源于纽约的别称帝国州（Empire State），登上帝国大厦的观景台，纽约这个世界金融中心的壮丽画面尽收眼底，五个大区一览无余，称得上是值得人一生必去一次的地方。

旅游资讯

🏠 350 5th Avenue,New York,NY
📞 212-7363100
📍 乘坐地铁1、2、3号线到Penn Station / 34th St站下；乘坐地铁B、D、F、N、Q、R线到34th St / Avenue of the Americas站下
🕐 8:00至次日2:00，最后一班电梯1:15
💲 86层主观光台成人32美元，6～12岁儿童26美元，老人（62岁以上）29美元；86层主观光台加102层顶观光台成人52美元，6～12岁儿童46美元，老人（62岁以上）49美元。如在网站购买，可节约人们在楼下排队等待时间，但每张票需另收2美元手续费
📶 www.esbnyc.com

华尔街

提到纽约就不得不提到华尔街（Wall Street），其作为世界金融之都的心脏，全长不过500米，两侧摩天大楼林立，使人有一种处于深渊峡谷之中的感觉。街上每天只有正午时分才可以看到太阳，不由得让人惊叹这里的神奇。纽约证券交易所、纳斯达克、美国证券交易所、纽约商业交易所和纽约期货交易所总部都设在华尔街。华尔街附近的博灵格林（Bowling Green）公园内，有一只象征着股市牛市的青铜公牛雕像，它不仅是华尔街的标志，而且象征着资本的力量。

旅游资讯

🏠 Wall Street,New York City,NY 10005
📍 乘地铁2、3、4、5号线到Wall Street站下

TIPS 其实帝国大厦的86层观景台已经很高了，能很好地俯视全纽约的美景，和102层区别没有那么大，不建议多花钱去102层。

美国穷游也行

麦迪逊广场花园

　　麦迪逊广场花园（Madison Square Garden）是纽约篮球史、音乐史上不可不提的地方，它被纽约人简称为"MSG"，或亲切地称为"花园"。在纽约人心里，麦迪逊广场花园不仅是NBA纽约尼克斯队的主场、体育活动的殿堂，还是娱乐活动的天堂，很多音乐会都在这里举办。同时，这里还有纽约著名的宾州车站（Pennsylvania station）。

旅游资讯

🏠 4 Pennsylvania Plaza,New York,NY 10001

📞 212-4656741

📍 乘坐地铁1、2、3、A、C、E号线到34 St-Penn Station站

🕐 10:30～15:00

🛜 www.thegarden.com

TIPS 广场地下一层属于宾州车站，地上的圆柱形建筑物是体育场，这是纽约一个相当有特色的建筑。如果从别的城市坐火车抵达纽约，都不用出车站，从车站直接坐电梯就可以上去看比赛，如果坐地铁到了地铁34 St-Penn Station站，也不用从车站里出来，从地铁里面直接就有通道通往麦迪逊广场花园里面。

布鲁克林大桥

　　布鲁克林大桥（Brooklyn Bridge）始建于1883年，是美国最古老的悬索桥之一。这座桥连接曼哈顿和布鲁克林，全长1834米，桥身由41根钢索吊离水面，落成时是世界上最长的悬索桥，也是第一座用钢材建立的大桥。该桥在当时被认为是工业时代的7个划时代的代表性建筑工程奇迹之一，也是著名电影《哥斯拉》的重要取景地。

旅游资讯

🏠 Brooklyn Bridge,New York,NY

📞 乘坐地铁4、5、6号线到Brooklyn Bridge–City Hall站下，乘坐R号线到City Hall站下；乘坐地铁2、3号线到Park Place站下，乘坐地铁A、C线到High Street站下

🕐 全天开放

$ 免费

📶 www.nyc.gov/html/dot/html/infrastructure/brooklyn-bridge.shtml

> **TIPS** 布鲁克林大桥分成两层，上层完全由木地板铺就，以供不开车的人通过大桥，上面随处可见散步的、跑步的、骑车的人群，还有爱情锁。推荐游客从布鲁克林大桥上步行过去，欣赏纽约两岸风光，这样你内心会有一种不一样的感觉。

时代广场

　　时代广场（Times Square，又译为时报广场）又称"世界的十字路口"，是曼哈顿中城的一处中心街区。时报广场原名朗埃克广场，后因《纽约时报》早期在此设立的总部大楼，而更名为时代广场。在时代广场周围齐集了近40家商场和剧院，使之成为繁荣的娱乐、购物中心。这里有大量的百老汇剧院和巨大的霓虹灯广告牌，都显示着纽约这个世界最有魅力的大城市的特性。

旅游资讯

🏠 1533-1537 Broadway,Manhattan,NY 10036

📍 乘坐地铁N、Q、R号线到达42街站下车

📶 www.timessquarenyc.org/index.aspx

> **TIPS** 1.前往时代广场推荐坐地铁去，因为那里根本没有办法停车。
> 　　2.每年的12月31日夜晚，在这里会举行盛大的新年倒数庆典活动，你如果想站在最前端，最好上午就去等待，因为17:00以后广场周围就封街了。庆典会一直进行到24:00以后，期间人山人海，在最中心的花车上不但会有当红明星的表演，还会有重要政治人物出席。

美国自然历史博物馆

　　美国自然历史博物馆（American Museum of Natural History）是世界上最大的自然历史博物馆。其紧邻着中央公园，几乎是一本现实版的地球百科全书，里面收藏有与生物、地质、自然、天文有关的标本和记录。在此，你还可以看到大量已经灭绝了的动物标本和化石。它一共有46个展厅，内部收藏着全球数量数一数二的恐龙化石和陨石标本，绝对能让你大开眼界。

旅游资讯

- 🏠 200 Central Park West,New York,NY 10024
- 📞 212-7695100
- 📍 乘坐地铁B、C号线至81街站下可直达博物馆地下层，乘坐地铁1号线到79街和百老汇站下可到。乘坐地铁B线时请注意，由于受曼哈顿大桥的施工影响，B线于周末不在上西区运行。或者，乘坐公交车M79路到达西79街和中央公园交界处下
- 🕐 10:00～17:45，感恩节和圣诞节闭馆
- 💲 基本通票（General Admission，建议票价）成人22美元，2～12岁儿童12.5美元，老人/学生（需持学生证）17美元
- 📶 www.amnh.org

> **TIPS** 美国自然历史博物馆和大都会艺术博物馆一样，严格意义上来讲是不需要买票的，只是你需要在门口"捐款"。捐款是没有限制的，捐多捐少也就看游客本人了，以上价格只是通常给游客的建议价，当然了，如果不捐款，也是可以进去的，但还是建议你多少捐一些。

第五大道

繁华、时尚、奢侈、品牌林立的第五大道（Fifth Avenue），是很多人梦想着要去的地方，人们梦想着在这里逛街、购物，感受时尚的风向。它是纽约最繁华的一条商业街，聚集了世界上大量的知名品牌，坐落着很多旗舰店、设计公司，且有充满了特色的橱窗设计。走在第五大道上，看着一个个西装革履的男士和打扮时尚的女士，你顿时会感觉时尚、奢华又伴有高贵的气息扑面而来。

旅游资讯

🏠 Fifth Avenue,New York City,NY 10016
📍 乘坐地铁E、M号线到5th avenue和53rd Street站下或乘坐地铁N、Q、R线到5th avenue和59th Street站下

圣帕特里克大教堂

在寸土寸金、繁华时尚的五大道上，有一个非常有特色的建筑，那就是圣帕特里克大教堂（St. Patrick' s Cathedral）。它是纽约最大、最华丽的哥特式大教堂，由爱尔兰移民在19世纪建立，因帕特里克是爱尔兰的保护神而得名。其独特高耸的哥特式双塔、华丽的雕刻铜门与繁华而充满欲望的纽约形成鲜明的对比。进入教堂里，望着高大的穹顶，你会有一种人在上帝面前显得很渺小的感觉。

旅游资讯

🏠 5th Ave.,New York,NY 10022
📞 212-753226
📍 乘坐地铁E、V号线在Fifth Ave./53rd St.站下
🕐 7:00～20:30
💲 免费
📶 www.saintpatrickscathedral.org

TIPS 前往去圣帕特里克大教堂参观，进去的时候记得保持安静，照相的时候不要开闪光灯。如果你是一个天主教徒，在每周主教举行礼拜的时候，是可以进去一起礼拜的。届时，在教堂门口会有人问你是不是天主教徒，如果是的话直接回答就好了，他会把唱诗本给你，这样你就可以进去选择一个座位坐下来进行礼拜了。

洛克菲勒中心

　　洛克菲勒中心（Rockefeller Center）位于第五大道，是由洛克菲勒家族投资兴建的建筑群。其由48街到51街上的19栋庞大的商业大楼组成，是全世界最大的私人拥有的建筑群之一。全美国著名的电视台大部分驻扎在这里，国际机构的许多总部也在这里。大楼内拥有完整的生活配套设施，如餐厅、办公楼、服装店、银行、邮局、书店、超市等，简直就是一座城中城。同时，在主楼的"巨石之顶"观景台，你还可以俯视纽约全景。

旅游资讯

🏠 45 Rockefeller Plaza,New York,NY 10111

📞 212-3326868

📍 乘坐地铁B、D、F、M号线至洛克菲勒中心（47～50街）站下车，步行1分钟即可；乘坐公交车QM1、QM5、QM6路车至6Av/w49St站下车即可；乘坐公交车M5、M7、M50、X1、X7、X9路车至Av of the Americas/w 50St站下车即可；乘坐公交车M1、M4、M50、Q32路车至5Av/w 49St站下车后右转即可

🕐 8:00～00:00，最后一班电梯23:00停止运营

💲 观景台成人32美元，儿童（6～12岁）26美元，老人（62岁以上）30美元；与现代艺术博物馆的联票（Rock MoMA Special）45美元

📶 www.rockefellercenter.com

TIPS 每月11月30日，这里的露天广场有免费的群星表演，然后还会举行圣诞树亮灯仪式，一直到圣诞节，这里每天晚上都会有熙熙攘攘的游客前来参观这棵巨大的圣诞树。在圣诞树下方的地下一层，还有一个巨大的露天滑冰场，游客如果有兴趣，也可以去试一试自己的滑冰技术。

百老汇

　　百老汇（Broadway）是由南向北纵贯曼哈顿的一条大街，由于百老汇大街两边散布着众多的剧院而闻名。这里是美国戏剧和音乐剧的重要发源地，也是美国歌剧和戏剧文化的代名词。在奢华、时尚的纽约游玩，如果抽出一点空闲时间可以到百老汇去欣赏一场音乐剧，也是一种不错的选择。

旅游资讯

🏠 1681 Broadway,New York,NY 10019, USA

📍 乘地铁1、2、3、7、N、Q、R、S号线在Times Square/42nd Street站下车

💲 每个剧目都有自己的网站，可网上订票，也可以到现场购票，但现场需排队

📶 纽约市政府网站www.nycgo.com可订票

TIPS 在百老汇剧院可以欣赏到著名的《悲惨世界》《猫》《歌剧魅影》《音乐之声》等歌剧。推荐《歌剧魅影》（*The Phantom of the Opera*）等经久不衰的经典剧目，其也是史上演出时间最长、场次最多的音乐剧。《魔法坏女巫》《绿野仙踪》的前传是很适合小朋友观看的剧目，同时有些剧目会推出优惠票或者以抽奖形式让你买到低价票，具体可以参见网站www.playbill.com。同时，时代广场的售票处（KTS）会以相当低的价格出售当天的剩余票，这是一个淘到便宜歌剧票的好机会，但是排队的人会较多。

现代艺术博物馆

　　现代艺术博物馆（Museum of Modern Art）简称MOMA，是世界上最著名的现代艺术博物馆之一，也是第一个专门收集现代艺术品的博物馆。馆内主要收藏19世纪以来的绘画和雕塑，几乎囊括了现代艺术的精华，其中不乏有众多现代派艺术大师的作品，比如莫奈、梵·高、塞尚、毕加索等，是热爱文化艺术的游客在纽约必去参观的地方。

旅游资讯

🏠 11 West 53rd Street,New York,NY 10019

📞 212-7089400

📍 乘地铁6号线在51街站下车，走路或转乘地铁E、M号线在53街站（与第五大道交汇处）下；乘公交车M1、M2、M3、M4、M5路车到达53街站

🕐 周六至周四10:30～17:30，周五10:30～20:00，7月和8月的周四延长参观时间至20:00；感恩节和圣诞节闭馆

$ 成人票25美元，老年票（65岁以上需出示证件）18美元，学生（需出示学生证）14美元，儿童及会员免费

🛜 www.moma.org

> **TIPS** 如果带着挎包参观博物馆的话，可以提前去存包，馆内提供存包服务，但是不接受手提箱和手提电脑。现代艺术博物馆还有一种免票的方式，那就是每周五的16:00一直到闭馆，这个时间段是免费的，最好提前0.5小时来，因为很有可能需要排队，或者是18:00以后再入馆参观。每天的11:30左右会迎来一个参观高峰，你尽量避开这个时间段就好了。

唐人街

旅游资讯

🏠 Chinatown，New York
📍 乘坐地铁A、C、E号线到Canal St.站下

　　唐人街（China Town）位于曼哈顿南段下城区，包括坚尼街、摆也街、披露街、拉菲耶特街、包厘街和东百老汇大道。它曾经是美东最大的华人区，以来自福建、广东的居民为主，在这里你可以买到很多中国的商品和吃到中国的小吃。在唐人街的正门口，还能看到那块著名的上书"天下为公"的匾额和近代中国"开眼看世界的第一人"林文忠公（林则徐）的青铜雕像。

法拉盛

旅游资讯

🏠 41-17 Main St.,Queens,NY 11355
📍 乘坐地铁7号线至Quenns方向终点站
🕐 全年开放

　　纽约的法拉盛（Flushing）是现在整个美东华人最大的一个聚居区，要比唐人街大很多，移民多来自天津、西安、四川、湖南、浙江、上海等。这里几乎已经被华人建成了一个独立的华人城市，城内电影院、诊所、律师事务所、购物中心、交通枢纽、超市应有尽有，人们不用说英语就可以在这里生活，还有很多口味地道的中式美食小吃，是到纽约值得一去的地方。

线路推荐

DAY *1*

大都会艺术博物馆➡中央公园➡美国自然历史博物馆

大都会艺术博物馆 / 进入大都会艺术博物馆参观人类文化瑰宝

直接进入中央公园，步行5分钟

中央公园 / 从大都会艺术博物馆出来后，游览幽静的中央公园，并在这里吃午餐

横穿中央公园，步行20分钟

美国自然历史博物馆 / 参观美国自然历史博物馆，赶在下午人少的时候游览

DAY *2*

自由女神像➡华尔街➡布鲁克林大桥

自由女神像 / 乘渡轮游览自由岛，并登上自由女神像的顶端

途经Broadway，步行8分钟

华尔街 / 参观世界金融心脏，游览纽约证券交易所等世界著名金融机构

途经Boradway向北，经Frankfort到布鲁克林大桥，步行20分钟

布鲁克林大桥 / 登上布鲁克林大桥，步行走过整座大桥，俯瞰伊斯特河

DAY 3

第五大道➡圣帕特里克大教堂➡洛克菲勒中心➡布莱恩公园➡帝国大厦

第五大道 / 游览纽约最著名的第五大道，享受纽约的繁华

沿第五大道向南步行

圣帕特里克大教堂 / 进入圣帕特里克大教堂参观

跨过第五大道，斜对面就是洛克菲勒中心

洛克菲勒中心 / 到洛克菲勒中心参观世界上最大的私人建筑群，并登上观景台俯瞰纽约全景

沿第五大道继续向南走到W42nd St. 的交叉口，左转就到

布莱恩公园 / 在布莱恩公园幽静的环境下休息，在树荫下静静地享用午餐

回到第五大道，沿着第五大道一直往西南走，就到了帝国大厦，步行约10分钟

帝国大厦 / 登顶观景台，观看纽约全景

纽约高性价比住宿地推荐

在纽约住宿，除了要考虑住宿地的价格，还要考虑其周围治安情况、生活的便利度等。因而，建议选择住在皇后区法拉盛、唐人街、曼哈顿中城这几个地方。

推荐住在这几个区域	
地点	**原因**
皇后区或法拉盛附近	交通枢纽中心，地铁和火车都可直达曼哈顿中心，买东西、吃东西、逛街都很方便，也容易找到便宜的民宿和廉价旅馆
唐人街	临近市政府，交通便利，购物、就餐都很方便，去曼哈顿中城也不是很远
曼哈顿中城	这里相对来说酒店的星级都很高，但是也能找到一些廉价旅馆和民宿，这个地方在纽约市的最中心，出去游玩大多数景点可以直接走路抵达

住宿地推荐

高性价比酒店推荐				
名称	**地址**	**网址**	**参考价格**	**亮点**
Murry Hill East Suites	149 East 39th Street, Murray Hill, New York City,NY 10016	murray-hillsuites.com	双人间140美元，卧室套房180美元	有24小时客户服务，有Wi-Fi，有健身中心，酒店距离纽约中央车站约200米，距离克莱斯勒大厦约200米，距离联合国总部约700米

续表

名称	地址	网址	参考价格	亮点
Radio City Apartments	142 West 49th Street, NY 10019	www.radiocityapts.com	双人间135美元，单人大床房135美元	距离时代广场约10分钟的步行路程，提供免费Wi-Fi
Master Bedroom Available in Astoria	25-18th 38 Sreet, 11103,Queens,United States,New York	www.ammeo.com	民宿双人间99美元，豪华主卧119美元	可携带宠物入住的公寓，配备有空调以及覆盖各处的免费Wi-Fi，距离拉瓜迪亚国际机场仅4公里，数分钟内可抵达地铁N、Q号线
HI NYC Hostel	891 Amsterdam Ave., New York 10025	hinewyork.org	经济男/女单人床47.7美元	距离103RD Street地铁站约10分钟步行路程，距离时代广场有10分钟出租车车程，提供免费Wi-Fi
Leo House	332 West 23rd Street, New York, NY 10011	www.leohousenyc.com	双人间带公用浴室121.5美元，双人间带私人浴室131.5美元	酒店于周一至周六期间为所有客人提供自助早餐，步行2分钟可到地铁C、E号线

纽约百里挑一的经济餐

寻找经济餐的好去处

法拉盛

    在纽约要找好吃且经济的中国美食，当然不是在唐人街，而是法拉盛（Flushing），那里几乎有中国所有种类的餐馆、小吃，且味道不错，价格便宜。

旅游资讯

🏠 Main St.,Queens,NY 11355

📍 乘坐地铁7号线开往Queens方向的终点站就是法拉盛

法拉盛美食地推荐				
名称	地址	电话	人均消费参考	特色
新世界商城（New World Mall）	136-20Roosvelt Ave.,Flushing,NY 11354	718-3530551	20～40美元	大型的美食广场，有中国的各类小吃美食
河南风味餐厅（Henan Restaurant）	136-31 41st Ave.,Flushing,NY 11355	718-7621818	10～30美元	美味烩面，还有特色自助火锅
黄金商场（Golden Shopping Mall）	41-36 Main St.,Flushing,NY 11355	—	10～20美元	有各种小吃，如麻辣烫、凉皮、汤面、煎炸类食品等
王朝豪庭（Good Fortune Restaurant）	46-45 Kissena Blvd.,Flushing,NY 11355	718-8888998	6～40美元	著名粤菜餐厅，提供典型的广式茶点，还有便当和各种熟食出售
关东一家（Guan Dong Yi Jia）	46-09 Kissena Blvd.,Flushing,NY 11355	917-2852052	15～20美元	在法拉盛算是相当不错的一家东北菜馆

各式经济餐馆推荐

Shake Shack

Shake Shack是纽约一家连锁的汉堡店，在当地极受欢迎，这里提供典型的美式快餐——大薯条加大汉堡，从中你可品尝到什么是真正的美式口味。其食物虽然也不算很便宜，人均消费10～20美元，但与其他高级餐厅比起来还算是不错的选择。

旅游资讯

🏠 Madison Square Park E 23rd St. & Madison Ave.,New York,NY 10010（麦迪逊广场店）
📞 212-8896600
📶 www.shakeshack.com

Luke

Luke是一家龙虾主题餐厅，推荐他们家的龙虾卷、龙虾汤和蟹肉卷，味道简直太赞了。吃完以后，用面包沾龙虾汤吃，也好极了。这里的人均消费比较经济，为11～30美元，各种套餐如半套龙虾、半套蟹大概20美元。

旅游资讯

🏠 242 E 81st St.,New York,NY 10028
📞 212-2494241
📶 www.lukeslobster.com

Lombardi

Lombardi是纽约最著名的比萨店之一，也是一家古老而又传统的比萨店。这里的比萨因用传统火炉烤出而闻名，又香又脆的原味意大利比萨绝对是食客经济又美味的选择。另外，这里不收现金，也不接受预订，人均消费11～30美元。

旅游资讯

🏠 32 Spring St.,New York,NY 10012
📞 212-9417994
📶 www.firstpizza.com

Applebee

Applebee是美国著名的连锁餐厅，最值得推荐的是曼哈顿最中心的时代广场店。店里供应的都是汉堡、牛排、薯条、洋葱圈、沙拉之类的美式传统食物，价格不仅实惠，而且分量也很足，上菜速度很快，有多种套餐可供选择，还提供专门的儿童套餐。人均消费11～30美元。

旅游资讯

🏠 234 West 42nd Street,New York City,NY 10036
📞 212-3917414
📶 www.applebees.com

Georgia's Eastside BBQ

Georgia's Eastside BBQ是一家著名的家庭餐馆，也是很有美式气息的地方，不但有各种各样的BBQ烤肉供应，还有很多经典的美式美味，如Baby Back Ribs和Catfish。该店每天在门口的小黑板上都会写出当天的特价菜。人均消费11～35美元。

旅游资讯

🏠 192 Orchard St.,New York,NY
📞 212-2536280
📶 georgiaseastsidebbq.com

纽约本地人爱去的购物地

本地人爱去的购物街

苏豪区

现在的苏豪区（SOHO）是一个大商业区，有近600家各色的店铺分布其中，主要售卖服装、礼品、奢侈品等。除了各种品牌店和商铺以外，这里还有众多的美食餐厅、主题餐厅等。在这块黄金商业区，你能和本地人一样淘到你自己喜欢的商品。

旅游资讯

🏠 SOHO,Manhattan
📍 乘坐地铁N、R号线在Prince St.站下车
📶 www.sohonyc.com

海德诺广场

海德诺广场（Herald Square）是一个以34街百老汇大道为中心、向四周辐射的巨大的购物圈。在这里，你不仅能看到大量的奢侈品品牌旗舰店，而且经常能看到明星在这里做商业活动。此外，广场周围高档店面的特色装修和门面也是值得参观的地方。

旅游资讯

🏠 Broadway & 34th St.,New York,NY 10001
📍 乘坐地铁B、D、F、M、N、Q、R号线在34街站下

美国穷游也行

本地人爱去的购物中心

伍德柏瑞奥特莱斯

伍德柏瑞奥特莱斯（Woodbury Common Premium Outlets）是纽约乃至美国占地面积最大的奥特莱斯，位于纽约周边的一个小镇。其总共有221家世界著名品牌店，凡是游客能叫出名字的品牌，在这里基本上都能找到，这里不仅品牌纯正，而且相对于其他地方价格优惠，是购物者绝对不能错过的天堂。

旅游资讯

🏠 498 Red Apple Ct.,Central Valley,NY 10917

📍 纽约的港务局巴士总站（Port Authority）有专门去Woodbury的大巴，每0.5时一班，往返43美元。唐人街和法拉盛也有华人大巴服务，价格便宜些，大约30美元

🕐 09:00～21:00，节假日营业时间以官网时间为准

📶 www.simon.com/premium-outlets

梅西百货

梅西百货（MACY）是美国最为人熟知的连锁百货公司，不仅有大量的一线品牌，而且折扣活动也多。其旗舰店位于海诺德广场（Herald Square），虽然每一家梅西百货的商品不会完全一样，但是这家旗舰店的商品种类却是最全的。

旅游资讯

🏠 151 West 34th Street,New York City,NY

📞 212-6954400

🕐 10:00～21:00

📶 www.macys.com

布鲁明戴尔百货店

布鲁明戴尔（Bloomingdale）是一家位于曼哈顿下城区的高档百货公司，也是梅西百货的子公司。这家旗舰店实际上要比上面

介绍的那家梅西百货大很多，也要高好几个楼层，这里除了普通的品牌店，还有众多国际一线大品牌店。持电子优惠券（见P40）来此可以享受10%的折扣。

旅游资讯

🏠 1000 3rd Avenue,59th Street & Lexington,New York City,NY10022
📞 212-7052000
🕐 周一至周五10:00～20:30，周六10:00～19:00，周日11:00～19:00
📶 www.bloomingdales.com

皇后购物中心

皇后购物中心（Queens Center）是皇后区最大的购物中心之一，风格偏向大众消费。其整体分成两个部分，由梅西百货和JC Penney组成，中间被一条大路隔开，二层由人行天桥连接起来。这里不但拥有大量的一线服饰品牌，还有众多的电子品牌，以及大面积的餐饮和娱乐区域。

旅游资讯

🏠 90-15 Queens Blvd.,Flushing,NY 11373
📍 乘坐地铁M、R号线至Woodhaven Boulevard站下
📞 718-5923900
🕐 周一至周六10:00～21:30，周日11:00～20:00
📶 www.shopqueenscenter.com

哥伦比亚圈购物中心

哥伦比亚圈购物中心（The Shops at Columbus Circle）是一个靠近中央公园的商场，也是一个同样拥有众多高档商品的地方。不同的是，在这个巨大的购物中心里，你可以俯视整个中央公园的美景，就算不购物，只是在这里喝杯咖啡，欣赏一下中央公园和远处高楼林立的风光，也是个不错的选择。

旅游资讯

🏠 Time Warner Center,Columbus Circle and 59th Street,New York City,NY
📞 212-8236300
🕐 周一至周六10:00～21:00，周日10:00～19:00
📶 www.theshopsatcolumbuscircle.com

21世纪百货公司

21世纪百货公司（Century 21 Department Store）是纽约当地很值得一去的百货公司，这里有大量设计师品牌、小众品牌，而且经常会有不错的折扣活动，大量著名品牌相同款式的价格也比其他的购物中心要划算。如果有采购计划，也正好没有赶上打折季，可以计划一下来这里。

旅游资讯

- 🏠 22 Cortlandt Street,New York City,NY 10007
- 📞 212-2279092
- 🕐 周一至周四10:00～22:00，周五至周六 10:00～21:30，周日关闭
- 📶 www.c21stores.com

本地人爱去的特色市场

布鲁克林跳蚤市场

布鲁克林跳蚤市场（Brooklyn Flea Market）内拥有大量的摊位，各种各样的二手商品让人眼花缭乱。但是中国游客来这里购物，多数还是应以体验文化为主，因为大量的二手商品以服装方面为主，尺码方面不太适合中国人。

旅游资讯

- 🏠 176 Lafayette Ave. in Fort Greene,One Hanson Pl in Boerum Hill
- 🕐 具体时间以网站时间为准
- 📶 brooklynflea.com

Hell's Kiltchen 跳蚤市场

Hell's Kitchen跳蚤市场是一个商品云集的地方，能买到各种

各样的小东西和古董，而且价格相当便宜。其内部商品从老式鱼竿到鳄鱼手袋，从古代服饰到近代刀具均可找到，周末有空去逛逛，说不定你会有意外收获。

旅游资讯

- 🏠 39th Street between 9th and 10th Avenues,New York City,NY
- 📍 乘坐地铁A号线在42 St.站下
- 📞 212-2435343
- 🕐 每周六、周日9:00～17:00
- 📶 www.annexmarkets.com/hellskitchenflea-market

Chelsea Flea Market

这是曼哈顿下城区的一个大型跳蚤市场，主要以出售各种古董为主，门票要1美元。这里很受当地人欢迎，在此可以看到五花八门的小古董，从欧洲仿古手工艺品，到中国仿古手工艺品你都能找到。老式的眼镜、放大镜、怀表这种东西，这里很多，喜欢近代古董的朋友，一定要来这里看看。

旅游资讯

- 🏠 29-37 W. 25th St. Btwn Sixth & Broadway,New York City,NY10010
- 📍 乘坐地铁N号线在49 St.站下
- 📞 212-2435343
- 🕐 每周六、周日9:00～18:00
- 📶 www.annexmarkets.com

切尔西市场

切尔西市场（Chelsea Market）是一家由废弃厂房改建而成的市场，这栋楼原来是奥利奥的厂房，20世纪90年代新锐艺术家进驻后改造了这栋大楼，但是保留了原工厂的许多遗迹，在此随处可以看到以前旧工厂的墙壁、电梯。市场周围有很多时尚新潮小店、美味的小吃，还有各种手工艺品和古董，值得好好搜罗一番。

旅游资讯

- 🏠 75 Ninth Ave.,New York,NY 10011
- 📍 乘坐地铁A、C、E号线在14 St.站下
- 📞 212-6522110
- 🕐 周一至周六 7:00～21:00，周日 8:00～20:00
- 📶 www.chelseamarket.com

纽约不花钱的娱乐活动

纽约是世界最大的多民族聚居城市之一，也是美国最有吸引力的城市。在这个充满魅力的都市，每年都会有很多传统的游行和丰富多彩的节庆，你不但能融入其中，还能深深地感受到美国的移民文化。

免费且丰富的娱乐活动

西部印第安加勒比嘉年华

西部印第安加勒比嘉年华（West Indian-American Day Carnival）是充满着色彩、创意、艺术气息和民族气息的一个嘉年华，人们在这个嘉年华上展示着多姿多彩的加勒比文化。

旅游资讯

- 🏠 Crown Heights,Brooklyn,NY
- 📍 乘坐地铁2、3、4、5号线在Crown Hts - Utica Av站下
- 🕐 每年9月的第1个星期一
- 📶 wiadcacarnival.org

梅西百货独立日烟花表演

每年的独立日，梅西百货都会在纽约举行盛大的烟花表演，届时这一盛况会被全美电视转播。如果你恰好这时在纽约，那么这个免费而又盛大的庆祝仪式一定不要错过。

旅游资讯

- 🏠 东河（Ease River）沿岸和南街海港区（South Street Seaport District）
- 📍 乘地铁2、3号线在华尔街站下，沿路向东南方走到海岸边即可
- 🕐 7月4日
- 📶 social.macys.com/fireworks

万圣节大游行

每年10月底的万圣节大游行（Village Halloween Parade），场面十分盛大，尤其在中城格林威治村（Greenwich Village），从入夜开始就能看到众多打扮成故事里和电影里的妖魔鬼怪、魔法狐仙的美国民众，还有一个3万多人的游行队伍，每年会有200万游客在旁边观看，且有大量的游客参与其中。如果在美国游玩赶上了万圣节，那天晚上绝对要来此观看这个游行。

旅游资讯

🏠 6th Avenue North of Spring Street延伸到16th Street
📍 乘坐地铁A、C、E号线在Spring St.站下
🕐 10月31日19:00～22:30
📶 halloween-nyc.com

梅西感恩节大游行

梅西感恩节大游行（Macy's Thanksgiving Day Parade）由梅西百货主办，这一传统始于1927年。感恩节当天，游行于9:00开始，持续3小时，行进线路全长4公里左右，游行道具以花车和卡通人物造型气球为主，每年主题均不同，你可沿途进行观看。

旅游资讯

📍 从77街和中央公园西大道路口处出发，经由中央公园南大道，沿第七大道前行，在时代广场42街时转入第六大道，一路继续前行至梅西百货旗舰店所在的34街先驱广场，再向东走一个街区，便是游行线路的终点——34街与第七大道的交汇处（这是传统路线，每年都会有变化）
🕐 11月的第4个星期四
📶 social.macys.com/parade

Make Music纽约音乐节

Make Music纽约音乐节是纽约全年最大的音乐节。这一天，全世界的音乐爱好者都会聚集在这里，全城有超过1000个免费音乐会散布在各处，纽约五个大区的所有公共区域都充斥着音乐的气息。这天也是纽约全年白天最长的一天，为了庆祝夏天的到来，纽约的每一个公园、每一个湖泊、每一片草地和树林，都有大量的乐队歌手在弹琴、唱歌，还会有大量的朋克乐队集中在史丹顿岛。

旅游资讯

🏠 纽约全城的大部分公共区域
🕐 6月21号
📶 makemusicny.org

纽约 → 费城

来回交通

乘火车

　　纽约宾州火车站（Penn Station）往返费城火车站（30th Street Station）的火车主要由Amtrak铁路公司运行，用时约1小时30分钟，约需39美元。

纽约宾州车站信息	
地址	8th Ave & 31st St.,New York,NY 10001
电话	212-6307373
交通	乘坐地铁1、2、3、A、C、E号线在34 St-Penn Station站下
相关介绍	宾州车站位于曼哈顿百老汇附近，坐落在麦迪逊广场花园的地下一层。作为一个中心车站，这里不但有地铁、公交车，还有长途巴士和火车

费城火车站信息	
地址	30th Street与Market Street交汇口
电话	215-5806500
交通	乘坐地铁蓝线（MFL）在30th Street Station下车；或乘坐10、11、13、34、36路有轨电车（Trolley）在30th Street Trolley Station站下

乘长途巴士

　　港务局汽车站（Port Authority Bus Terminal）和费城灰狗巴士站（Philadelphia Greyhound Bus Station）每天都有长途巴士往来于纽约与费城之间。灰狗巴士公司（www.greyhound.com）提供多趟长途巴士路线，从纽约到费城约需2小时5分钟，费用11～18美元（每日价格会有浮动）；Mega 巴士公司（us.megabus.com）提供快速长途巴士线路，用时约2小时15分钟，费用5～13美元。

港务局汽车站信息	
地址	625 8th Ave. 101,New York,NY 10018
电话	212-5022200
交通	乘坐地铁A、C、E号线到42 St-Port Authority Bus Terminal站下
网址/ 二维码	www.panynj.gov/bus-terminals/ port-authority-bus-terminal.html
相关介绍	纽约前往大部分城市的长途巴士都会从这里发车，长途巴士提前订票可以获得优惠

费城灰狗巴士站信息	
地址	1001 Filbert Street,Philadelphia
交通	乘坐地铁蓝线（MFL）到达11th Street站下，出站向东北方向步行约5分钟
网址	www.greyhound.com

费城Mega巴士站信息	
地址	位于John F Kennedy Blvd靠近30街火车站的北侧人行道上
交通	乘坐地铁蓝线（MFL）到30th Street站下，出站往北步行约50米
网址	us.megabus.com

费城玩点速览

景 费城艺术博物馆

费城艺术博物馆（Philadelphia Museum of Art）是美国三大美术馆之一，该博物馆成立于1876年，为配合同年举行的美国首届世界博览会而建，有纪念美国建国百年的重大意义。博物馆采取希腊式的建筑风格，外观看起来气势雄伟，像是一件雕塑艺术品一样。博物馆内收藏了包括毕加索的《三个音乐师》、杜尚的《大玻璃》、梵·高的《向日葵》、塞尚的《大浴女》等传世之作。

旅游资讯

- 🏠 2600 Benjamin Franklin Parkway, Philadelphia,PA 19130
- 📞 215-7638100
- 📍 乘坐38路公交车在Art Museum Dr & Kelly Dr-MBFS站下车即是；乘坐43路公交车在Spring Garden St & Kelly Dr站下车，向西北方向步行约3分钟也可到达
- 🕐 10:00～17:00；周三、周五延长至20:45闭馆；周一及法定节假日休息
- 💲 成人20美元；65岁以上老人18美元；13～18岁青少年、持有效学生证的学生14美元；12岁以下儿童免费
- 📶 www.philamuseum.org

TIPS 建议每月的第一个周日和每周三17:00后去参观，因为该馆这个时候的票价和大都会艺术博物馆一样采取捐款的形式，你可以随意给。另外，费城艺术博物馆20美元的票可以连续用两天，包含罗丹博物馆等地。

景 费城老城

费城的第1街到第6街这片区域即费城老城（Philadelphia Old City），其完好地保留了美国建国初期的遗迹。城内有大量建于一二百年前的老房子，把美国早期历史原模原样地呈现在游客面前。费城作为美国的第一个首都，城市里可能一个毫不起眼的小屋，也会是个有故事的地方，你不妨大胆地上前探访一下。这里是一个很适合慢慢品味的地方，从中能深深感受到美国早期的文化。

旅游资讯

- 📍 乘坐地铁蓝线（MFL）在2nd Street站或5th Street站下，然后步行前往
- 📶 www.historicphiladelphia.org

景 独立纪念馆

独立纪念馆（Independence Hall）是美国爆发革命之前的宾夕法尼亚州议会大楼，费城作为美国最早的首都和早期的大城市，这座议会大楼在历史上扮演着重要的角色，著名的1776年大陆会议，正是在这里举行，同年7月4日由杰斐逊起草的《独立宣言》在此通过，并宣告北美13个殖民地独立，这一天也成为了美国的国庆节。1787年，这里又举行了制宪会议（Constitutional Convention），制订了人类历史上第一部成文宪法《美利坚合众国宪法》。

旅游资讯

🏠 520 Chestnut Street,Philadelphia,PA 19106
📞 877-4446777
📍 乘坐地铁蓝线（MFL）在5th Street站下
🕐 9:00~17:00
💲 免费
📶 www.nps.gov/inde/index.htm

TIPS 参观独立纪念馆不需要花钱购票，但需要去游客中心（Independence Visitor Center）领取免费门票，正常从8:30开始发票，旅游旺季一般到13:00就会停止发票，也可以在网上花1.5美元预订某一特定时间的门票，避免排队。

景 共济会教堂

共济会教堂（Masonic Temple）是全美最大、最古老的共济会教堂之一，有着非常重要的地位，在里面不但可以参观各种风格的建筑装饰物，还能参观到教堂收藏的一些著名的共济会会员的物品，如乔治·华盛顿和美国其他一些开国元勋的信件和勋章，因而这里是费城必游的一个景点。

旅游资讯

🏠 1 N Broad St.,Philadelphia,PA 19107
📍 乘坐地铁橙线（BSL）在City Hall Station站下，市政厅北面就是
📶 www.historicphiladelphia.org

景 宾夕法尼亚大学考古学及古人类学博物馆

宾夕法尼亚大学考古学及古人类学博物馆（Museum of Archaeology and Anthropology，University of Pennsylvania）坐落于宾夕法尼亚大学一座古典风格的建筑中，成立于1887年，是费城最具有名气的博物馆。其藏品丰富多彩，涵盖了多个国家，尤其是大量文明古国的典藏，包含了《汉谟拉比法典》、昭陵六骏（其中的两骏）、木乃伊、奥斯曼土耳其的文物和中国汉代的麒麟等珍宝。这里展示着考古学的最高水平，喜欢历史的朋友不可错过。

旅游资讯

🏠 3260 South St.,Philadelphia,PA 19104
📞 215-8984000
🕐 10:00～17:00；每月第一个周三10:00～20:00；周一闭馆
💲 成人15美元；65岁以上13美元；6～17岁10美元；5岁以下免费
📶 www.penn.museum

景 费城市政厅

费城市政厅（Philadelphia City Hall）建立于1871年，之前这里一直是费城的一个公共广场。市政厅高167米，从1901年正式建成到1908年，一直是当时世界第一高建筑物，直到今天，费城市政厅依旧保持着古朴的建筑风格。市政厅的最顶端耸立着费城最早的建立者威廉·佩恩的铜像，曾经费城的最高建筑物的高度都不得超过这尊铜像，后来由于城市发展的需要，才在铜像背后的方向建立起了大量的高楼大厦。

旅游资讯

🏠 John F Kennedy Blvd.,Philadelphia,PA
📞 215-7638100
📍 乘坐地铁橙线（BSL）在City Hall Station站下；乘坐地铁蓝线（BSL）在13th St Station站下
🕐 周一至周五9:30～16:30，市政厅内部讲解导览团每天12:30发团，时间1.5～2小时
💲 顶层观景台（Observation Deck）6美元；讲解导览团票价12美元（含顶层观景台门票）
📶 www.phila.gov/virtualch/body_pages/history

景 国家宪法中心

国家宪法中心（National Constitution Center）由里根总统1988年签字兴建，于2003年落成，是美国唯一一个以法律为主题的博物馆。馆内系统地讲解了美国宪法的由来和演变过程，用多媒体技术再现多个历史时刻。你也可以在DeVos展厅里的互动演示台上，"宣誓"成为美国总统。这里还经常举办一些其他主题的特别展览。

旅游资讯

🏠 525 Arch Street,Philadelphia,PA 19106
📞 215-4096700
📍 乘坐地铁蓝线（BSL）在5th Street Station站下车
🕐 周一至周五9:30～17:00，周六9:30～18:00，周日12:00～17:00
💲 成人14.5美元；13～18岁青少年、学生、65岁以上老人13美元；4～12岁儿童8美元。遇到有特别主题展览要提前查看官方网站，所有门票均可在官网上预订
📶 constitutioncenter.org

景 美国犹太人历史博物馆

美国犹太人历史博物馆（National Museum of American Jewish History）是非常现代化的一座博物馆，其通过实物和多媒体的手段展现了犹太人300多年在美国历史中的角色以及他们生活上的变化。如果想了解他们在美国的一切，这里大量的照片和文字影像资料会让你得到满足。

旅游资讯

🏠 101 S. Independence Mall East,Philadelphia,PA 19106
📞 215-9233811
📍 乘坐地铁蓝线（MFL）在5th St Station站下
🕐 周二至周五10:00～17:00；周六至周日10:00～17:30
💲 成人12美元；儿童、学生、老年人11美元
📶 www.nmajh.org

节 费城花展

费城附近有大小花园差不多30多座，为全美之最。费城花展始于1829年，是美国历史上最悠久、规模最大的花展。在花展期间，平均每天会有8万多游客前来参观。在五彩缤纷的花卉中，还会有以一个国家或地区为主题的展览，用以介绍那里的风土人情和花卉。

旅游资讯

🏠 1101 Arch St.,Philadelphia,PA 19107（费城会议中心）
📞 215-9888800
📍 乘坐地铁蓝线（MFL）到11th Street站下
🕐 2月28日至3月8日
💲 网上预订成人30美元，学生20美元，儿童15美元；现场购票成人32美元，学生22美元，儿童17美元

🟦节 费城美食周

每年9月份举办的费城美食周，是一年一度的美食盛会，届时费城的数百家餐馆将全面出动，以午餐20美元、晚餐35美元的平均特价，欢迎来自世界的美食家和游客，这些餐馆包含各个餐饮类型，当地米其林餐厅的大厨也会在这时一秀绝技，让旅行者大饱口福。

旅游资讯

📶 www.centercityphila.org

🟦购 雷丁集贸市场

如果想融入当地的日常生活，雷丁集贸市场（Reading Terminal Market）无疑是最佳之选。这里几乎看不到熙熙攘攘的游客，只看到当地人来购物买菜，而且你可以坐在旁边的小摊上，品尝商家自制的水果蔬菜沙拉，再点杯咖啡，细细观察一下这里的各种农副产品、商家自制小吃、大排档等。

旅游资讯

🏠 51 North 12th Street,Philadelphia,PA 19107

📍 乘坐地铁蓝线（MFL）在11th St. Station站下

🕐 周一至周六8:00~18:00；周日9:00~17:00

📶 www.readingterminalmarket.org

🟦购 普鲁士国王购物中心

普鲁士国王购物中心（King of Prussia Mall）是费城最大的购物中心，同时也是东海岸第一、全美第二大的购物中心。它由五六家巨型购物商场组成，所有的大品牌和比较冷门的品牌，你都可以在这里找到，还可以找到一些比较小众的品牌。想要完全将这里逛完，得两三天的时间。

旅游资讯

🏠 160 N Gulph Rd.,King of Prussia,PA 19406

📞 610-2655794

📍 乘坐123、124、125路公交车在Mall Blvd & Court Blvd-FS站下

🕐 周一至周六10:00~21:00

📶 www.simon.com/mall/king-of-prussia

纽约 → 华盛顿

来回交通

乘飞机

从纽约肯尼迪国际机场往返华盛顿杜勒斯国际机场（Dulles International Airport）十分便捷，大量的航空公司均提供往返这两个城市的航班。从纽约乘坐飞机前往华盛顿大约需要1小时20分钟，需95～150美元。杜勒斯国际机场主要停靠国际航班，且距离市区40公里左右，如果从纽约飞去华盛顿不建议去这个机场。

华盛顿杜勒斯国际机场信息	
地址	1 Saarinen Cir.,Dulles,VA 20166
电话	703-5722700
网址/二维码	flydulles.com/iad/dulles-international-airport

机场到市区的交通		
交通工具	介绍	票价
机场快线（Washington Flyer）	每0.5小时1班，在航站楼4号门上车，20～30钟到达华盛顿西郊的West Falls Church地铁站	单程10美元
出租车（TAXI）	从机场乘出租车到市区约需40分钟	出租车费约为50美元
巴士（BUS）	华盛顿的城际巴士，1小时左右可到市区	单程3美元

华盛顿里根国际机场信息	
地址	Arlington,VA 22202
电话	703-4178000
网址/二维码	www.flyreagan.com/dca/reagan-national-airport
交通	乘坐地铁蓝/黄线，经4站到达市中心

> **TIPS** 华盛顿里根国际机场距离市区仅5公里，可直接坐地铁到达。如果从纽约到华盛顿建议走这个机场，约需1小时20分钟，约102美元。

乘火车

　　纽约宾州车站（Penn Station）往返华盛顿联合车站（Union Station）的火车主要由Amtrak铁路公司运营，用时约3小时30分钟，约需49美元。

华盛顿联合车站信息	
地址	701 First St.,NE,Washington,DC 20002
电话	800-8727245
相关介绍	地铁红线（Red）在此设有Union Station。其不仅是Amtrak、MARC的火车站，灰狗、Mega等长途巴士也设站于此

乘长途巴士

　　港务局汽车站（详见P144）和华盛顿联合车站（见上文）每天都有长途巴士往来于纽约与华盛顿之间。灰狗巴士公司（www.greyhound.com）提供多趟长途巴士路线，从纽约到华盛顿约需4小时19分钟，费用11～24美元（每日价格浮动）；Mega 巴士公司（us.megabus.com）提供快速长途巴士线路，用时约4小时39分钟，费用5～19美元。

华盛顿玩点速览

景 华盛顿纪念碑

华盛顿纪念碑（Washington Monument）位于国家广场正中央，是为了纪念美国第一任总统华盛顿而修建。纪念碑通体高169米，是一座方尖碑式建筑，碑身上没有任何纪念铭文，内墙则镶嵌有188块各地捐赠的纪念石，其中包括一块中文碑，碑上文字取自晚清学者徐继畬的《瀛寰志略》。游客可从纪念碑底部入内，乘电梯到达纪念碑的顶端，俯视华盛顿的景色。华盛顿纪念碑和林肯纪念堂遥遥相对，碑前方潮汐湖上纪念碑的倒影十分漂亮。

旅游资讯

🏠 215th St. NW,Washington,DC 20007
📞 215-7638100
📍 乘坐地铁蓝线/橙线在Smithsonian站下
🕐 6月～8月9:00～22:00，其他月份为9:00～17:00
💲 免费
📶 www.nps.gov/wamo

TIPS 游客可早上到纪念碑旁边的办公室去领取门票，但每天数量有限，先到先得，也可提前在网上预订，但是每张门票会收取1.5美元的手续费。

景 国会大厦

国会大厦（United States Capitol）又名国会山，是美国国会（参众两院）的办公机构，由于坐落在华盛顿最高点、海拔25米的国会山上而得名。国会大厦是华盛顿特区著名的罗马式风格建筑，与白宫和最高法院的位置形成一个三角形，象征三权分立。大厦里有8幅巨大的油画，分别记载着美国的8个重要时刻。这座通体用雪白大理石建造的巨大建筑，和它代表性的圆顶，是美国电视画面中经常出现的风景。

旅游资讯

🏠 East Capitol St. NE & First St. SE,
Washington,DC 20004

📞 202-2268000

📍 乘坐地铁红线到Union Station站下；乘
坐地铁橙线、蓝线到Capitol South站下

🕐 周一至周六8:30～16:30

$ 免费

📶 www.visitthecapitol.gov

> **TIPS** 在游客中心可领取参观
> 门票，每天数量有限，先到先
> 得，建议在网上预订，这样能避
> 免排队。

景 林肯纪念堂

　　林肯纪念堂（Lincoln Memorial）是一座仿希腊帕特农神庙的建筑物，为了纪念美国历史上伟大的总统——林肯而建立。这座由36根巨大的白色大理石支柱支撑着的纪念堂，大厅正中间有近6米高的林肯坐像，塑像的左边墙壁上镌刻着林肯在第二次就任总统时的演说辞，塑像背后石壁上则刻有中文意

思为"在这座殿堂内，正如在人民的心中，为了人民，他拯救了联邦。对于亚伯拉罕·林肯的纪念永远长存"的英文字样。

旅游资讯

🏠 2 Lincoln Memorial Cir NW,Washington,
DC 20037

📞 202-4266841

📍 乘坐地铁蓝线在Arlington Cemetery站
下，向东北方向步行过桥；乘坐地铁蓝线
/橙线在Foggy Bottom站下

🕐 全天

$ 免费

📶 www.nps.gov/linc/index.htm

景 白宫

　　白宫（White House）即美国的总统府、美国的政治中心，因其外墙为白色砂岩石而得名。美国的每一条国家命令和决策都是从这里发出去的。白宫分为3部分，即主楼和东西配楼，主楼中有图书室、地图室和金银、瓷器的陈列室，还有各国礼品的陈列室，西楼是办公区域，包括著名的总统椭圆形办公室。

旅游资讯

🏠 1600 Pennsylvania Avenue,NW, Washington,DC 20500

📍 乘坐地铁橙线、蓝线到Federal Triangle 站下

📶 www.whitehouse.gov

> **TIPS** 除美国公民外，参观白宫的国外游客需要向本国驻华盛顿使领馆发出申请，但实际上通过率很低，所以还是选择参观白宫外观、拍照留念吧。

景 国家航空航天博物馆华盛顿分馆

国家航空航天博物馆华盛顿分馆（National Air and Space Museum in Washington，D.C.，缩写为NASM）是一个集大量飞行器、太空探测器、飞行模拟实验于一身的大型技术博物馆。如果你是一个航天军事爱好者，这里会有很多东西值得一看，如馆内珍藏有莱特兄弟的"飞行者"1号"阿波罗"11号登月舱、时速7296公里的X-15火箭飞机等。

旅游资讯

🏠 Independence Ave. at 6th St.,SW,Washington D.C.20560

📞 202-6332214

📍 乘坐地铁蓝线、橘线、黄线、绿线到L'Enfant Plaza 地铁站下，从Maryland Ave. Exit向东沿D St. SW到达6th St. SW向北步行约6分钟，到达国家航空航天博物馆华盛顿分馆

🕐 10:00～17:30（12月25日闭馆）；春季、夏季、节假日有可能延长参观时间至19:30

💲 免费

📶 airandspace.si.edu

> **TIPS** 这是一个约71000平方米的巨型博物馆，展厅展出众多完整的飞机，尤其是大量的美军退役的经典飞机，包括美军"冷战时期"最科幻的SR71（黑鸟）高超音速侦察机，这对于航天迷和军事迷来说，不容错过。参观这里不但免费，而且不需要去拿门票，直接进去就好了。

景 美国国家美术馆

美国国家美术馆（National Gallery of Art）包括了东西两馆和室外的雕塑花园，常年向游客免费开放。该馆于1941年创建，以前是为了保存安德鲁·威廉·梅隆（Andrew W. Mellon）和山缪·卡瑞斯（Samuel. Charice）这两位艺术家捐赠的意大利艺术收藏品而建，后来渐渐发展成了国家美术馆。

旅游资讯

🏠 4th and Constitution Avenue,NW,Washington,DC 20565

📞 202-7374215

📍 乘坐地铁黄线/绿线在Archives Metro Station站下，向西（华盛顿纪念碑方向）步行到达第7街，沿第7街向南走到宪法大道（Constitution Ave）便可见国家美术馆的雕塑花园，步行时间约为6分钟

🕐 画廊周一至周六10:00～17:00，周日11:00～18:00；雕塑花园周一至周六10:00～17:00，周日11:00～18:00；12月25日和1月1日闭馆

$ 免费

📶 www.nga.gov/content/ngaweb

景 第二次世界大战纪念碑群

第二次世界大战纪念碑群（World War II Memorial）由一个下沉式的椭圆形喷水广场、自由墙和56根花岗岩柱子组成。纪念碑于2001年9月动工兴建，于2004年4月完成，是为了纪念美国在"二战"中1600万服役的军人而建立。纪念碑西侧的一面石墙上镌刻着美国前总统杜鲁门的这一段话"我们永远无法回报，我们国家的这些勇敢的军人们。我们永远感激他们，美国永远不会忘记他们做出的牺牲。"这段话表达了普通美国民众对"二战"老兵的感激之情。

旅游资讯

🏠 World War II Memorial,17th St SW, Washington,DC

TIPS 如果到了华盛顿，推荐你去看看这个景点，这不单单是让你了解美国这个尚武、崇尚军人的国家，还可以让你感受下美国人的爱国主义教育和情怀，这样才算没白来美国的首都嘛。

景 杰斐逊纪念堂

　　杰斐逊纪念堂（Thomas Jefferson Memorial）为纪念《独立宣言》的起草者、美国第三任总统托马斯·杰斐逊而建立，其于1938年在罗斯福的主持下开始建造，完工于1943年。杰斐逊纪念堂按照杰斐逊喜欢的罗马万神殿式的建筑风格来建造，是一座非常具有古典风格的大理石建筑。

旅游资讯

🏠 Thomas Jefferson Memorial,Ohio Dr SW,Washington D.C.
🕐 8:00 ~ 24:00
$ 免费

景 潮汐湖

　　潮汐湖（Tidal Basin）位于国家广场南侧，十分清澈幽静，在潮汐湖的岸边栽种着几千棵从日本进口的樱花树，与古典的杰斐逊纪念馆隔湖对望。湖内亦可泛舟，每年樱花盛开时，这里的观赏效果有种在日本观赏的樱花感觉。届时，泛舟湖上，遥望着远方古典的杰斐逊纪念堂，看着岸边的樱花，是一种幸福的选择。

旅游资讯

🏠 1501 Maine Ave. SW,Washington DC 20024
📞 202-4792426
📍 乘坐地铁蓝线/橙线在Smithsonian站下车，向东步行1公里
🕐 全年全天
$ 免费
📶 tidalbasinpaddleboats.com

TIPS 因为湖泊没有一个确切的网址和电话，所以上面给的网址是湖泊上面码头租船的网址。如果想泛舟湖上，直接拨打这个电话和查询网址即可。

景 越战纪念碑

到华盛顿的游客几乎都要到这里参观。这座纪念碑是由美国华裔设计师林璎设计，她当时还是一个大四学生，也是著名建筑大师梁思成的侄女。纪念碑坐落在林肯纪念堂北侧，碑上刻着58000多名战死的美国官兵的姓名，是世界上少有的刻上全体官兵姓名的纪念碑。

旅游资讯

🏠 5 Henry Bacon Dr NW，Washington,DC

📞 202-4266841

📍 1.乘坐地铁蓝线、橙线至Smithsonian Metro Station站下车，沿着中轴线从华盛顿纪念碑向西步行20分钟即到

2.乘坐地铁蓝线至Arlington Cemetery Metro Station站下车，向南步行15分钟过桥即到

🕐 全年全天

💲 免费

景 国会图书馆

国会图书馆（Library of Congress）是美国四个官方国家图书馆之一，图书馆藏书量巨大，汇集了3000万本书籍，涵盖了470种语言，超过了5800万份手稿，还有大量的老报纸、胶片、漫画书、杂志，是美国最大的稀有书籍珍藏点。此外，这里还保存了很多法律文件、电影、各个时期的地图和大量漫画书、大量的壁画、雕塑，令人惊叹。整个国会图书馆分成3部分，由托马斯·杰斐逊大楼、约翰·亚当斯大楼、詹姆斯·麦迪逊大楼这3座建筑组成。

旅游资讯

🏠 101 Independence Ave. SE,Washington,DC 20540

📞 202-7075000

🕐 托马斯·杰斐逊大楼，周一至周六8:30～17:00；詹姆斯·麦迪逊大楼，周一至周五8:30～21:30，周六8:30～17:00；约翰·亚当斯大楼，周一、周三、周四8:30～21:30，周二周五至周六8:30～17:00

💲 免费

📶 www.loc.gov

> **TIPS** 这座艺术宫殿般的图书馆虽然是世界最大的图书馆，但不是对外开放型的图书馆。游客只能参观，只能隔着玻璃去观看藏书，里面会有导游讲解。

🎪 樱花节

1912年，作为华盛顿友好城市的日本东京赠送了3000棵吉野樱花给华盛顿。这种樱花良品具有先花后叶、花朵大、花期长的特点，自此日本的国花年年春天都会盛开在潮汐湖畔。每年的樱花节，都有大量的游客在这里野餐、赏花。另外，在樱花节期间这里不仅有各种游行、表演，还有盛大的开幕式和闭幕式。

旅游资讯

🏠 华盛顿潮汐湖；国家广场赏花、游行、泛舟、欣赏露天音乐会

🕐 3月20日至4月13日

🛒 泰森斯角大型购物中心

泰森斯角大型购物中心（Tysons Corner Center）是华盛顿最早的大型室内购物中心，也是该地区最大的购物中心之一。购物中心里面有超过290家商铺，虽然和其他地方的购物中心比规模不算特别大，但是在华盛顿周围算是首屈一指的。游客在这里可以购买到高级品牌和日常用品，还可在众多电影院和餐厅中国娱乐休息。

旅游资讯

🏠 1961 Chain Bridge Rd.,McLean,VA 22102

📞 703-8477300

📍 位于495号高速公路附近。乘坐公交车2T、15M、23A、23T、23W、28T、T号线至Tysons Corner S/C & Bus Stop 2站下车即到

🕐 周一至周六10:00～21:30，周日11:00～19:00

纽约 → 尼亚加拉瀑布城

来回交通

乘飞机

　　尼加加拉瀑布城当地没有机场，也不通飞机，如果想坐飞机去可以先到水牛城，然后再乘车去尼亚加拉瀑布城。从机场到尼亚加拉瀑布城约1小时，纽约至水牛城的飞行时长约1小时24分钟，票价156～175美元，穷游族不建议坐飞机去。

乘火车

　　乘火车去是很不划算的一种方式，时长约9小时10分钟，票价大约65美元。

乘长途巴士

　　可乘灰狗巴士抵达，时长约10小时30分钟，票价约50美元。

> **TIPS** 当地的交通不是很方便，建议游客报名纽约当地的旅行团或者是自驾过去，这样会方便不少，同时也会节省很多时间。

尼亚加拉瀑布城玩点速览

景 尼亚加拉瀑布

　　尼亚加拉瀑布（Niagara Falls）无疑是最值得参观的景点之一，但是距离纽约市及常规游览城市很远，处在美加边境，是美国和加拿大共有的一个瀑布，也是美国和加拿大的界河，它以恢宏的气魄，丰沛的水量而闻名。其与南美洲的伊瓜苏瀑布及非洲的维多利亚瀑布合称"世界三大瀑布"。

　　站在瀑布边上，会给视觉带来强烈的冲击力。这里有一座跨越美国和加拿大的彩虹桥，是加拿大和美国边境连接的界桥。

旅游资讯

🏠 Niagara Falls,ON L2E6T2

景 观景平台

　　近距离欣赏尼亚加拉瀑布的观景平台（Terrapin Point）位于山羊岛的岸边，也是尼亚加拉州立公园内必去的景点之一，在这里观看瀑布有一种居高临下的感觉，俯视着宏伟的瀑布，整个人都会觉得心旷神怡。

景 公羊岛

　　公羊岛（Goat Island）位于尼亚加拉瀑布边上，在美国瀑布和马蹄形瀑布之间。岛上有大量的尼亚加拉瀑布观景点，游客可以从不同角度欣赏到壮美的尼亚加拉瀑布。其中，最为著名的是Terrapin Point，人们可以从侧面观赏尼亚加拉瀑布，站在这些观景点，你会感觉到丝丝凉气及一阵阵水雾扑面而来。

旅游资讯

🏠 Goat Island,NY 14303

娱 雾中少女号

雾中少女号（Maid of the Mist）是一种载着游客近距离欣赏尼亚加拉瀑布美景的游船。在游客乘坐雾中少女号来到瀑布前方后，会感觉自己被周围的瀑布包围了起来，既害怕又兴奋。不过，乘坐雾中少女号要注意防止随身物品的进水，并穿好游船公司发的塑料雨衣。

旅游资讯

🏠 151 Buffalo Ave,Niagara Falls
📞 716-2848897
🕐 周一至周六10:00~21:30，周日11:00~19:00
💲 成人18.25美元，6~12岁儿童10.65美元，5岁以下儿童免费
📶 www.maidofthemist.com

购 美国285免税商店

美国285免税商店（Duty Free Amreicas 285）位于彩虹桥入口处，便于离开美国前往加拿大游玩的游客购物，里面主要以出售食品、烟酒、化妆品为主，尤其是酒的种类非常多。

旅游资讯

🏠 1 Rainbow Bridge,Niagara Falls,NY
📞 716-2848168
📶 dutyfreeamericas.com

> **TIPS** 实际上过了彩虹桥，加拿大一侧也有一家免税店，那边的免税店总的来说种类和礼品比这一侧的稍稍多些。

购 滑铁卢奥特莱斯

从尼亚加拉瀑布城沿90号州际公路东行驶约2小时可到滑铁卢奥特莱斯（Waterloo Premium Outlets）。这是规模非常大的一家奥特莱斯，而且大多数游客并不知道这个地方，在此你可以安心选购自己喜欢的商品。

旅游资讯

🏠 655 State Route 318 Waterloo,NY 13165
📞 315-5391100
🕐 周一至周六10:00~21:00，周日10:00~20:00
📶 www.premiumoutlets.com/outlet/waterloo

尼亚加拉大瀑布

Chapter **TWO**

新英格兰地区

波士顿

波士顿最优出行方案速查

机场到市区

波士顿洛根国际机场（Logan International Airport）是波士顿最大的机场，也是世界上20个最繁忙的机场之一，主要有达美航空（Delta Air Lines）、美国航空（American Airlines）、全美航空（US Airways）和捷蓝航空（JetBlue Airways）运营的航班停靠。

洛根国际机场信息	
地址	Massachusetts Port Authority,One Harbourside Drive,Suite 200 South,East Boston,MA 02128-2909
电话	617-5611800
网址/二维码	http://boston-bos.worldairportguides.com
相关介绍	由此机场可前往美国其他城市，以及加拿大、拉丁美洲、非洲、欧洲等

机场至市区的交通

交通工具	介绍	票价	注意事项
银线巴士（Silver Line）	免费提供从机场到Waterfront、Downtown & South Station的巴士，在各个Terminals都有车站，如需去往Cambridge，可从地铁红线换乘	此条线免费	如果前往介绍提到的这几个地方，银线巴士是最佳选择
MBTA地铁线（MBTA Subway Line）	从机场至地铁站可转乘MBTA蓝线地铁去往波士顿各地	单程票价2.5美元	波士顿当地地铁，可以到达波士顿的各个地方，站点分布密集
机场巴士（Shuttle Bus）	免费接送于各个Terminals，位于机场外停车场或者蓝线 Airport地铁站之间，Early morning & Late evening更有特别提供的Shuttle Bus 66 & 88免费接送	机场巴士免费	—

交通工具	介绍	票价	注意事项
洛根机场快线（Logan Express）	机场所有Terminals都可乘坐，去往Braintree、Framingham Woburn & Peabody等地，用时30~45分钟	最低单程7美元	是从机场去往波士顿较远地区的最佳选择
出租车（TAXI）	出租车是最便捷的，但如果没有急事不推荐乘坐，因其车费相对来说稍高	从机场去往波士顿地区的车费为42美元左右	接受网上预订以及电话预订，网上预订可以享受5%的折扣优惠
私人摆渡车（Private Shuttle）	私人摆渡车，可以预订，价钱实惠，但是没有出租车便捷，提供酒店、学校等定点的机场接送，相对来说比较划算，也比较快速，适合游客使用	Shared Van到Downtown费用20美元左右	提供单人预订，3人预订，4人预订等不同人数车辆种类的游客接送服务

续表

交通工具	介绍	票价	注意事项
水上巴士/出租车（Water Shuttles & Water Taxis）	从机场可乘坐Shuttle 66去往码头，便捷的水上巴士和水上出租车是洛根国际机场的特色交通工具，全年调动船只提供从机场去往波士顿Downtown以及其他海岸线南端的港口目的地	单程票价10美元，去往North Station或者Charlestown单程票价20美元	该服务需要提前预订

出行使用波士顿公共交通卡

　　波士顿公共交通卡（Charlie Card）可用于乘坐地铁与公交车或部分渡轮，可在地铁站人工或机器自动售票处购买。但是在地铁绿线上的部分偏远站点是没有站台以及售票机的。机器自动售票处可选中文语言服务，可用硬币、纸币、信用卡和储蓄卡付账，可购买一次性使用的单程票（Charlie Ticket）、一日卡（1-Day Pass）、周卡（7-Day Pass）。

波士顿市区地铁图：
mbta.com/
schedules_and_
maps/subway

波士顿市区公交车运营
时刻表：mbta.com/
schedules_and_
maps/bus

波士顿市区渡轮地图：
mbta.com/
schedules_and_
maps/boats

波士顿公共交通卡概况

种类	地铁/公交价格	介绍
单程票（Charlie Ticket）	2.65/2.1美元	单程票，可转车
一日卡（1-Day Pass）	12美元	一日内公交车地铁不限次数乘坐
周卡（7-Day Pass）	19美元	7天内地铁和公交车可以不限次数乘坐

TIPS 波士顿的地铁和公交车都是MBTA的，地铁卡和公交卡完全是通用的。如果买的是单程票，还可以再免费转一次车，如先坐公交车再转地铁或者先坐地铁再转公交车，都是可以的。如果在波士顿要经常出行，且居住天数超过一天，建议购买周卡，更划算。

波士顿玩点速览+线路推荐

玩点速览

自由之路

自由之路（Freedom Trail）是波士顿很有历史韵味的一条街道，于1951年由波士顿当地的一位知名记者威廉·斯科菲尔德构想建造而成，他希望能让游客通过徒步的方式游览整个市区，并了解美国的历史起源。如果你对这座城市不够了解，那么走在自由之路上，就像慢慢地翻开美国历史书一样，沿途的一座座遗迹，把美国的起源和历史呈现在你的面前。

旅游资讯

🏠 Charles Street,Boston,MA
📍 乘坐地铁绿线到Arlington Station, Boylston Station或者Park Street Station站下
🕐 全年
$ 免费
📶 www.thefreedomtrail.org

TIPS 游览自由之路，应注意规划时间，因为自由之路内有不少景点，而且这条路本身也不算短，所以游览完大约就过去了大半天的时间，很可能你没有体力走到最后一站的纪念碑，并登顶俯瞰波士顿全城的美景了，所以建议提前做好规划。

波士顿公共图书馆

波士顿公共图书馆（Boston Public Library）又称为中央图书馆，建成于19世纪中后期，是为了重现13世纪意大利文艺复兴的建筑风格而设计的。馆内藏书丰富，是美国第一个公众支持的市立图书馆，跟华盛顿国会图书馆不同，它是首个允许普通市民借阅书籍回家的博物馆，也是美国的第二大图书馆。目前，馆内拥有890多万册图书，仅次于华盛顿国会图书馆，大楼里的阅读室也因为复古的设计而深受欢迎，还有意大利式的中心庭院供人休息。

旅游资讯

🏠 700 Boylston St.,Boston,MA 02116
📞 617-5365400
📍 乘坐地铁绿线至Copley站即可到达公共图书馆所在的Copley Square
🕐 周一至周四9:00～21:00，周五至周六9:00～17:00，周日13:00～17:00。各个书室以及相关设施的开放及使用时间需查询官网
📶 bpl.org/central

哈佛大学

哈佛大学（Harvard University）建立于1636年，是一所享誉世界的私立研究型大学，也是著名的常春藤盟校成员。该大学设有哈佛大学文理学院、哈佛商学院、哈佛大学设计学院等学院，其中哈佛商学院是如今美国最具权威的管理学校。约翰·哈佛的铜质雕像是哈佛大学的重要标志，同时也是每一个来到哈佛大学游览的游客必然拍照留影的地方。另外，这里的哈佛自然历史博物馆也是不可错过的景点。

旅游资讯

🏠 Harvard Yard,2 Kirkland Street,Cambridge,MA 02138
📞 617-4951573
🕐 周一至周二10:00～16:45，周三至周五10:00～21:45，周六至周日10:00～16:45
💲 免费
📶 www.harvard.edu

波士顿美术博物馆

波士顿美术博物馆（Museum of Fine Arts）建立于1876年，是美国成立100周年之际建成的博物馆，馆藏丰富。和纽约、费城等地的美术馆不同的是，这里除了收藏有近代印象派大师的杰作，还有大量其他时代、不同文明的作品，跨度从四大文明古国到19世纪美国艺术等，尤其是收藏的亚洲艺术品最为丰富，包括有中国、朝鲜、日本等国的瓷器、青铜器、绘画，还有大量中东和古印度的作品，其中不乏阎立本和宋徽宗的作品，馆内的大量藏品都是独一无二的稀世珍宝。因此，波士顿美术博物馆是波士顿这座美国文化之都最闪亮的明珠。

旅游资讯

🏠 465 Huntington Avenue,Boston,MA 02115
📞 617-2679300
📍 乘坐地铁绿线E Line至Museum of Fine Arts站下即可到达
🕐 周一至周二10:00～16:45，周三至周五10:00～21:45，周六至周日10:00～16:45
💲 成人25美元、学生凭有效证件23美元、65岁以上的老人23美元、6岁以下儿童免费，7～17岁的青少年在每周一至周五15:00以后、周末都可免费进入，其余时间10美元
📶 www.mfa.org

TIPS 周三16:00以后的门票不收费，和大都会艺术博物馆的形式相似，接受捐赠，游客可以选择任何捐赠数目，也可以选择不捐赠。

三一教堂

三一教堂（Trinity Church）位于卡普利广场中央，高达26米的大尖顶是其显著的特点，恢宏的外观、精美的壁画、美轮美奂的雕像、壮丽的拱形铜雕大门以及雄伟的钟塔，都让它显得风光无限，与众不同。作为美国首座查德森罗马式建筑风格的教堂，三一教堂于1885年首次被选为美国十大建筑之一，100多年后再次当选。三一教堂和其他著名教堂一样，庄严、古朴，犹如艺术品般耸立在高楼林立的城市之中，让人从中深深地感受到岁月的流淌。如果你是一个宗教文化的爱好者，三一教堂是游览波士顿必去的一个地方。

旅游资讯

🏠 206 Clarendon Street,Boston,MA 02116

📞 617-5360944

📍 乘坐地铁绿线至Copley站下即可到达三一教堂所在的Copley Square

🕐 主教堂和纪念品商店周一、周五、周六9:00～17:00，最后进入时间是16:45；周二至周四9:00～18:00，最后进入时间是17:45；周日主教堂开放时间是7:00～19:00，商店开放时间是9:00～18:00，游客参观时间是13:00～17:30

💲 成人5美元、儿童免费

📶 trinitychurchboston.org

TIPS 教堂最重要的活动是12月的"Candlelight Carols"（烛光颂歌），这是波士顿的传统项目，每年会有5000多人在教堂外面排队，希望能够参与其中。如果去游玩的时候没遇到该活动，你也可以在每周日听一听教堂乐队的演奏。三一教堂西墙上的管风琴，一直以轻巧和清脆洪亮著称，管风琴的高度一直从西墙延伸至拱门处，就好像让歌声响彻教堂，给人带来神圣的感觉。

哈佛自然历史博物馆

哈佛自然历史博物馆（Harvard Museum of Natural History）是游览哈佛大学最不可错过的景点之一，馆内不但有大量的动植物标本，还有大量的古生物化石，尤其是数百颗已经绝种的象鸟蛋化石，更是镇馆之宝一般的存在。它和纽约自然历史博物馆不同的是，虽然规模没有那么大，但是藏品也相当让人惊叹了，让人很难相信它来自一个学校。另外，这里还有很多有特色的展览，适合带孩子前往，让孩子感受哈佛大学深厚地文化气息。

旅游资讯

🏠 26 Oxford Street Cambridge,MA 02138

🕐 9:00～17:00，1月1日、感恩节、1月24日、1月25日闭馆

💲 成人12美元、65岁以上老人和非哈佛学生凭有效证件10美元、3～18岁8美元、3岁以下儿童免费

📶 hmnh.harvard.edu

麻省理工学院博物馆

麻省理工学院博物馆（MIT Museum）坐落在麻省理工的校园内，这里的展品以麻省理工学院各届毕业生的作品为主，而且一楼经常有学生与学生之间的创意小比赛，还有大量的MIT的科技产品，其所展示的所有项目绝对物超所值。在这个科技创新的博物馆，游客也许游览结束后，才会大吃一惊，原来这么多伟大的展品都是"MIT制造"。

旅游资讯

- 265 Massachusetts Ave.,Building N51,Cambridge,MA 02139
- 617-2535927
- 乘坐地铁红线到麻省理工站下（就是哈佛大学的前两站）
- 10:00～17:00
- 成人5美元，持学生证件4美元
- web.mit.edu/museum

TD 北岸花园

TD北岸花园（TD Banknorth Garden）是美国国家冰球联盟（NHL）波士顿棕熊队和NBA凯尔特人队的主场，现在人们习惯把这里称为"北岸花园"。这里见证了许多篮球史上的重要时刻，是一座颇具影响力的球馆。和其他的体育场一样，这里功能齐全，不但能举办大型的体育赛事，还能举办演唱会、各种节目等，餐饮和娱乐一应俱全，是篮球迷必去的地方。

旅游资讯

- 100 Legends Way,Boston, MA
- 乘坐地铁绿线或者橙线至North Station站下，出站后沿Causeway Street步行即可
- www.tdgarden.com

科学博物馆

科学博物馆（Museum of Science）是美国很早就建立的科学技术博物馆，它成立于1830年，陈列包括矿石、植物、人造卫星模型、火箭模型，以及医学、光学等方面的素材和展品。它很适合带孩子前往，因为它有很多是需要孩子自己动手去体验的，连大人都会玩得很开心，有时博物馆会组织现场演示，并播放IMAX电影。这是一个培养孩子科学创新习惯的好地方，也是喜欢科学技术的朋友应该来参观一下的地方。

旅游资讯

🏠 1 Science Park Boston, MA 02114

📍 乘坐地铁绿线在Science Park Station站下

🕐 7月5日至9月1日，周六至周四9:00～19:00，周五9:00～21:00；其余时间，周六至周四9:00～17:00，周五9:00～21:00

💲 12岁以上23美元，60岁以上21美元，3～11岁儿童20美元

📶 www.mos.org

卡普利广场

卡普利广场（Copley Square）是波士顿后湾地区著名的公共广场，以被坐落于此的三一教堂（Trinity Church）、约翰·汉考克大厦（John Hancock Tower）以及波士顿公共图书馆（Boston Public Library）这三座世界知名建筑包围而闻名。这里还是每年波士顿马拉松比赛的终点站，广场上的喷泉无论孩子大人都喜欢。这座广场将波士顿的文化艺术气息深深地印在游人的脑海里。

旅游资讯

🏠 Copley Square, Huntington Avenue, Boston, MA 02116

📍 乘坐地铁绿线至Copley站下即可到达；或者乘坐地铁橙线至Back Bay站下，步行即可到达

线路推荐

DAY 1

哈佛大学 ➡ 麻省理工学院

哈佛大学 / 在世界著名大学哈佛大学中漫步，参观哈佛自然历史博物馆

午餐后步行25分钟到达麻省理工学院

麻省理工学院 / 参观世界上最好的理工科大学，参观麻省理工学院博物馆，感受科技与创新

DAY 2

科学博物馆—TD北岸花园 ➡ 波士顿美术博物馆 ➡ 三一教堂

科学博物馆 / 观赏卫星、火箭模型，看科技电影

乘坐轻轨B/C/D/E线到Boston North Station站下

TD北岸花园 / 在凯尔特人队的主场拍照留念

乘坐地铁橙线到Museum of Fine Arts站下

波士顿美术博物馆 / 欣赏大师们的佳作

乘坐地铁绿线到Copley站下，约15分钟

三一教堂 / 参观这座有特色的教堂，结束一天旅行

DAY 3

自由之路

自由之路 / 花一天时间完整地走完，游览与美国独立战争有关的重点历史古迹

波士顿高性价比住宿地推荐

对于穷游族来说，大家都会选择位于波士顿公园和美术博物馆附近的住宿地。波士顿公园是一座典型的英式花园，是难得的城市绿肺，里面花草繁盛，环境幽美，适合游客放松身心。如果选择居住美术博物馆附近，则能深深地感受新英格兰文化，出行也很方便。

推荐住在这几个区域	
地点	原因
波士顿公园及周边	花草繁盛，环境幽美，出行方便
美术博物馆及周边	出行方便，交通枢纽，且距离大多数景点相对来说都比较近

住宿地推荐

高性价比酒店推荐				
名称	地址	网址	参考价格	亮点
Boston Fenway Inn	12 Hemenway St.,Boston, MA 02115	bostonfenwayinn.com	4人间单人床39美元，3人间单人床45美元，单人间109美元	酒店不但性价比高，价格低廉，且距离约翰·汉考克大厦非常近，仅1.2公里。步行5～10分钟即可到达地铁站，并且有免费早点供应

名称	地址	网址	参考价格	亮点
40 Berkeley	40 Berkeley Street, Boston, MA 02116	www.40berkeley.com	单人间90美元，双人间95美元，3人间121美元，4人间135美元	其距离Copley Square和Boston Common有不到20分钟步行路程，距离Northeastern University、Berklee College of Music和波士顿大学均不到3.2公里
The Copley House	239 W Newton St.,Boston, MA 02116	www.copleyhouse.com	单人间103.5美元，单人公寓148.5美元，双人间117美元，高级公寓211.5美元	这家旅馆位于波士顿历史悠久的后湾地区，距离卡普利广场仅有10分钟的步行路程。这里还提供设备齐全的厨房，且每间客房都配备了一台有线电视和免费Wi-Fi
463 Beacon Street Guest House	463 Beacon St.,Boston, MA 02115	www.463beacon.com	单人间151美元，双人间141美元，单人大床房160美元，双床间199美元	其附近的Newbury Street街拥有许多用餐场所。距离芬威走廊（Fanueil Hall）和Quincy Market市场有3.2公里

续表

名称	地址	网址	参考价格	亮点
Milner Hotel Boston Common	78 Charles Street South, Boston, MA 02116	www. boston. found-hotels. com	单人间141美元，大床房181.58美元，双人间215.33美元	Milner Hotel其酒店距离Boylston Rail Station火车站有5分钟步行路程。酒店位于波士顿剧院区，距离会议中心约1.6公里
Court-yard Boston Logan Airport	225 William F. McClellan Highway, Boston, MA 02128	www. tripad-visor.cn/ Hotel	特大号房间、带沙发152美元，大号双人房152美元	其距离洛根国际机场约1.6公里，提供往返于机场的免费班车服务，还为客人的早餐、午餐和晚餐供应美式餐点。同时，酒店的休息区，气氛轻松悠闲，还提供清凉的饮品和小吃

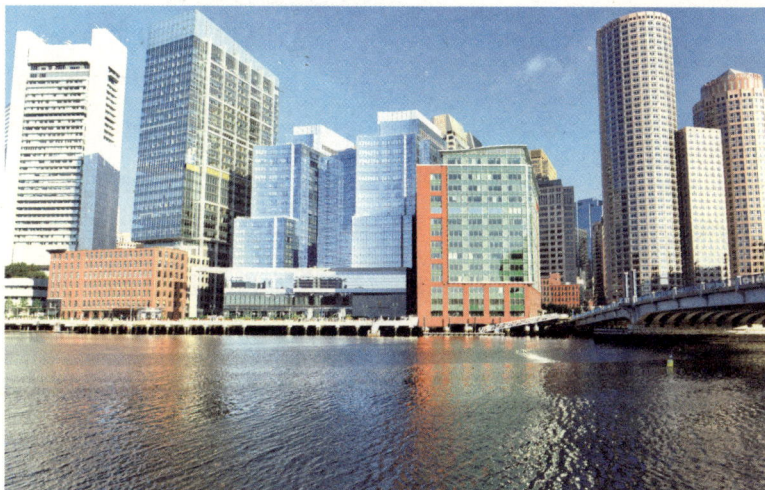

波士顿百里挑一的经济餐

　　波士顿美食众多，波士顿人常以波士顿焗土豆、印第安布丁和波士顿奶油馅饼为地道的风味美食。这里的戚风蛋糕蘸上枫糖浆、加上鲜奶油也甜美无比。新英格兰特色的蛤肉浓汤，也有着让人垂涎欲滴的魔力。此外，海鲜是你不可错过的波士顿美食，尤其是波士顿最著名的大龙虾和龙虾卷，味道绝对让你久久回味。

寻找经济餐的好去处

Legal Sea Foods（East Boston）

　　Legal Sea Foods是美国一家连锁的海鲜餐厅，在各地都有连锁店，餐厅一般选用当天的或刚下渔船的最新鲜海鲜为原材料。其价格适中，算是一家能吃到美味，但是花费也比较经济的地方，在这里每个人的平均花销15～35美元。

旅游资讯

🏠 1 Harborside Dr Boston,MA 02128
📞 617-5309000
📶 www.legalseafoods.com

Holly Crab

　　Holly Crab是一家融合了美国路易斯安那口味的海鲜餐厅，菜肴十分美味。这家馆子会提供从阿拉斯加帝王蟹到龙虾的众多海鲜，不仅如此，这里还有大量丰富的餐前小吃和美味果汁，其老板是韩国人，也非常友好，这里的人均花销为30～40美元。

旅游资讯

🏠 1098 Commonwealth Ave.,Boston,MA 02134
📞 857-2633388
📶 11:00～23:00

Alden&Harlow

　　这是一家美式餐馆，经济实惠，且食物味道鲜美。这里不但有传统的美式快餐，还有正宗的美国人家庭厨房菜。最重要的是这家餐馆的位置位于哈佛广场，从哈佛大学游览出来后至此，不但可以经济实惠的吃到一顿美味，说不定还可以在这里交到学霸朋友。整体来说，这家餐馆很经济，人均消费15～25美元。

旅游资讯

🏠 Alden & Harlow 40 Brattle Street
　　Cambridge,MA 02138

📞 617-8642100

🛜 www.aldenharlow.com

Boston Chowda

　　位于市区Prudential大厦内的Boston Chowda，是以供应蛤肉浓汤而闻名的餐厅，这是属于新英格兰地区的一款标志性美食，相传也是最早被"五月花号"带到美洲大陆的美食。香浓黏稠的蛤肉汤，放在烤得酥脆的面包里，让人欲罢不能。另外，这里还有波士顿地区著名的龙虾卷等食物，这里人均消费15～30美元。

旅游资讯

🏠 Quincy Market Building,Market Place,
　　Boston,MA02109 Cambridge,MA 021
　　38

🕐 周一至周六10:30～21:00，周日10:30～
　　18:00

🛜 www.bostonchowda.com

波士顿本地人爱去的购物地

本地人爱去的购物街

纽布瑞大道

　　纽布瑞大道（Newbury Street）是波士顿最著名的商业街，以19世纪古香古色的红砖铺设而成。古典的店铺、精美的画廊，都成为了这条典雅的街道的装饰。这里除了有一些世界名牌以外，还有很多的常规品牌店和价格适中的时尚潮店，和大量的美食餐厅。而一些设计特殊、古典精致的实体艺术品商店，也是不可错过的。在一个温暖的下午，找一家临街的咖啡馆或者酒吧，一边品尝咖啡一边感受这里的气息，是一种不错的选择。

旅游资讯

🏠 Newbury Street,Boston,MA

📍 乘坐地铁绿线至Arlington、Copley或
　　者Hynes Convention Center站下

🛜 www.newbury-st.com

市中心十字区华盛顿街

市中心十字区华盛顿街（Washington Street in Downtown Crossing）是位于美国最古老的城区中的一条不允许车辆通过的步行街。在这里，你可以随处看到当地白领在午餐、休息，或者在悠闲地喝着咖啡。不仅如此，这里还有很多的购物中心和临街店铺，很多店铺的折扣非常大，是在波士顿淘货时，很值得去的一个地方，在这里能买到衣服、鞋子、化妆品、日常用品和小工艺品等商品。

旅游资讯

🏠 Washington Street,Boston, MA02111

本地人爱去的购物中心

卡普利中心

和其他购物中心不同的是，卡普利中心（Copley Place）主打高端的品牌和商品，拥有包括Burberry、Coach、Tiffany & Co、Dior、Hugo Boss、Louis Vuitton、L.K Bennett等名品专卖店，还有一些大的品牌百货公司也有分店设在这个购物中心里，适合海淘奢侈品的游客。

旅游资讯

🏠 100 Huntington Ave,Boston,MA 0211
📍 搭乘地铁橙线至Back Bay站下，步行即可到达；或者从Prudential Tower站下，通过行人天桥步行可至
🕐 周一至周六10:00～20:00，周日12:00～18:00
📶 www.simon.com/mall/copley-place

梅西百货

梅西百货（Macy's）是美国最为人熟知的连锁品牌公司之一，不但有大量的一线品牌，而且折扣活动也比较多，有时候甚至会在中国的节日专门为中国人打折。这里主要出售各式各样的手提包、化妆品、时尚服装等，在这里你能买到很多物美价廉的产品。

旅游资讯

🏠 450 Washington St.,Boston,MA 02228
📞 617-3573000
📍 乘坐地铁橙线至Downtown Crossing站下即可到达
🕐 周一至周四10:00～22:00，周五至周六9:00～22:00，周日10:00～21:00
🛜 www.macys.com

Wrentham Outlets

这家奥特莱斯是距离波士顿最近的Premium Outlets，其内部的品牌和店铺较之市区的购物中心要丰富很多，折扣相对来说也比市区要多。但是去这里很少有巴士，而且乘坐麻烦，所以推荐游客最好自驾前往，这样买好东西后也可以很容易的将其带回住处，不会出现携带麻烦的问题。

旅游资讯

🏠 1 Premium Outlet Boulevard, Wrentham,MA 02093
📞 317-6361600
🛜 www.premiumoutlets.com/outlet/wrentham-village

本地人爱去的特色市场

昆西市场

昆西市场（Quincy Market）成立于1822年，是波士顿的一个最著名的美食广场和景点。市场的前后出口以罗马式的建筑风格修建，由花岗岩和美式风格的矩形玻璃混合装饰，使昆西市场成功地把古典和现代的感觉融合在了一起。在这里，你能尝到各式各样的美食，同时在昆西市场后面的法纳尔大厅市集（Faneuil Hall Marketplace），还能体验到充满异国风情的赶集，其2楼还有很多各式的展览。

旅游资讯

🏠 4 South Market Street,Boston,MA 02109
📍 乘坐地铁橙线或者蓝线至State Street站下，步行即可到达
🕐 周一至周四10:00～19:00，周五至周六10:00～21:00，周日12:00～18:00
🛜 www.quincy-market.com

Whole Foods Market

　　Whole Foods Market于1980年在得克萨斯州奥斯汀创立一个小店，目前在全球已经有360多家连锁店。其以出售新鲜食材和有机食品而出名，同时这里也有大量的已经做好的食物和甜品出售，十分适合到波士顿旅游，并且住在民宿自己做饭的游客前来购买食材。

旅游资讯

🏠 181 Cambridge St Boston,MA 02114
📞 617-7230004
📍 乘坐地铁绿线至Symphony站下，步行即可到达
🕐 7:00～22:00
📶 www.wholefoodsmarket.com

哈里森大道SoWa市场

　　哈里森大道SoWa市场（SoWa Markets）已经成为整个新英格兰地区最大的露天市场之一，SoWa市场具有季节性，每年5～10月营业。从这里可以淘到各种各样的东西，从新鲜的瓜果蔬菜到鸡鸭鱼肉，从手工艺品到珍贵古玩，这里都有，绝对是个淘货的好地方。尤其在波士顿这样的文化名城，这样一个市场似乎是必不可少的。

旅游资讯

🏠 SoWa Open Market,460 Harrison Avenue,Boston,MA 02118
📍 SoWa离附近的公交站有一段步行距离：离卡普利广场、Broadway和新英格兰医疗中心（New England Medical Center）站大约不到1公里
🕐 5～10月每周日10:00～16:00
📶 www.sowaboston.com

波士顿公共市场

　　波士顿公共市场（Boston Public Market）是一家于2015年7月份开始营业的公共市场，也是一家全年开放的公共市场，出售各种各样的瓜果蔬菜和各类杂货。这里是美国目前唯一由当地供货的市场，市场里所有的水果和食材、新鲜海鲜，都是由当地农民或者当地渔民提供的当天最新鲜的，很值得一去。

旅游资讯

🏠 136 Blackstone St.,Boston,MA 02109
📍 乘坐地铁橙线至Haymarket站下，步行即可到达
🕐 周一至周六8:00～20:00，周日10:00～20:00
📶 bostonpublicmarket.org

波士顿不花钱的娱乐活动

　　波士顿是美国最具文化气息的城市，大量的美国常春藤名校坐落于这里。这座城市没有纽约、洛杉矶这种特大城市的喧闹浮华，也没有那么快速的生活节奏，但是却处处都能感受到其文化沉淀。波士顿每年的各种节日庆典并不少，下面给大家推荐几个节日庆典，如果有机会可以一起去参加一下，感受一下波士顿的活动气氛。

免费且丰富的娱乐活动

女巫镇万圣节

　　女巫镇万圣节（Salem Halloween）的由来，相传是1692年Salem小镇很多女孩得了一种产生幻觉的怪病，民众怀疑有巫师害人，最后诬陷了一名女巫，并且严刑逼供出100多名无辜的人，并都连累处死，这就是女巫镇的由来。走在小镇上，四处都可以看到刻着枉死人名字的墓碑。当然如果你是一个超自然事件爱好者，可以来这里试试"鬼屋"和"暗黑艺术展"。

旅游资讯

🏠 32 Derby Square,Salem,MA 01970

📍 从North Station搭乘Commuter Rail（火车紫线）开往Newburyport / Rockport Line方向的车子，至Salem站下即可到达，全程需要30～60分钟，出站后沿North Street步行，看到First Church就到了

🕐 每年10月31日

TIPS 如果在万圣节的当晚来到"鬼城"，你就要做好随时随地被各种"妖魔鬼怪"吓到的心理准备。如果你胆小，而且有心脏方面的疾病，那么还是建议不要此时前往，以免出现意外。平时小镇也是对外开放的，你可以到这里探究一番，顺便体验一下美国小镇的幽静和美丽的风光。

波士顿呼唤音乐节

波士顿呼唤音乐节（Boston Calling Music Festival）对于爱好音乐的青年来说，是很值得去一次的音乐节。这个音乐节会邀请当年获得格莱美奖的各支乐队和歌手，在市政广场的两个舞台上轮流表演，音乐风格多样，无论刮风下雨，乐迷们都情绪高涨。该音乐节虽然是要门票的，但是你可以不进入广场里，在其周围转转，感受一下音乐节的气氛。

旅游资讯

🕐 每年5、9月

🛜 bostoncalling.com

波士顿餐厅周

波士顿餐厅周（Dine Out Boston）通常是一年二次，分别是在3月和8月，每次持续两周左右。此时，你能获得以优惠的价格品尝到特色美食的机会，不需要专门去拿优惠券，只需要在网上进行预订，直接去预订的餐厅，并在点菜的时候，告诉服务员"Special Menu for Restaurant Week"（参观周的特色菜单），就可以享受优惠的价格了。

旅游资讯

🕐 每年3月和8月

🛜 www.restaurantweekboston.com

波士顿 → 听涛山庄

来回交通

由于听涛山庄所处的位置不通大巴，坐火车也十分麻烦，所以推荐游客跟团或者自驾前往。如果选择自驾，从Sudbury St.驶入I-93 S，沿I-93 S、MA-24 S和RI-24 S开往Portsmouth的RI-114 S/W Main Rd.，继续沿RI-114 S/W Main Rd.行驶，走Valley Rd.和RI-138A W驶入Newport的Ochre Point Ave.可到，全程约1小时27分钟。

听涛山庄玩点速览

景 听涛山庄

听涛山庄（The breakers）是纽波特最宏伟的山庄，它体现了范德比尔特家族在美国历史上显赫的社会地位和傲人的家族财富。19世纪末，金融巨头科尼利尔斯·范德比尔特利用造船业和纽约中央铁路建造工程奠定了范德比尔特家族的财富基础，1885年他的孙子在这里买下了一栋小木屋并取名为The breaker，第二年便在此建成了一个举世闻名的山庄。听涛山庄于1972年被纽波特保护协会从范德比尔特家族的后人手里买下，并对外开放，现在这里已经成为了美国的历史性地标。

旅游资讯

🏠 44 Ochre Point Ave.,Newport,RI 02840
📞 401-8471000
📍 自驾
🕐 春秋季9:00～17:00；夏季9:00～18:00；冬季9:00～16:00
💲 19.5美元
📶 newportmansions.org

波士顿 → 巴尔港

来回交通

　　由于缅因州人口稀少，巴尔港距离波士顿的距离也比较远，一般的旅游团也不会去这个地方，因此推荐自驾前往，首先沿I-95 N、I-295 N和I-95 N开往Brewer的US-1A E/Wilson St.，再从I-395 E的6A出口驶出，沿US-1A E和ME-3 E开往Bar Harbor的Compass Harbor Ln，全程约4小时41分钟。

巴尔港玩点速览

景 巴尔港

　　巴尔港（Bar Harbor）位于阿卡迪亚国家公园里，是阿卡迪亚国家公园的核心部分，为典型的新英格兰风格的小镇，是美国东部移民最早到达的地方。这里的老建筑大部分都是石头或者是木头组成。巴尔港（Bar Harbor）周围都是山林，整个小镇面对海湾，其中一条延伸至海边的小径就叫作"海滨小径"（Shore Path），特别在清晨的时候，在这里漫步，看早上喷薄欲出的朝阳，山海之间那种浑然一体的感觉，非常震撼。

旅游资讯

🏠 Bar Harbor,ME 04609

📍 自驾

🕐 全年开放，但是冬季基本没人，好多商铺也不开，4~9月为旺季

景 阿卡迪亚国家公园

　　整个国家公园散布于芒特迪瑟特岛（Mount Desert Island）、斯库德克半岛（Schoodlc PenInsula）及奥特岛（Isle Au Haut）这3个小岛上。整个国家公园包含了著名的海滨小镇巴尔港，怪石嶙峋的山峰和苍郁的森林，加上周围一望无际的大海，构成了阿卡迪亚国家公园（Acadia National Park）的全貌。公园内一条长约43公里的环绕公路，可以让游客更好地观看整个国家公园的全貌。

旅游资讯

🏠 Acadia National Park,ME 04609

📍 自驾

🕐 全年开放，但是冬季基本没人，4～9月为旺季

Chapter **THREE**

西海岸
（太平洋）地区

洛杉矶

洛杉矶最优出行方案速查

机场到市区

　　洛杉矶国际机场是洛杉矶唯一的国际机场，位于洛杉矶西南方向15英里。机场内一共有9个航站楼，亚洲的航班一般都在3号和4号航站楼之间的汤姆·布兰得利国际航厦（TomBradley International Terminal）停靠，可从北京、上海、香港等地直接飞达此机场。

洛杉矶国际机场信息	
地址	1 World Way,Los Angeles,CA 90045
电话	855-4635252
网址/二维码	www.lawa.org
相关介绍	这是美国最大的机场之一，比纽约肯尼迪国际机场的航站楼还要多

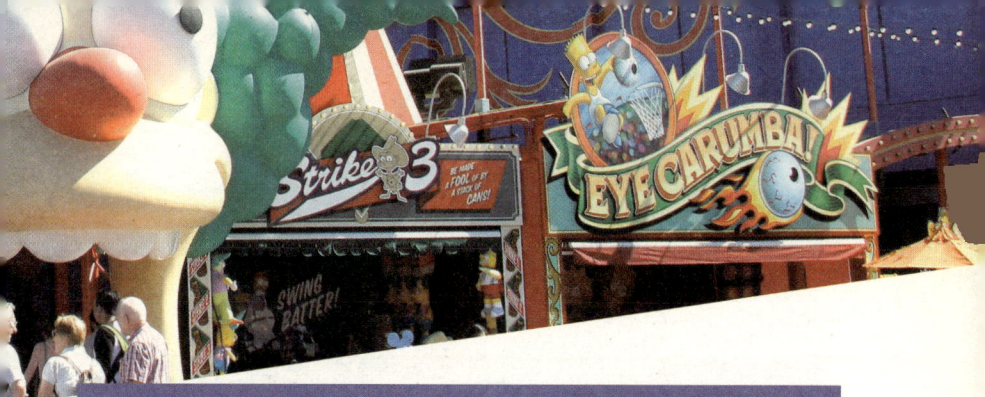

机场至市区的交通

交通工具	介绍	票价	注意事项
机场接送	提供上门机场接送（Door-to-door）服务的公司，可提前预订，价钱比出租车要低	打电话预订的时候，根据叫车距离的远近来定价钱	Road Runner shuttle,Super shuttle,Primetimeshuttle这三家公司提供服务
机场摆渡车（Shuttle Bus）	一周24小时服务，任何时间都可以从当时所在的航站楼乘坐	免费	摆渡车可以在航站楼之间穿梭，也可以到地铁站和停车场接人，在这两个地方游客也可以乘坐，每10分钟一趟
机场巴士（Airport Bus）	由市内直接通往机场的巴士，车程为45～60分钟，上车买票	单程票价为8～10美元	4个发车点分别是市中心联合车站（Union Station）；位于Van Nuys机场旁；Westwood加州大学洛杉矶分校36号停车场旁；Santa Monica，位于1875街上，Pico Blvd北边；Hollywood，位于6244 Hollywood Blvd，Argyle

交通工具	介绍	票价	注意事项
出租车（Taxi）	洛杉矶的正规出租车为多家公司经营，上面有TAXI的牌子的车就是了，可以从各个航站楼上车	根据机场距离目的地的远近和时间来算，还要加上起始价钱。一般来说，到市中心为50美元，外加4美元机场建设费	乘出租车除了车费还要给15%～20%的小费
地铁（Subway）	运营时间为5:00～23:40，一般约为10分钟一趟，乘坐绿线（Metro Green Line）可到达机场摆渡车的接驳点	单程1.75美元	地铁绿线约30分钟车程，只能到达距离机场最近的Avition站，距离机场约1.6公里远，在这里可以乘坐机场摆渡车，10分钟一趟

TIPS 洛杉矶和纽约不一样，不是一个中心集中的城市，建议游览洛杉矶的时候租车自驾，在机场就有租车点，或者叫一辆上门接送的车，在租车网站提前预订好。

伯克班机场信息

地址	2627 N Hollywood Way,Burbank,CA 91505
电话	818-8408840
网址/二维码	www.bobhopeairport.com
相关介绍	伯克班机场是洛杉矶本地的国内机场，美国国内的航班都会在这个机场停靠

机场至市区的交通			
交通工具	介绍	票价	注意事项
机场摆渡车（Shuttle Bus）	用于各个航站楼之间的免费摆渡车，还可以连接停车场和火车站	免费	因为火车站与机场的距离不远，摆渡车有免费的线路通往火车站，需要坐火车的游客可以直接乘坐
机场接送	提供上门机场接送（Door-to-door）服务的公司，可提前预订，价钱比出租车要低	打电话预订的时候，根据叫车距离的远近来定价钱	Road Runner shuttle,Super shuttle,Prim-etimeshuttle这三家公司提供服务
出租车（Taxi）	和洛杉矶国际机场的完全一样	从伯克班机场到洛杉矶市中心需45～55美元，到Santa Monica大约80美元，具体的要看路上堵不堵车以及到达的时间	乘出租车在车费以外，乘客还要给15%～20%的小费

出行使用洛杉矶地铁卡

　　在洛杉矶可以使用洛杉矶地铁卡乘坐地铁，可在地铁站人工或机器自动售票处购买。机器自动售票处可选中文语言服务，可以用硬币、纸币、信用卡和储蓄卡付账，可购买一次性使用的单程卡、次数卡、日卡、周卡或月卡。

洛杉矶地铁图：www.metro.net/interactives/gmaps/go_metro

洛杉矶地铁卡简介		
种类	价格	介绍
单程卡	1.75美元	不可转乘
次数卡	1.75美元	2小时内可以转乘一次
日卡	7美元	1天内地铁可以不限次数乘坐
周卡	25美元	7天内地铁可以不限次数乘坐
月卡	100美元	30天内地铁可以不限次数乘坐

TIPS 洛杉矶的地铁包括红线、紫线、蓝线、绿线、金线、橙线、银线及博览线这8条不同的线路，覆盖洛杉矶的任何地区。运营时间从凌晨4:00至午夜为止，65岁以上老人、儿童和残疾人享受超过五折以上的价格优惠；洛杉矶地铁运行间隔时间较大，为15～25分钟一趟，如果有急事建议打车。

洛杉矶玩点速览+线路推荐

玩点速览

好莱坞环球影城

　　好莱坞环球影城（Universal Studios Hollywood）位于洛杉矶市的西北部，是唯一一个集电影、电视拍摄片场为一体的主题公园，也是洛杉矶的城市标志。环球影城为游客展现了一个完整的电影制作产业，这里不但有红地毯走秀，还有各种超级英雄、动画人物、魔幻人物和游客一起合影。不仅如此，游客在还可以体验大多数经典电影的拍摄场景和观看电影如何制作，还有大量真人娱乐项目和表演。

旅游资讯

🏠 100 Universal City Plaza,Universal City,CA 91608

📞 800-8648377

📍 1.好莱坞环球影城位于好莱坞与圣费尔南多谷之间，紧靠好莱坞101号高速公路，自驾车在 Universal Studios Boulevard 出口处驶出可到；从Anaheim前往，沿5号高速公路向北至 101号高速公路，再向北在Universal Studios Boulevard出口处驶出可到

2.搭乘地铁红线，在Universal City 站下车，然后步行几分钟，或是搭乘乐园免费接驳车即可到达正门

🕐 每天开放时间不同，一般为9:00或10:00开园，17:00～21:00闭园

💲 每天票价不同，1日票为95～115美元，2日票119美元起；Front of the Line票（可跳过长队）为189～239美元

📶 www.universalstudioshollywood.com

TIPS 1.可在网上提前购票，这时你将会有机会买到特价票，网上购票需凭有效身份证件（国外游客凭护照）到环球影城服务中心领票。

2.停车费一天需要17美元，如果看了电影可凭电影票只交5美元的停车费。

3.进入环球影城，游客需要进行严格的安全检查，收录指纹，而且很多东西不可以带入园内，只能携带单瓶的水（未开封）或者婴儿食品和水果。已经开封的饮料、矿泉水、冷饮、零食、大袋的食物一概不可以带入。园内有商店、礼品店和餐馆，建议入园前不要带吃的、喝的，入园以后再买。

4.园内虽然除了馆内，其余地方都是露天的，但是一概禁止吸烟，吸烟需要到特定的吸烟区域才可以。

5.如遇到雷雨天气，游客可以在当天闭园之前到游客服务中心办公室请求门票延期，可在之后的30天内任意时间免费重游。

迪士尼乐园

迪士尼乐园（Disneyland）位于大洛杉矶地区的东南部，是世界最著名的主题乐园之一，离洛杉矶市中心大概50分钟车程。这是由动画片大师沃尔特·迪士尼创办的第一座迪士尼乐园，经过几十年的扩建，如今虽然规模还比不上奥兰多的迪士尼乐园总部，但也是一座很让人惊叹的主题公园了。这里能给游客提供最新的娱乐体验，还有大量的冒险项目、另类的主题园，让人回味无穷，不禁感叹迪士尼的魔力。

旅游资讯

🏠 1313 Disneyland Dr,Anaheim,CA 92802

📞 714-7814565

📍 由市中心Figueroa St.搭MTA460号公交车约2小时；自驾车则从市中心往5号公路Santa Ana Free Way南下在Harbor Blvd.下交流道即可，所需时间为50分钟。如果是自驾前往，在到达停车场之后，可乘坐迪士尼乐园的摆渡车去大门，摆渡车是收费的（凭门票可以免费搭乘）

🕐 每日开放时间不同，一般8:00开园，22:00～24:00闭园

💲 每日票价不同，成人1日票95～119美元；2日票（1日1园）约195美元，2日票（1日多园）约135美元

📶 www.disneyland.disney.go.com

> **TIPS** 在迪士尼乐园内不可以使用自拍杆；同时在网上可以买到很多有折扣的特价票，你可以直接在网站上查询"Disneyland Discount Tickets"。同时也有很多打折票会在其官网上放出。

圣莫妮卡海滩

　　圣莫妮卡海滩（Santa Monica Beach）是洛杉矶最著名的海滩之一，提到洛杉矶海滩，大多数人第一时间就会想到圣莫妮卡。该海滩位于66号公路的尽头，在这里不但有很多帅哥美女在享受美好的日光浴，还拥有洛杉矶最大的码头嘉年华。海滩上有众多收费娱乐项目可供游客参与，比如海盗船、过山车等；还有很多免费的娱乐项目，比如打沙滩排球、冲浪，这都是不错的游玩选择。如果玩累了，圣莫妮卡随处都有美食餐馆、书店、画廊等，可供游客休息游览。

旅游资讯

🏠 401 Santa Monica Pier,Santa Monica,CA 90401

📞 310-4588901

📍 在66号公路的尽头，搭乘去菲伯利赫尔兹的434路MTA公交车或在邮里昂的长途汽车站乘坐10号 Big Blue Bus（大蓝巴士）可到，所需时间为50分钟。也可在洛杉矶国际机场乘3号 BigBlue Bus（大蓝巴士）前往

🕐 全天开放

💲 免费

📶 www.santamonica.com

TIPS 对于自驾前往圣莫妮卡海滩游玩的朋友，停车费要在这里重点提一下。圣莫妮卡城中的停车费很贵，分别是12美元和8美元两种。海滩边的停车场是每小时2美元，每天不超过10美元。推荐的方式是海滩旁边几条街是有Parking Structure 1~9的，用GPS定位一下就好了，也可用谷歌地图，价格是90分钟内免费，90~150分钟收1美元，之后每30分钟收1.5美元，最高收14美元停止，这个价格相对来说就划算很多，只是需要走20分钟左右前往海滩。

盖蒂中心

　　盖蒂中心（Getty Center）位于洛杉矶西北的圣莫妮卡山脚下，是一座能够俯视洛杉矶全景的艺术中心，由世界建筑大师理查德·迈耶（Richard Meier）设计。它由一座外观很现代化的美术博物馆、艺术研究中心和一座花园组成，美术馆内收藏着大量的14~19世纪的艺术大师的真迹，从路易十四到拿破仑时代的服装，文艺复兴时代的家具、雕塑以及中世界拜占庭的书卷手稿，让人叹为观止。同时，这里的建筑风格也让全世界的建筑设计师顶礼膜拜。

旅游资讯

🏠 1200 Getty Center Dr,Los Angeles,CA 90049

📞 310-4407300

📍 推荐自驾，从市区驱车往西行驶，到加州405号州际高速公路后向北行驶可到

🕐 周二至周五、周日10:00~17:30，周六10:00~21:00；周一不开放

$ 免费

📶 www.getty.edu

TIPS 这里的门票虽然免费，但是停车收费，停车费为15美元，15:00以后10美元，但是如果准备一天之内游览完盖蒂中心和别墅，那么两个停车场可以只收一次停车费，前提是你需要前往盖蒂别墅的服务中心领取优惠券。

格利菲斯天文台

整个天文台坐落于好莱坞的山顶，视野开阔，是世界上著名的天文台之一。这里的天文台科学展示厅（Hall of Science）内有许多展出的天文、物理方面的知识图片。此外，天文台上还有一座巨型天文望远镜，可供游客探索星空的奥妙。从白天到夜晚，这里的都景色都特别漂亮，尤其在夜幕降临时，登临天文台俯视着整个洛杉矶的万家灯火，你会彻底沉醉其中。格利菲斯天文台（Griffith Observatory）作为洛杉矶的地标之一，是每一个来到洛杉矶游玩的人不可错过的景点。

旅游资讯

- 🏠 2800 E Observatory Rd.,Los Angeles,CA 90027
- 📞 213-4730800
- 📍 DASH至Vermont Ave. & Commonwealth Canyon Dr.站
- 🕐 周二至周五12:00～10:00，周六至周日10:00～22:00；周一不开放，新年等公众假日不开放
- 💲 免费
- 📶 www.griffithobservatory.org

比弗利山庄

比弗利山庄（Beverly Hills）号称"全世界最尊贵住宅区"，每年都吸引大量的游客前来，是洛杉矶著名的城中城。众多的好莱坞明星、NBA球星、金融巨鳄、硅谷英豪和著名艺术家，纷纷在这里购置房产。比弗利山庄占地面积约15平方公里，人口约3.5万，因此在这里的游览不会太拥挤。这里著名的罗迪欧大道，包含了所有的一线奢侈品品牌以及南加州最名贵的商铺，每一家商铺都有自己独特的建筑风格，内部装饰的金碧辉煌，是世界上最著名的购物街区之一。

旅游资讯

- 🏠 444 N Rexford Dr Beverly Hills,USA
- 📞 310-2882244
- 📶 www.beverlyhills.org

TIPS 在这里有6条不同的观光大巴线路可供游客乘坐，随上随下。其中一条线路的大巴，可以带领你去认识各个大明星的豪宅，并有专人讲好莱坞的各种故事和八卦传闻，成人票价60美元，儿童票价40美元。

斯台普斯中心

斯台普斯中心（Staples Center）是洛杉矶市中心的一座多功能体育馆，在这里举办的活动十分丰富，包括NBA篮球赛、WWE、各种演唱会等。这里是洛杉矶湖人队的主场，也是洛杉矶湖人队球迷朝圣的地方，不过随着科比的退役，洛杉矶湖人队虽然关注度大不如前了，但是斯台普斯中心依然是NBA球迷来到洛杉矶游览必来的地方。

旅游资讯

🏠 1111 S Figueroa St.,Los Angeles,CA
📞 213-7427100
📍 乘坐Metro Bus 30号、81号、439号、442号、460号在12街下车，步行10分钟可到
🕐 平时10:00～18:00；周末比赛日10:00至比赛开始前0.5小时，无比赛日休息
💲 普通票成人、儿童均100美元左右。VIP票300美元左右，也可以到网上预定比赛的家庭套票
📶 www.staplescenter.com

TIPS 洛杉矶湖人队的球票可以在官网预订，也可以比赛开始前在球场的BOX OFFICE购买，价钱一样。如果是自驾前往，在重要比赛开始之前，球场周围市中心交通会陷入瘫痪，建议提前在球场周围停好车。

好莱坞杜莎夫人蜡像馆

位于好莱坞大道上的杜莎夫人蜡像馆（Madame Tussauds Hollywood）好莱坞分馆，由于其地理位置独特，以及重要的文化意义，一直是游客最热衷的景点之一。杜莎夫人蜡像馆里收藏着各种世界著名人物的蜡像，而且蜡像做得惟妙惟肖，很多游客也喜欢在这里与之合影留念。另外，在蜡像馆门口会看到很多的电影中的人物模仿者，如蜘蛛侠、变形金刚、蝙蝠侠等，他们都争相和游客合影以赚小费。

旅游资讯

🏠 6933 Hollywood Blvd,Hollywood,CA 90028
📞 323-7981670
📍 乘巴士或地铁在Hollywood & Highland站下车，徒步1分钟到达
🕐 开放时间时常有变动，周一至周五10:00～19:00，周六至周日10:00～22:00
💲 网络购票成人20.99美元，4～12岁儿童16美元，4岁以下儿童免费（包括基本门票与4D电影）
📶 www.madametussauds.com

六旗魔术山乐园

六旗魔术山乐园（Six Flags Magic Mountain）是美国除了迪士尼乐园以外的另一个很著名的游乐园，以惊险刺激的游玩项目为主。六旗拥有众多令人眼花缭乱的云霄飞车和过山车，网上排名最刺激的过山车大多数都出自于这里。比如这里有世界最大的白色飞车巨物（Colossus），时速约144公里，刺激无比，能让你体验冲刺的快感，也能让你体验到自由落体的感觉。除此之外，园内还有蝙蝠侠飞车（Batman theRide）和雷霆飞船（Roaring Rapids）等，绝对能给你带来一种让你飞的感觉。

旅游资讯

🏠 26101 Magic Mountain Pkwy,Valencia,CA 91355

📞 661-2554100

🕐 每日开放时间不同，一般为10:30开园，18:00~21:00闭园

💲 Magic Mountain1日票成人79.99美元，身高约1.2米以下儿童54.99美元，2岁以下儿童免费；Hurricane Harbor1日票成人41.99美元，身高约1.2米以下儿童33.99美元，2岁以下儿童免费；网上购票有优惠

📶 www.sixflags.com

> **TIPS** 由于乐园内的各种项目过于刺激好玩，很多人真得会玩的吐出来。虽然园内的免费医护人员随时会帮助你，但是还需量力而行。有心脑方面疾病的游客还是尽量避免去体验刺激项目，而且也不要穿拖鞋等，这样当你玩每个项目都会要求脱鞋，眼镜也会被摘下来，这些都是需要注意的。

好莱坞星光大道

好莱坞星光大道（Hollywood Walk of Fame）是一条沿好莱坞大道和滕街伸展的人行道，目前为止，星光大道上有2500多个镶有好莱坞商会追赠的带有名人姓名的五星型奖章，用来纪念他们对娱乐业的贡献。游客在这里不但能找到自己偶像的手印，还可以找到很多著名的美食餐馆和特色商铺。

旅游资讯

🏠 Hollywood Blvd,Los Angeles,CA 90028

📞 323-4698311

🕐 乘坐地铁红线至Hollywood/Highland Station 站下车即可；乘坐公交车180/181、212/312、217、222、780、DASH Hollywoo路至Argyle Ave. Hollywood Blvd.站下车，步行5分钟到达

🕐 全天开放

💲 免费

📶 www.walkoffame.com

马里布海滩

马里布海滩（Malibu Beach）是洛杉矶一处十分有特色的海滩，这里居住着比比弗利山庄更多的电影明星和制片人。相比之下，这里没有圣莫妮卡海滩的喧嚣，也没有威尼斯海滩的浮华，但是这里自由开阔的感觉让人觉得印象深刻。极目远眺海天一色的地方，海鸥在迎风飞翔；背靠着怪石嶙峋的悬崖，面对着辽阔的大海，整个人都会觉得心旷神怡。

旅游资讯

- 🏠 23000 Pacific Coast Hwy,Malibu,CA 9026
- 📞 888-3107437
- 🕐 全天开放
- 💲 免费
- 📶 www.malibucity.org

曼哈顿海滩

曼哈顿海滩（Manhattan Beach）距离圣莫妮卡海滩不远，但是人相对要少很多，也比较安静，这也是更多富商和明星喜欢来这里的原因。在沙滩上可见打沙滩排球以及晒太阳的人。不过，如果要下海游泳的话需注意安全，因为这里的海浪比别的海滩要大一点，在这里玩完，可以去沙滩后面的那条街逛逛，那里有很多小商店。

旅游资讯

- 🏠 2 Manhattan Beach Blvd,Manhattan Beach,CA 90266
- 📞 888-3107437
- 🕐 全天开放
- 💲 免费
- 📶 www.citymb.info

加州1号公路

加州1号公路（California State Route 1）是美国最著名的公路之一，选择去美西自驾的朋友，几乎都会选择走这条公路。1号公路南起点位于桔城附近Dana Point的5号洲际公路，北起点位于美国101高速公路门多西诺城附近，其沿西海岸延伸，是一条非常不错的海景高速公路，也是游玩加州决不能错过的景点之一。

旅游资讯

- 🏠 California State Route 1

线路推荐

DAY *1*

罗迪欧大道➡比弗利山庄➡盖蒂中心

- **罗迪欧大道** / 漫步游览罗迪欧大道
- **步行进入比弗利山庄，约20分钟**
- **比弗利山庄** / **游览**世界上最好的住宅区之一的比弗利山庄
- **乘车前往盖蒂中心，约35分钟**
- **盖蒂中心** / 游览欣赏盖蒂中心内丰富的艺术品

DAY *2*

好莱坞环球影城➡好莱坞星光大道

- **好莱坞环球影城** / 体验各种娱乐项目
- **乘地铁前往星光大道，约15分钟左右**
- **好莱坞星光大道** / 结束环球影城之旅后，可以在这里逛逛，吃晚餐

DAY *3*

格利菲斯天文台→圣莫妮卡海滩

- **格利菲斯天文台** / 前往格利菲斯天文台游玩，并观赏洛杉矶的美景
- **乘车前往圣莫妮卡海滩，约1.5小时**
- **圣莫妮卡海滩** / 游览圣莫妮卡海滩，观赏这里的美景并在这里吃晚餐

洛杉矶高性价比住宿地推荐

美国第二大城市洛杉矶，人口众多，住宿地也不少，想在这里找到性价比高的住宿地并不难，因为这里的民宿同样也很多。只要你想去洛杉矶，住永远不是问题，下面给大家推荐几个性价比高的住处。

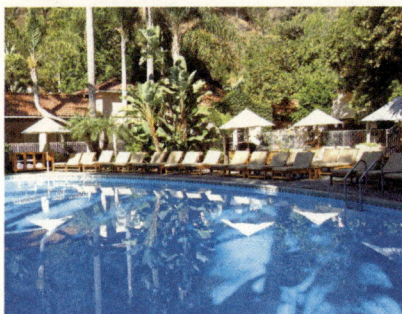

住宿地推荐

高性价比酒店推荐				
名称	地址	网址	参考价格	亮点
Holly-wood City Inn	615 North Western Avenue, Hollywo-od,LA	www. hollyw-oodcit-yinn.net	标准特大号房109美元，双人间119美元	客人可以享用室外游泳池，还有免费欧陆式早餐，好莱坞环球影城和好莱坞星光大道等景点距离这里仅几分钟，距离格利菲斯天文台也只有几步之遥
Saharan Motor Hotel	7212 Sunset Boulevard, Hollywood, LA,CA 90046	www. sahara-nhotel. com	特号大床房91.75美元，双人间116.9美元	这家汽车旅馆位于好莱坞日落大道上，距离好莱坞环球影城仅有6.1公里，设有室外游泳池

名称	地址	网址	参考价格	亮点
Walk of Fame Hostel	6820 Hollywood Blvd Los Angeles,CA 90028	walkoffame-hostel.com	经济双人间120美元，八人间一张床位38美元，六人间一张床位43美元，四人间一张床位48美元	这家旅舍位于中心地带，距离杜比剧院和中国剧院有不到1分钟的步行路程，距离好莱坞环球影城仅有1站地铁车程，距离洛杉矶国际机场20公里
Extended Stay America-Los Angeles-LAX Airport	6531 South Sepulveda Boulevard, Los Angeles, CA 90045	www.extendedstayamerica.com	大号床一室公寓121.49美元，双床一室公寓135.49美元	其是专门为长期住宿的客人使用。所有客房均提供设施齐全的厨房，且每间厨房均配备有炉灶、微波炉和冰箱。酒店亦在每间客房提供洗衣设施、熨烫设施以及饮用水
Stay on Main	640 S Main St.,Los-Ang-eles,CA 90014	www.stayon-main.com	大床房80.1美元，双床房80.1美元	该酒店每天早晨提供欧陆式早餐，内部设有带各种游戏的Play Station游戏机以及覆盖大堂的免费Wi-Fi，大堂内还设有自动取款机，24小时前台提供礼宾服务和旅游信息

洛杉矶百里挑一的经济餐

洛杉矶是一个典型的多民族聚居的国际性大都市，在这里你能品尝到各种各样的美食，每个国家每个民族的美食在这里得到了重新升华，且很多餐馆的食物不但价格经济实惠，而且美味，大家除了可以看我们给你推荐的餐馆，也可以下载一个名为Yelp的手机APP软件去搜索。

寻找经济餐的好去处

In-n-Out汉堡

In-n-Out汉堡（In-n-Out Burger）是加州当地特有的汉堡连锁店，被称为最健康、最便宜的美食。这里不但有美味的汉堡，还有又香又脆且不油腻的薯条，这家店虽然只有3种食物，即汉堡、薯条和饮料，但是汉堡有一个秘密菜单，如果你问服务员要了这个菜单，他们将会为你制作任何你想要的汉堡。这里绝对是你品尝经济餐的一个好去处，人均消费10～15美元。

旅游资讯

🏠 9245 Venice Blvd,Los Angeles,CA 90034,United States
📞 800-7861000
🕐 周一至周四、周日10:30至次日01:00，周五至周六10:30至次日01:30
📶 www.in-n-out.com

滋味成都

滋味成都（Chengdu Taste）是洛杉矶地区比较出名的一家中餐馆，颇受当地人欢迎。这里以供应川菜为主，宗旨是"还原老成都口味"，其食物口味普遍比较麻辣。这家餐馆面积不太大，但是人气很旺，每天都有排队点餐的人群，在饭点前来用餐建议做好排队的心理准备，或者提前赶到，人均消费5～25美元。

旅游资讯

🏠 828 W Valley Rd. Alhambra,CA 91803
📞 626－5882284
📍 搭乘公交车76路至Valley / 8th站下
🕐 11:00～23:30

新港海鲜

新港海鲜（Newport Seafood Restaurant）是一家位于洛杉矶本地的亚洲海鲜餐馆，其菜式融合了越南、柬埔寨、泰国、马来西亚等东南亚菜式的口味，且分量足，价格也经济实惠，受到了当地人和游客的喜爱。特别是中午，还有"特价午餐"来供大家选择，这里人气也很旺，来这里就餐需做好排队的准备，人均消费15～30美元。

旅游资讯

🏠 518 W.Las Tunas Drive San Gabirel,CA 91776

📞 626-2895998

📍 搭乘公交车至Las Tunas / Santa Anita站下

🕐 周日至周四11:30～21:30，周五、周六 11:30～22:00

📶 www.newportseafood.com

Water Grill

Water Grill是一家坐落于圣莫妮卡海滩的餐馆，这里不但有烧烤，还有很多海鲜和各色美食供应。这里不仅服务周到，而且店里的装修也非常讲究，在靠窗口的位置能直接看到圣莫妮卡海滩的美景，这里接受预订，提供Wi-Fi，人均消费约58美元。

旅游资讯

🏠 1401 Ocean Ave. Santa Monica,CA 90401

📞 310－3945669

🕐 周一至周四、周日 11:30～23:00，周五 至周六 11:30～24:00

📶 watergrill.com

Hokkaido Seafood Buffet

这是一家海鲜自助餐，而且厨师大部分是华人，你可以直接用中文交流。这里有大量的海鲜、寿司和传统的美式食物，不但量足，食材也还算比较新鲜。主要食材有生蚝、小龙虾、龙虾等，这里人均午餐12美元，晚餐18美元，饮品另外算钱，接受预订而且有Wi-Fi。

旅游资讯

🏠 10850 W Pico Blvd Unit 2 Los Angeles,CA 90064

📞 310－4758181

🕐 周一至周四 11:00～21:00；周五 11:00～22:00；周六11:30～22:00；周日11:30～21:00

📶 www.newportseafood.com

洛杉矶本地人爱去的购物地

本地人爱去的购物街

圣莫妮卡第三街

　　位于圣莫妮卡海滩不远处的圣莫妮卡第三街（Santa Monica 3rd St.），是圣莫妮卡海滩周围很好的一个步行购物街。整条街区不但很有异域风情，且存在了超过80家中上等品牌的商铺，还有大量的年轻人喜欢的咖啡馆、小商店和电影院，同时还有各种艺人表演，在游完泳以后，傍晚来这里逛逛，也是不错的选择。

旅游资讯

🏠 3rd St.,Santa Monica,CA90210
🕐 10:00～21:00
📶 www.santamonica.com/shopping

环球影城步行街

　　环球影城步行街（Universal City Walk）是环球影城的配套步行街，也是一条露天的步行街。这里有很多美国的一二线的品牌店，除此之外，还有很多好莱坞的特色商店和礼品店，店内有各种超级英雄电影的纪念品，还有很多限购版的电影道具。如果你是一个影迷，这里一定可以满足你的所有需求。

旅游资讯

🏠 1000 Universal City Dr
📞 818-6224455
🕐 周日至周四11:00～21:00，周五至周六11:00～23:00
📶 www.citywalkhollywood.com

Melrose

　　位于西好莱坞的Melrose，是一条很特别的购物街，在其他城市很难看到，因为它是一个全世界的潮人潮店进货的地方。这里有卖各种新潮、时尚、奇特的商品，而且时不时还能碰到一些明星前来淘货。如果到了这里，你会马上融入其中，一定可以找到自己心仪的商品和礼物。

🏠 Melrose,Los Angeles

🕐 多数店铺为11:00～17:00

本地人爱去的购物中心

比弗利中心

　　比弗利中心（Beverly Center）是南加州地区首屈一指的购物中心，位于比弗利山脚下。这里绝对是购买奢侈品的好地方，有超过160家商店，配套设施齐全，美食休闲全能解决。这里还提供中文和西班牙语的服务，还有从酒店到比弗利中心来往的穿梭巴士，不买的话，来参观一下，也是不错的选择。

旅游资讯

🏠 8500 Beverly Blvd,Los Angeles,CA 90048

📞 310-8540070

🕐 周一至周五10:00～21:00，周六10:00～20:00，周日11:00～18:00

📶 www.beverlycenter.com

棕榈泉奥特莱斯

　　这里是洛杉矶地区最大的一家奥特莱斯，有超过120家的商铺，包括大量的世界一级品牌和大量的中上等品牌的直营店，基本上你能想到的大品牌或者常规品牌都能找到。其虽然没有纽约的伍德柏瑞奥特莱斯那么大，但是在西海岸也算商品相当齐全的一家奥特莱斯了。距离洛杉矶市区大概2小时车程，每天全场最低折扣3～5折。

旅游资讯

🏠 48400 Seminole Drive Cabazon,CA 92230

📍 推荐自驾，毕竟没有可行的公共交通，官网推荐了一家往返接送车（Shuttle），当天往返每人95美元，网址是www.supremetours.net/outlet_stores_shuttles

🕐 周一至周五10:00～21:00，周六9:00～21:00，周日10:00～20:00

📶 www.premiumoutlets.com

卡马里奥奥特莱斯

这是洛杉矶南部的一家极大的奥特莱斯（Camarillo Premium Outlets），店铺数量超过棕榈泉奥特莱斯，其内部设有160多家商铺，但是折扣没有棕榈泉奥特莱斯多，只是商品设计比较独特，每天的折扣也维持在25%～65%。这里配套设施完善，提供语言对照表、轮椅借用、礼品卡等各项服务。

旅游资讯

🏠 740 East Ventura Boulevard,Camarillo,CA 93010
📞 805-4458520
📍 无直达公交车路线，可乘Metro Link到Camarillo站下车后，打车至Outlets；或乘各种大巴（如灰狗巴士）到达Oxnard下车后，打车至Outlets
🕐 周一至周六10:00～21:00，周日10:00～20:00
📶 www.premiumoutlets.com

好莱坞高地中心

好莱坞高地中心（Hollywood & Highland Center）是融娱乐、购物、美食为一体的商业中心，位于洛杉矶的中心区域。它包括了大量洛杉矶著名的地方，如杜比剧院、硬石餐厅等，还有大量的一线奢侈品和大众品牌。在此逛累了后，还可以坐下来喝一杯咖啡。

旅游资讯

🏠 6801 Hollywood Blvd #170,Los Angeles,CA 90028
📞 323-8170200
🕐 5:00至次日0:45
📶 hollywoodandhighland.com

TIPS 1.对于自驾来这里的朋友来说，停车是一个问题，因为停车位较少，这里虽然是洛杉矶的核心区域，停车费却非常便宜，只要在这里购物、吃饭，只需2美元就可以停车长达2小时。有些地方例如剧场2美元可以停车4小时，超时后每15分钟1美元，每日最高收费13美元。周四至周六22:00以后10美元，停车场全天开放。

2.大象卡（The elephant card）是好莱坞高地中心的优惠卡，持大象卡在高地中心的餐厅、娱乐场所、购物点消费时，可享受一定的折扣价格，非常划算。但是该卡需要在线注册，网址是s429717078.onlinehome.us/elephant-card-sign-up。

格罗夫购物中心

格罗夫购物中心（The Grove）是洛杉矶一家融购物、美食、娱乐为一体的购物中心，这里和大量的综合购物中心一样，各种配套设施都比较齐全。比较有特色的是它旁边就是农贸市场，这是很多购物中心不具备的。商场内不但提供Wi-Fi，还提供包括中、韩、西、法、德5种语言的翻译服务，在这里你不但能买到服饰鞋子，还可以买到家居用品、电子产品等。

旅游资讯

🏠 189 The Grove Dr,Los Angeles,CA 90036

📞 323-9008080

📍 搭乘公交车16/316路至3rd/Ogden站下

🕐 周一至周五、周日10:00~21:00，周六10:00~22:00

📶 www.thegrovela.com

城堡奥特莱斯

城堡奥特莱斯（Citadel Outlets）是洛杉矶地区唯一处于市区的奥特莱斯，由洛杉矶市中心向南驾车10分钟左右可到，距离洛杉矶国际机场也只有约30分钟的车程，但是这里规模较小，只有110多家店，不过商品折扣价格还是不错的，商品每日3~7折的优惠，而且每日有往返酒店就送游客的班车，如果不想花费时间的话，来这里购物是一个不错的选择。

旅游资讯

🏠 100 Citadel Drive #480,Los Angeles,CA 90040

📞 323-8881724

📍 自驾或者乘坐班车。班车往返洛杉矶市中心主要的酒店之间。其中一个接送点位于L.A.LIVE的JW万豪酒店，12:30发车，17:30返回酒店；另一个接送点位于博纳旺蒂尔威斯汀酒店，12:40发车，17:30返回酒店。往返成人票14美元，儿童（4~12岁）5美元

🕐 10:00~21:00

📶 www.citadeloutlets.com

圣莫妮卡广场

位于圣莫妮卡海滩不远处的圣莫妮卡广场（Santa Monica Place），汇集了高档的商店、餐馆及休闲场所。这里的店铺设计不但风格独特，而且很有气质，游客从圣莫妮卡广场直接能步行到海滩，与此同时，这里也是好莱坞电影里经常取景的经典景点之一，整个广场的装饰犹如海洋一般有活力。

旅游资讯

🏠 395 Santa Monica Blvd,Santa Monica, CA

📞 310-2608333

📍 搭乘公交车1、4、7、534、720、R7路至Broadway Wb & 3Rd Fs站下

🕐 周一至周六10:00～21:00，周日11:00～20:00

📶 www.santamonicaplace.com

本地人爱去的特色市场

洛杉矶农夫市场

　　洛杉矶农夫市场（Farmers Market）建于1934年，是洛杉矶最佳的融购物、娱乐、餐饮为一体的场所之一。虽然这里有很多餐馆、电影院等设施，但是还是以出售家庭用品、新鲜的食物和瓜果蔬菜为主，还有一些小商品出售，在空闲的时候你可以来这里逛逛，很有意思。

旅游资讯

🏠 6333 W 3rd St.,Los Angeles,CA 90036

📞 323-9339211

🕐 周一至周五9:00～21:00，周六9:00～20:00，周日10:00～19:00

📶 www.farmersmarketla.com

洛杉矶中央市场

　　洛杉矶中央市场（Grand Central Market）是洛杉矶最古老的水果蔬菜市场，对于来到洛杉矶并住在民宿且是自己做饭的穷游族来说，这里是一个采购食材的好地方。其拥有50多家商铺，可以买到蔬菜、水果、鸡鸭鱼肉、海鲜等新鲜的食材。

旅游资讯

🏠 317 S Broadway,Los Angeles,CA 90013

📞 213-6242378

📍 乘坐地铁红线在Pershing Square 站下车

🕐 8:00～10:00

📶 www.grandcentralmarket.com

圣莫妮卡海鲜市场

　　圣莫妮卡海鲜市场（Santa Monica Seafood Market）就位于圣莫妮卡海滩旁边，虽然海滩周围有很多高档昂贵的餐馆，但是这里是一个例外，其一半是海鲜超市，一半是小餐馆，游客可以用比较实惠的价格，买下新鲜的海鲜食材，同时在小餐厅里也可以吃到新鲜的食物，跟附近的餐馆比起来，要便宜一半左右。

旅游资讯

🏠 1000 Wilshire Blvd,Santa Monica,CA 90401

📞 213-3935244

🕐 周一至周六9:00～21:00，周日9:00～20:00

📶 www.santamonicaseafood.com

The Melrose Trading Post

这个跳蚤市场位于Fairfax高中内部，在学校外面会有一些指示标引导游客入内，门口处也会有大量的人排队。这里有大量的二手货和本地艺术家、匠人售卖的家具和绘画，包括老磁带、唱片和照片。市场内还有一块区域是专门作为配套场所让本校学生售卖饮料和食物的。

旅游资讯

🏠 7850 Melrose Ave.,Los Angeles,CA 90046

📞 323-6557679

🕐 每周日9:00～17:00

$ 3美元

📶 melrosetradingpost.org

Long Beach Outdoor Antique & Collectible Market

这是洛杉矶最著名的跳蚤市场之一，位于长滩市，每次都会有超过200个商铺参加，而且会有很多家庭出售自己家里的东西，还有大量精美的二手货、手工艺品出售。商品性价比也很高，是一个淘宝的好去处。

旅游资讯

🏠 Long Beach Antique Market,4901 E. Conant St.,Long Beach,CA 90808

📞 323-6555703

🕐 每个月第三个周日6:30～15:00

📶 www.longbeachantiquemarket.com

玫瑰碗跳蚤市场

玫瑰碗跳蚤市场（Rosebowl Swapmeet）是美国最大的跳蚤市场之一，也是洛杉矶当地很著名的一个跳蚤市场。在这里不仅能淘到二手货，如果运气好的话或许真的可以淘到不为人知的宝贝。相传世界上第一个从圆明园流失的十二生肖的兽首就曾经在这里被发现。

旅游资讯

🏠 1001 Rose Bowl Dr,Pasadena,CA 91105

📞 323－5607469

🕐 每个月的第二个周日9:00～15:00

$ 5美元

📶 www.rgcshows.com

洛杉矶不花钱的娱乐活动

洛杉矶是一座充满艺术和文化气息的城市，游客在这里可以免费参加很多节庆活动和游行活动，同样可以了解这个城市的文化，让自己更加快速地融入这座城市，还能更加丰富自己的穷游之旅。

免费且丰富的娱乐活动

Downtown Art Walk

Downtown Art Walk是每个月都会在洛杉矶市中心举办的艺术活动，活动当天会在洛杉矶市中心的画廊举办非常多的艺术活动，游客可以在这一天免费欣赏到大量的艺术作品。而且当天还有很多艺术爱好者集中在这里，你将有机会认识很多同样喜爱艺术的朋友。

旅游资讯

- 🏠 411 South Main Street,Los Angeles,CA
- 🕐 每月第二个周四12:00～22:00
- 📶 downtownartwalk.org

Runyon Canyon Park

Runyon Canyon Park位于好莱坞，有着优美的自然风景，是洛杉矶地区最著名的徒步线路之一。在洛杉矶地区，如果有空的话可以自己带着食物和水来这里进行户外徒步活动，呼吸一下新鲜空气，也是一种不错的旅游方式。如果在这里遇到了某位明星来徒步，你也不要觉得奇怪，因为这里也是明星最爱来的徒步路线之一。

旅游资讯

- 🏠 2000 N. Fuller Ave.,Los Angeles,CA 90046
- 📞 323－6665046
- 🕐 全天
- 📶 www.laparks.org/dos/parks/facility/runyoncanyonpk

新年金龙大游行-中国城新年活动

新年金龙大游行-中国城新年活动（Chinese New Year Golden Dragon Parade）已经有100多周年的传统了，是洛杉矶历史最悠久的游行活动之一。该活动通常都在中国新年之后的第一个周末举行，来观看的不但有华人，还有大量的国外游客来看，其代表着华人为自己的民族习俗而庆祝的一个活动。届时，会有大量的花车游行，还有各种各样的乐队，如果你是在中国新年的时候来到洛杉矶旅游，这个活动可千万不能错过。

旅游资讯

🏠 Chinatown,LA
📶 www.chineseparade.com

巴莎堤娜花车游行

巴莎堤娜花车游行（Tournament of Rose Parade）是每年元旦美国西海岸最盛大的游行活动，通常在洛杉矶近郊巴莎堤娜市举办。每年的这个时候会有来自全美乃至世界的数十辆玫瑰花和各种花朵组成的大型花车游行，花车上会有各种各样的乐队，和大家一同狂欢。在游行结束后，还会举行玫瑰杯美式足球比赛。

旅游资讯

🏠 从 South Orange Grove 街北向（从 Ellis Street 开始）起，沿东向Colorado Blvd至 Sierra Madre Blvd，再转往 Sierra Madre Blvd 北向至 Paloma Street
🕐 每年元旦
$ 免费
📶 tournamentofroses.com

洛杉矶 ➡ 旧金山

来回交通

乘飞机

旧金山国际机场是旧金山本地唯一的大型机场，几乎所有飞往旧金山的国际航班和国内航班的飞机都会在这停靠，从洛杉矶到旧金山如果选择乘坐飞机一般约1.5小时，价格约68美元。

旧金山国际机场信息	
地址	San Francisco,CA 94128
电话	650-8218211
网址/二维码	www.flysfo.com
相关介绍	旧金山国际机场一共有4个航站楼，分别是3个国内航站楼和1个国际航站楼

机场至市区的交通		
交通工具	介绍	票价
BART地铁（BART SUBWAY）	BART地铁几乎覆盖了整个旧金山，正常运营时间为周一至周五凌晨4:00至午夜、周六凌晨6:00至午夜、周日和节假日8:00至午夜	单程1.85美元
摆渡车（Shuttle Bus）	很多大酒店都有到机场的摆渡车，要提前上网预订	具体价格根据商家距离而定
出租车（Taxi）	每个航站楼都会有出租车停靠点，每天7:00至凌晨1:00都会有工作人员帮你引导，凌晨1:00之后将不再有工作人员引导	起步价3.5美元，之后每增加1.6公里加收2.75美元，下车时需给15%~20%的小费

乘灰狗巴士

从洛杉矶灰狗巴士站开往旧金山灰狗巴士站的巴士用时约7小时40分钟，网上购票需20～37美元，站台购票需60～65美元。

洛杉矶灰狗巴士站信息	
地址	1716 East 7th Street,Los Angeles,CA 90021
电话	213-6298401
相关介绍	位于洛杉矶市中心地带，单独的就是灰狗巴士的站，不属于其他的巴士公司

旧金山灰狗巴士站信息	
地址	200 Folsom Street,San Francisco
电话	415-4951569
相关介绍	旧金山灰狗巴士公司的专属车站

TIPS 凭借学生证件购票可享受15%的折扣，车上有Wi-Fi。你也可以选择其他巴士，价格比灰狗巴士稍微便宜，但是不如灰狗巴士的公路网分布的广，Wi-Fi的信号也并没有灰狗巴士那么稳定。

乘Mega巴士

从洛杉矶去旧金山可以乘坐Mega巴士，价格相对来说比灰狗巴士稍微便宜一点，时间约7.5小时，票价5美元～41美元。

旧金山玩点速览

景 金门大桥

　　金门大桥（Golden Gate Bridge）是旧金山的地标性建筑，也是近代桥梁建造的一个奇迹，更是无数经典电影在旧金山的取景地。金门大桥全长2737.4米，高227.4米，连接了旧金山湾和金门海峡，大桥历时4年，耗费10万多吨钢材才建成，从远处看十分壮观，好似一个钢铁怪兽横亘在两个海湾之间，它是每个到旧金山的人必去的景点。

旅游资讯

🏠 Golden Gate Bridge Toll Plaza,San Francisco,CA 94129

📞 415－9215858

📍 推荐自驾前往，或者乘坐Golden Gate Transit的巴士线路72X、101X、2、4、8、10、18、24、27、38、44、54、56、58、70、72、74、76、80、92、101可到

🕐 全天开放

📶 goldengatebridge.org

TIPS 金门大桥两端都有供游客使用的停车场和观景台，而且大桥从北向南这个方向是需要收费的，每次7美元，从南向北并不收费。但是对于骑自行车和步行的人是完全免费的，并且南北两个朝向的景观也是完全不一样的。

景 渔人码头

　　渔人码头（Fisherman's Wharf）可以说是美国家喻户晓的一个景点了，它从旧金山北滩的Ghirardelli广场一直到35号码头一带，但是通常吸引游客最多、最热闹的要数第39号码头了，这里有各种的特色餐馆、艺术商店、街头表演、街头乐手等。从码头上朝大海望去，还可以看到著名的金门大桥、海湾桥、恶魔岛这些著名的地方。同时，这里也有很多购物中心、商场，甚至还有公园，随处可以看到骑单车、

跑步的人，还能看到很多渔船每天在这里来来往往，形成了一个融生活、娱乐、文化、美食为一体的独特景点。正因为如此，美国每年独立日晚上的烟花燃也放在这里进行。

旅游资讯

🏠 Pier 39 Concourse #2,San Francisco,CA 94133

📞 415-6747503

📍 一般坐BART地铁或者Muni在Embarcadero下，之后换乘F路Muni巴士（F-Market & Wharves），或者搭乘Muni巴士F、39、47路，Golden Gate Transit公交车72X、2、4、8、18、24、27、38、44、54、56、58、72、74、76路可到

🕐 全天

$ 免费

📶 www.fishermanswharf.org

TIPS 如果是自驾前往的人，可以在39号码头对面的免费停车场里取一张印有"免费停车2小时"字样的图册，凭此图册可以在渔人码头二层的游客中心领取免费停车票，然后就可以在这里免费停车了。

景 旧金山艺术宫

旧金山艺术宫（Palace of Fine Arts）建成于1915年，是为了1915年巴拿马太平洋世界博览会而建造的，它是为了庆祝巴拿马运河的竣工和体现地震后重建的市容而生。当时吸引了1800万游客来参观，但是博览会结束后就被废弃，直到1962年才请欧洲的设计师重新设计建造的。这座艺术宫是一座仿古罗马风格的建筑，在高楼大厦林立的美国，欧式的建筑并不常见，它的出现让这座城市除了拥有现代化的气息以外，多了一丝古香古色的艺术气息。

旅游资讯

🏠 3301 Lyon Street,San Francisco,CA 94123

📞 415-5676642

📍 可搭乘Muni巴士线路30X、28、30、41、43、45、91前往

🕐 6:00~21:00

$ 免费

📶 palaceoffinearts.org

景 恶魔岛

恶魔岛（Alcatraz Island）又名鹈鹕岛，因为"Alcatraz"是一个西班牙语单词，原意就是鹈鹕，又因以前岛上有大量的鹈鹕而得名。该岛是旧金山湾内的一座小岛，四面临深水，对外交通不便，早期岛上有一座灯塔，后来被美国政府由军事要塞改建成了一座关押重刑犯的监狱，这里关押过不少著名重犯，号称最难越狱的监狱，犯人即使逃出来也要通过许多暗流和鲨鱼遍布的水域，这里的一些恐怖传说也是后来吸引大量游客前来游玩的原因，同时也是著名电影《勇闯夺命岛》的重要取景拍摄地。

旅游资讯

🏠 1398 The Embarcadero,San Francisco,CA 94133

📞 415-9817625

📍 到达港口一般坐BART或者Muni在Embarcadero下之后换乘F路Muni巴士（F-Market & Wharves），或者乘搭F、8BX、8X路Muni巴士

🕐 因季节不同，确切价格以官网为准

$ 价格浮动，确切价格以官网为准

📶 www.alcatrazcruises.com

TIPS 想要去恶魔岛需要提前订票，否则几乎不可能在当天就可以登岛参观，提前订票且自行打印出来，然后到33号码头，乘渡轮10分钟就可以到达；而且游客进入以后可以领取一个语音导览器，有中文语音。

景 纳帕山谷

纳帕山谷（Napa Valley）是旧金山以北著名的葡萄酒之乡，以出产葡萄和葡萄酒而著名，其处在约48公里长、8公里宽的一条狭长丘陵地带，起伏的平原和温暖的早春，充足的阳光，都为葡萄的生长带来了近乎完美的条件。来到这里，你不但能看到成片的葡萄园，还能学习葡萄酒的酿制方法，买到极品而实惠的葡萄酒。

TIPS 这里的葡萄酒乃至整个美国的葡萄酒都很便宜，建议在这里买一些酒带回中国。

景 金门公园

位于旧金山市区内部的金门公园（Golden Gate Park），性质其实和纽约的中央公园一样，都是城市"绿肺型"的公园。在这里你能找到喧闹的市区中久违了的幽静和美好，这里除了可以骑马，还能看到大量的游人在这里滑冰、跑步、骑车。在公园中间还有一个大湖，你可以泛舟湖上。另外，在金门公园里还有另外3个景点，即日本茶园、加州科学院、笛洋美术馆，这都是值得一看的地方。

旅游资讯

🏠 Golden Gate Park,San Francisco,CA, USA

📍 乘坐21、33路公交车至Stanyan St & Hayes St.站下车

🕐 全天开放

💲 12.5美元，学生票5美元。船只每小时13~17美元，萨里式游览马车20美元，自行车8美元，内嵌式冰鞋6美元

📶 goldengatepark.com

景 双子峰

双子峰（Twin Peaks）是旧金山市内唯一的天然山峰，以可以360°眺望旧金山而著名。双子峰左边就是金门大桥，其为壮丽的市容添加了更壮观的一笔。这里因为夏季受海洋暖流的影响，经常起雾，同时也增加了美感。如果夜晚去，那么整个旧金山美轮美奂的夜景会整个出现在你的眼前，比起白天有过之而无不及。但是山上风大，记得带一件厚衣服哦。

旅游资讯

🏠 549 Twin Peaks Blvd,San Francisco,CA 94114

🕐 全天开放

💲 免费

景 旧金山中国城

这是美国最大、最早建立的华人聚居区之一，也是除了亚洲以外最大的华人聚居区之一，由19世纪来旧金山淘金的华人所建立，发展到现在已经有100多年的历史。中国城内已经形成了一套完整的生活体系，人们在这里完全能自给自足，有会讲中文的律师、银行、餐馆、超市、报社、学校等。这里有别于其他城市的中国城就是能看出古老的街道，和华人最早建立的中国式建筑，很有特色。

旅游资讯

🏠 Grant Ave. and Bush St.,San Francisco, CA 94101

📍 离Union Square不远，一般可以走过去，或者乘坐Muni38BX、1AX、81X、31AX、1BX、8AX、8BX、8X、31BX、38AX、1、2、3、30、45、91路公交车均可到达中国城

🕐 全天开放

💲 免费

景 旧金山亚洲艺术博物馆

旧金山亚洲艺术博物馆（Asian Art Museum）建于1966年，是旧金山地区首屈一指的艺术机构。馆内以收藏亚洲各国尤其是中国的文物为主，包括精美的瓷器、玉器、青铜器等。除此之外，还有很多亚洲各国的艺术展品，大量的展品甚至在本国的博物馆都不容易见到。

旅游资讯

🏠 200Larkin St.,San Francisco,CA 94102

📞 415-5813500

📍 乘BART地铁在市政中心站下

🕐 周二、周三、周日10:00~17:00，周四10:00~21:00，周一闭馆（春季和夏季开放）

💲 成人15美元，65岁以上老人和13~17岁学生凭证件10美元，周四17:00以后5美元，12岁以下儿童和会员免费

📶 www.asianart.org

购 旧金山渡轮大厦市场

旧金山渡轮大厦市场（Ferry Building Marketplace）位于旧金山东北部，以前是一个穿越旧金山湾的渡轮站，现在已经改建成一个当地的农贸品集市。渡轮大厦顶部是一座巨大的钟楼，在市场街上就可以看到，这是12世纪西班牙风格的建筑，在整点和半点，这座钟楼都会传出巨大悠扬的钟声。在市场里，有咖啡馆和餐馆，还有卖各色物品的商品，值得去看看。

旅游资讯

🏠 Market St. the Embarcadero,San Francisco,California 94111

📞 415-9838000

📍 乘坐轻轨E线、F线在The Embarcadero/Ferry Building站下即可

📶 www.ferrybuildingmarketplace.com

购 金银岛跳蚤市场

金银岛跳蚤市场（Reasure Island Flea Market）所在地本是美国军事基地，现在成为一个很地道的跳蚤市场。市场内出售的商品基本上全是二手货，但是看起来都很新，还有各种类型的商品，如服饰、手工艺品、家庭用具都会在这里交易，来这里的买家和卖家一般也都是各家庭成员，因而很容易淘到好东西。

旅游资讯

🏠 1 Avenue of the Palms,Treasure Island,San Francisco
📞 415-8980245
🕐 每个月最后一个周末
💲 3美元，12岁及以下儿童免费
📶 www.treasureislandflea.com

购 日本中心

日本中心（Japan Center）是旧金山的日本城购物中心，建立于1968年，由3个购物商场组成。这里有书店、餐馆、电影院等配套设施，是由日本著名建筑家山崎实设计的，非常有原汁原味的日本风情。这里主要出售大量的漫画、化妆品、服饰等日本原产的产品。最重要的是，这里的餐馆有很多是日本特色的拉面馆、寿司店等，让人即使没有去日本，也可以在这里体会到浓浓地日本风情。

旅游资讯

🏠 1625 Post.,San Francisco,CA94115 St
📞 415-4401171
📶 Japancentersf.com

娱 旧金山美食节

旧金山美食节（SF Dine about Town）是本地丰富的美食文化的综合体现，每年一共举行两次，一次在1月一次在6月。其中以6月这次最为重要，届时全城的100多家餐馆均向游客提供廉价、有折扣而美味的食物，不但有美食而且有美酒，还有一些其他的活动，如果你当时正好在旧金山旅游，那么就有口福了，好好体验一下旧金山的美食文化吧。

旅游资讯

🕐 6月1日至6月15日（以官网时间为准）
📶 dineabouttown.com

🍴 渔人码头街头小吃

来旧金山当然要吃一下当地的特色海鲜了，渔人码头街头小吃（Fisherman's Wharf Chowder and Crab Sidewalk Stands）是一个最不能错过的地方。这里的许多店家都会出售一种叫Sour Dough Bowl of Clam Chowder的海鲜浓汤，里面有土豆、奶油、海鲜，味道非常香醇、新鲜。除此之外，海蟹、各种鱼类、蛤蜊等海鲜，也是常见的美食。有喜欢吃美食的朋友千万不可以错过，这里人均消费11～30美元。

旅游资讯

🏠 200 Jefferson St.,San Francisco,CA 94133

🍴 蟹屋

蟹屋（Crab House）是渔人码头众多海鲜餐馆中的一个，只要你能想到的做蟹方式，这里都有，虽然价格略贵，但是味道相当好。而且这家餐馆面朝大海，临窗而坐，一边品尝海鲜，一边欣赏大海夕阳，也是一种相当不错的享受，这里人均消费25～40美元。

旅游资讯

🏠 203 C Pier 39, San Francisco,CA 94133
📞 415－4342722
📍 从渔人码头步行可到
🕐 11:30～22:00
📶 www.crabhouse39.com

洛杉矶 → 圣荷西

来回交通

乘飞机

从洛杉矶乘飞机前往圣荷西需要1小时20分钟，票价约112美元。不过，建议游客如果不是为了赶时间尽量不要选择乘飞机。

乘坐长途巴士

从洛杉矶前往圣荷西推荐长途巴士，乘灰狗巴士从洛杉矶到圣荷西约需7小时，网上购票20~36美元，在车站购票约58美元，越早购票越优惠，越晚越贵。

圣荷西灰狗巴士站信息	
地址	65 Cahill St.,San Jose,CA 95110
电话	866－7447479
相关介绍	位于圣荷西市中心地带的灰狗巴士站

圣荷西玩点速览

景 苹果总部

说起圣荷西大家首先想起的就是硅谷和高新科技这些让人激动的词汇，我们平时用的苹果手机的总部（Apple Campus）就坐落于此。来到硅谷，必须到苹果公司去看看，这里不但代表了硅谷顶级的高科技公司，也是果粉必须前来一探究竟的地方，同时也可以感受一下当年乔布斯创业时候的意气风发。

旅游资讯

🏠 Apple Campus,Cupertino,CA 95014

景 圣若瑟大教堂

圣若瑟大教堂（St. Joseph Cathedral）是一座始建于1876年的天主教大教堂，和美国其他地方的天主教大教堂一样，装饰得金碧辉煌，有一种让人叹为观止的感觉。同时，这座教堂还是圣荷西最古老的教堂。

旅游资讯

🏠 Cathedral Basilica of St.,Joseph 80 South Market Street,San Jose,CA
💲 免费

景 温彻斯特神秘屋

温彻斯特神秘屋（Winchester Mystery House）是圣荷西最有趣的一个景点，相传这是著名的枪械制造商温彻斯特家族的主人老温彻斯特的妹妹买下的房子。老温彻斯特去世后，她继承了高达2000万美元的遗产，但是在短短的数年内，她的女儿和老公都相继死去，这一切使她相信是丧生在温彻斯特家族枪支下的生物回来报复了。巫师告诉她需要西迁、置产、建屋，且只要这栋房屋永远不完工，她就不会有事。于是，她搬到了加利福尼亚州，开始建造这栋房子，建了30多年都未完工，直到她去世，这栋房子才建完。相传这里经常发生常人无法解释的事情，而且无论任何人都不可以从正门进入，就连美国总统前来参观也不能从正门进入。这座恐怖又神秘的鬼屋，绝对是你来圣荷西游玩必来的景点。

🏠 525 S Winchester Blvd,San Jose,CA
   95128

📞 408-2472101

🕐 除圣诞节外，全年开放

💲 40美元

📶 www.winchestermysteryhouse.com

TIPS 在这栋房了里游览，建议你最好认真听解说员解说这里的故事，非常神秘有趣，同时房子里面各种匪夷所思的设计、陷阱、门和走廊，均会让你感觉不虚此行。

🛒 苹果总部直营店

位于苹果总部的苹果直营店（Apple Company Store），除了服务该公司的员工也对外开放，是世界上唯一售卖苹果官方纪念品的地方，现在还售卖苹果公司生产的全线产品。如果来到苹果总部参观，你不妨来这里看看，顺便带一些纪念品回去，也是一种不错的选择。

🏠 1 Infinite Loop,Apple Campus,Cupertino,CA 95014

📞 408-6065775

🕐 周一至周五10:00~18:00，周六10:00~16:00，周日休息

📶 www.apple.com/retail/infiniteloop

🍴 Koi Palace

这是湾区最著名的广式茶餐厅之一，在很多城市都有分店，有各种美味的广式点心供应。每天到饭点，人们在这里都要排队1~2个小时等餐，其食物比较适合中国人的口味，人均价格11~30美元。

🏠 365 Gellert Blvd,Daiy City,CA 94015-2613

📞 408-4328833

🕐 11:00~14:30，17:00~21:30

洛杉矶 → 圣迭戈

来回交通

乘坐长途巴士

由于洛杉矶和圣迭戈距离很近，所以推荐乘坐长途巴士前往，乘坐灰狗巴士所需时间约2.5小时，网上购买票价14～21美元，站台购买约20美元。

圣迭戈灰狗巴士站信息	
地址	1313 National Ave.,San Diego,CA 92101
电话	619-5151100
相关介绍	位于圣迭戈中心地带的灰狗巴士的专属车站，乘坐地铁绿线、蓝线、橘线及公交车11路均可到达

圣迭戈玩点速览

景 拉霍亚海滩

拉霍亚海滩（La Jolla Cove）是圣迭戈西北方向的美丽海滩，整个海滩不但人比洛杉矶的海滩少，而且游玩项目众多，例如游泳、划船、冲浪、滑翔等活动。这里不但夕阳很美，还能看到很多海豹在沙滩上一起晒太阳。而且这里交通便捷，餐馆众多，适合长时间游览。

旅游资讯

🏠 1100 Coast Blvd,La Jolla,San Diego,CA 92037
📞 619-2351169
📍 可乘坐30路公交车在Torrey Pines Rd & Exchange Pl站下车；
🕐 5月末至9月初9:00～21:00，9月初至次年5月末9:00～20:00
$ 免费

景 圣迭戈海洋世界

圣迭戈海洋世界（Sea World San Diego）是全世界最负盛名的海洋主题公园之一，开业于1964年，从开业至今已经约有1.3亿名游客来到这里参观游览。在公园里你能看到各种各样的海洋生物，而且能看到各种的表演，比如虎鲸的表演，海豚、海狮的表演，都非常精彩。来这里一定要做准备，最好自备雨衣，因为动物表演时掀起的水花可能把你淋得浑身湿透，等看完动物表演，还可以玩一下著名的海洋过山车和空中之塔。

旅游资讯

- 🏠 500 Sea World Drive,San Diego,CA 92109
- 📞 619-2263901
- 📍 可乘坐9路公交车在Seaworld站下车
- 🕐 每天10:00～17:00，夏季到23:00
- 💲 1日票为69美元，上网购票会有优惠
- 📶 seaworldparks.com

TIPS 圣迭戈提供多种套餐来吸引游客游览动物园、海洋世界等景点，一种为2-Visit Pass，可选择两个人一起游览野生动物园或动物园，或者一人分两天游览两个园（但不能用于海洋公园），成人为86美元，3～11岁儿童为66美元；还有一种套票为San Diego 3-For-1 Pass，可在连续7天内多次参观野生动物园、动物园和海洋世界，成人为157美元，3～11岁儿童为128美元。

景 圣迭戈军港

圣迭戈军港（Naval Base San Diego）是北美大陆西海岸最好的天然港口之一，也是美国太平洋舰队的母港，在海湾的西部有一个被称为银线的地方，银线的北端为北岛，就是海军航空站的位置。如果乘船出游，可以在海港内看到大量的美国海军军舰，包括航空母舰、导弹驱逐舰、导弹巡洋舰、医疗船、潜艇等。

旅游资讯

🏠 2449 Shelter Island Dr,San Diego,California

景 中途岛号航空母舰博物馆

中途岛号航空母舰博物馆（USS Midway Museum）的载体为美国海军历史上服役最久的航空母舰之一，也是美国海军的活化石，它经历了包括海湾战争在内的多次战争，于1992年退役，现在成为了一艘航母博物馆，游览它需要3~4个小时，分别能看到船员的休息室、指挥中心、飞行员准备室等。除此之外，还能在甲板上看到29架各式不同的舰载机，真是让人大开眼界。这都是在别的地方几乎看不到的，在结束参观后，还可以到旁边看看那尊象征着"二战"胜利的"胜利之吻"雕像，感受一下来之不易的和平。

旅游资讯

🏠 910 N Harbor Drive,San Diego,CA 92101

📞 619-5449600

📍 乘坐83、215、235、992路公交车或绿、橘、蓝线轻轨在Santa Fe Depot站下车；自驾可将车停在博物馆的停车场，5美元1小时，10美元可停12小时，也可停在周边的计时停车位（MeteredParking），1.25美元/小时，最多停2小时

🕐 10:00~17:00，16:00以后停止进入，感恩节与圣诞节关闭

💲 成人20美元，62岁以上老人17美元，13~17岁青少年或大学生凭有效证件15美元，退伍军人10美元，12岁以下儿童10美元，5岁以下儿童免费

📶 www.midway.org

> **TIPS** 关于其门票如果在官网上购买的话，可享受2美元的折扣。如果有自行打印的Premium Outlets优惠券到窗口购票，成人可享受3美元优惠，儿童可享受2美元优惠。

景 卡尔斯巴德花海

卡尔斯巴德花海（Carlsbad Flower Fields）是全球十大花海之一，每年春天的3~5月初，卡尔斯巴德农场内0.2平方公里的坡地，都会被鲜花所覆盖。由于不同的鲜花种植区域不同，排列上也有一些间隔，使得整体的布置更加科学，花开时节五彩缤纷，层次感也非常分明，看上去非常赏心悦目，故成为南加州一处著名的观光胜地。

旅游资讯

🏠 5704 Paseo Del Norte,Carlsbad,CA 92008

📞 760-4310352

📍 推荐自驾，有免费停车场；也可乘坐火车在Carlsbad Poinsettia Station下车，之后步行35分钟可达，若不愿步行可换乘444路公交车在Palomar Airport Rd & Paseo del Norte站下车，再步行5分钟即到

🕐 每年3月1日至5月11日，09:00~18:00

💲 成人14美元，60岁以上为13美元，3~10岁儿童为7美元，2岁以下儿童免费

📶 www.theflowerfields.com

景 卡比路国家纪念碑

卡比路国家纪念碑（Cabrillo National Monument）是为了纪念第一个踏足圣迭戈的欧洲人卡比路所建立，同时卡比路也是第一个到达美国西海岸的欧洲人。在纪念碑前不但可以眺望整个圣迭戈军港，还可以把圣迭戈的市容尽收眼底。另外，在游客中心还可以观看讲述圣迭戈历史的影片，在纪念碑的悬崖边，还有一条长约4公里的徒步山路，可以直达马岬灯塔。

旅游资讯

🏠 1800 Cabrillo Memorial Dr,San Diego,CA 92106

📞 619-5575450

📍 乘坐28路公交车从老城（Old Town）出发，在AnchorageLn & Shelter Island Dr转乘84路公交车（周末不运行）在卡比路国家纪念碑站下车；如果是周末只能乘坐28路公交车到达换车站之后打车前往

🕐 9:00~17:00，感恩节与圣诞节关闭

💲 自驾10美元/车（包括车里面的人），摩托车7美元/车，步行5美元/人

📶 www.nps.gov/cabr

景 圣迭戈动物园

圣迭戈动物园（San Diego Zoo）是世界最大的动物园之一，占地面积0.4平方公里左右。这里拥有世界最先进的管理设备，栖息着800多种动物，包括麝香牛、美洲豹、火烈鸟等稀有动物；这里还有一个由中国运来的熊猫组成的"熊猫区"，其位于动物园的正中央。公园内有游览车可供游客乘坐，也可以搭乘空中缆车。这里每天都定时举办动物表演，每当这个时候游客就可以和动物近距离接触，千万不要错过。

旅游资讯

🏠 2920 Zoo Drive,San Diego,CA 92101
📞 619-5575450
📍 乘坐215、7路公交车在圣迭戈动物园下车
🕐 6月底至9月初9:00~21:00，9月中旬至11月1日9:00~18:00，11月2日至12月中旬9:00~17:00，12月底9:00~20:00，圣诞节9:00~17:00，具体时间可查看其官网
💲 成人48美元，3~11岁儿童38美元，如果要包含4D电影成人54美元，3~11岁儿童44美元
📶 www.sandiegozoo.org

购 时尚河谷购物中心

时尚河谷购物中心（Fashion Valley）是圣迭戈当地最大的一家购物中心，它位于圣迭戈米森谷，装修和外形新潮时尚，也十分有特色，是游客在圣迭戈的最佳购物地。这里不但品牌齐全，而且美食众多，甚至还有一些中餐也在这里的美食中心落户。购物中心的交通便利，距离圣迭戈电光足球队的主场高通体育馆只有很短的车程，还有地铁可直达。

旅游资讯

🏠 Fashion Valley,7007 Friars Road,San Diego,CA 92108
📞 619-6889113
📍 可乘坐轻轨绿线在Fashion Valley Transit Center站下车
🕐 周一至周六10:00~21:00，周日11:00~19:00
💲 免费
📶 www.simon.com/mall/fashion-valley

娱 圣迭戈国际动漫展

圣迭戈国际动漫展（San Diego International Comic-Con）是整个西半球最大、全球第二大的动漫展。它起源于1970年的一个非主流漫画书友会，慢慢发展成现今的规模。近年来，此动漫展吸引了游戏玩家、动画爱好者、奇幻迷等各色的爱好者汇聚到展会举办地圣迭戈会议中心，来参加为期4天的展会。每一个动漫迷都可以从这里找到心中最爱的角色，而且还能观赏到大量的表演，有些表演参展者还可以是玩家自己盛装参与其中。

旅游资讯

🏠 111 West Harbor Drive,San Diego,CA 92101

🕐 每年7月

📶 www.comic-con.org

TIPS 这个活动并不是免费的，票价约300美元，通常在开始放票的几小时内就会被销售一空。当然如果在那个时间段来到圣迭戈，即使没有买到票或者不想买票进入，也可以在Down Town、会议中心这些地方看到各种的表演和Cosplay的人群，体验一下动漫文化的气息。届时，整个圣迭戈全城的人会非常多，酒店和餐馆常常人满为患，要早做准备。

洛杉矶 → 西雅图

来回交通

乘飞机

西雅图塔科马国际机场，距离西雅图市中心约30分钟车程，从洛杉矶乘飞机前往时间约3小时左右，票价约113美元。

西雅图塔科马国际机场信息	
地址	17801 International Blvd,Seattle,WA 98158
电话	206-7875388
网址	www.airportseattle.org
相关介绍	位于99号州际公路附近，距西雅图中心约30分钟，交通方便

机场至市区的交通		
交通工具	介绍	票价
西雅图地下交通（Underground Transit）	在机场4层所有的登机门都有免费的轻轨列车，可连接城市轻轨车站，每周一至周六5:00至次日1:00，每周日18:00~24:00，每7~15分钟一班	免费
机场酒店穿梭车（Downtown Airporter）	从机场到市内主要酒店的穿梭车，每大4:00~20:30运行，每0.5小时一班	成人单程票价18美元，往返优惠价31美元
机场快车（Shuttle Express）	机场快车提供西雅图及周边地区的24小时对点上门接送服务	16~30美元
出租车（YELLOW CAB）	该的士公司会根据当地实时油价收取1美元左右的油费	到市中心大约40美元

西雅图玩点速览

景 华盛顿湖

华盛顿湖（Lake Washington）是美国华盛顿州仅次于奇兰湖的第二大湖，也是金县面积最大的一个湖。碧蓝的湖水，让湖边的人看起来就好像站在海边一样，这里不但有地方可以游泳，还可以户外烧烤。华盛顿湖的东部都是西雅图富豪的豪宅，如果住在湖边，入夜后璀璨的灯光映照在湖面上，更为整个华盛顿湖增添了一份温暖和惬意之感。

旅游资讯

- 🏠 Lake Washington,Washington
- 📍 自驾前往
- 🕐 全天开放
- $ 免费

景 西雅图公共图书馆

西雅图公共图书馆（Seattle Public Library-Central Library）是一座是十分有特色的图书馆，外观由11层玻璃幕墙和钢铁组成，看着像一颗巨大的钻石被切割出蜘蛛网状的棱线。图书馆不但外观十分有特色，内部也十分舒适，排列着众多的小沙发和电脑桌，提供了一个舒适的阅读环境，而且空间巨大，给了阅读者一种空灵、安静的感觉。在图书馆的最高处，你还可以俯瞰西雅图的中心景观，可以说在这里读书是一种享受。

旅游资讯

- 🏠 1000 4th Ave.,Seattle,WA 98164
- 📞 206-9052100
- 📍 乘坐公交车2、3、13、124在3rd Ave & Seneca St.站下可到
- 🕐 周一至周四10:00～20:00，周五至周六10:00～18:00，周日12:00～18:00
- 📶 www.spl.org

景 雷尼尔山国家公园

雷尼尔山国家公园（Mt. Rainier National Park）是一座位于华盛顿州皮尔斯县东南部的国家公园，建于1899年，为美国的第五座国家公园。公园包含了雷尼尔山全境，这是一座非常漂亮的雪山，而且是少有的活火山，雷尼尔山的山脚下是一片原始森林，里面可以看到各种小动物在嬉戏，山上却是一片皑皑白雪，烟雾缭绕。

旅游资讯

- 🏠 Mt. Rainier,Mount Rainier National Park,Washington 98304
- 📞 360-5692211
- 📍 推荐自驾，从西雅图市中心向东南方向开车2～3小时可到，具体路线请见官网
- 🕐 8:00～17:00（不同季节不同路线的开放时间不一样）
- $ 15美元/车，7日有效，过境免费
- 📶 www.nps.gov/mora

🕐 8:00~24:00

$ 成人票22美元，儿童票14美元（4~12岁）；老人19美元（65岁以上）

📶 www.spaceneedle.com

> **TIPS** 游客在乘坐升降机前往塔顶的过程中，总共需要约43秒，但是有时候人多需要排队。

景 太空针

　　太空针（Space Needle）为西雅图的地标性建筑物，就好比纽约的帝国大厦一般，是西雅图这座高科技城市的象征，无论在城市的任何角落，都可以清晰地看到太空针。游客可以乘坐时速16公里的升降机直达塔顶，整个西雅图市区的景色便可尽收眼底，天气好的时候，远处的雷尼尔山都清晰可见。在每年的独立日和新年的时候，太空针还有烟火表演。

旅游资讯

🏠 400 Broad St.,Seattle,WA 98109

📞 206-9052100

📍 乘坐公交车3、4、16、82路至5th Ave N &Broad St.站下车，步行可至对面的太空针；也可以从West Lake车站坐Monorail到太空针塔，单程2.25美元

景 奥林匹克国家公园

　　奥林匹克国家公园（Olympic National Park）是紧靠着太平洋和加拿大边境的国家公园，也是美国大陆最西北角的国家公园。其距离西雅图大概4个小时的车程，在这座国家公园里不但能体验到雪山的严寒，还能感受到温带雨林的潮湿和温暖。不同海拔高度的风景，几乎都可以在一次行程中体会到，大自然的美也在这里得到了完整的展现。

🏠 3002 Mount Angeles Road Port Angeles,WA 98362

📞 360-5653130

📍 建议自驾，也可以选择坐船，路线详见官网

🕐 公园全年全天开放，游客中心开放时间详见官网

$ 15美元/车，7日有效，如果只在101号公路上绕行观景，不必购买门票

📶 www.nps.gov/olym

景 飞行博物馆

飞行博物馆（The Museum of Flight）是波音公司旗下的博物馆，也是美国西海岸最大的博物馆。这里收藏着超过100架飞机，在这里不但能看到美国第一次和第二次世界大战中参战的大部分飞机的机型，还能看到各个时代的大量民用飞机，而且这些飞机都是真实的飞机。除此之外，馆内还有大量的飞机模型、飞行模拟器以及和飞行有关的一切故事和资料。作为一个飞行爱好者，这里是一个梦寐以求的天堂。

🏠 9404 East Marginal Way South,Boeing Field-King County International Airport,Seattle,Washington 98108

📞 206-7645720

📍 在East Marginal Way S & S 94thPl站下可到乘坐公交车124路

🕐 10:00～17:00，每月的第一个周四17:00～21:00免费。4～9月的第一个周四，Airpark开放参观

$ 成人19美元，5～17岁青少年11美元，65岁及以上老人16美元，4岁以下儿童免费

📶 www.museumofflight.org

购 派克市场

派克市场（Pike Place Market）是美国历史最悠久的露天市场之一，这里有超过200家商铺，以贩卖新鲜的农作物和海产品，以及拥有街头艺人表演而闻名。此外，在这里也能找到很多卖手工艺品的店铺，如果在西雅图游玩，可以来这里来采购一些生活用品和新鲜的食材。

旅游资讯

🏠 Pike Place Parking,Metro Transit Free Ride Area,1531 Western Ave.,Seattle, WA 98101

📞 206-6827453

📍 乘坐10路、47路公交车在Pine St & 2nd Ave站下

🕐 每天6:00至次日1:30（以市场里开放时间最长 的店铺为准），感恩节和圣诞节除外

$ 免费

📶 www.pikeplacemarket.org

购 西雅图奥特莱斯

　　这是西雅图周边最大的奥特莱斯之一，介于西雅图和温哥华之间，距离西雅图约1小时的车程。这里有来自大约100多个国家的品牌，几乎包括了所有的知名品牌，而且折扣非常诱人，大量的商品只有零售价的1/3，这里每天来扫货的游客络绎不绝，很多店铺需要排队才可以入内购物。

旅游资讯

🏠 10600 Quil Ceda Blvd,Tulalip,WA

📞 206-6543000

📍 从西雅图市中心搭乘510路公交车至Everett St.下车，换乘201路至State Ave&1st St.下车，换乘222路至105th St· NE&30th Ave NE站下车，但是该条路线在周日以及节假日不发车

🕐 周一至周六10:00～21:00，周日11:00～19:00

$ 免费

📶 www.premiumoutlets.com

购 西雅图古董市场

　　西雅图古董市场（Seattle Antiques Market）是全美少有的淘货胜地，而且这里面能找到各种有生活气息和蕴含美国文化的古董。这里的商品大部分都是摊主从家里拿出来卖的二手货，比如打字机、油灯、首饰、酒杯、胸章等，甚至还有美国的老式路牌和老式Zippo打火机，给人的感觉是一个很容易淘到宝贝的好地方。

旅游资讯

🏠 1400 Alaskan Way Seattle,WA 98101

📞 206-6236115

📍 位于59号码头的海洋馆对面，乘坐公交车99、106、550、554路在Alaskan Way & Pike St.和University Street站下

🕐 10:00～18:00

$ 免费

📶 www.seattleantiquesmarket.com

娱 西雅图美食节

西雅图美食节（Bite of Seattle）是美国一个拥有众多美食的地方，每年这里的美食节都会让所有的游客大饱口福。各类的杂货、音乐、美食，也都聚集在这个美食节。节日期间，你不但能吃到美国的各类特色美食，还可以吃到来自亚洲、欧洲、非洲的美食。

旅游资讯

🏠 305 Harrison St.,Seattle,WA 98109
（每年的举办地点都不一样，这里以2016年为准）

🕐 7月15日至7月17日，11:00～21:00
（每年的举办确切时间不一样，这里以2016年为准）

$ 免费

📶 www.biteofseattle.com

娱 西北民俗节

西北民俗节（Northwest Folklife Festival）是美国西北地区最值得参加的节庆活动之一，在这里能看到大量的民俗和艺术表演，如爱尔兰的中东舞者、非洲鼓手、斯卡乐团等。参加该节庆活动后，你能深切地感受到美国西北部文化的魅力。

旅游资讯

🏠 每年的举办地点都不同，以官网公布为准

📞 206-6847300

🕐 5月27号至5月30号（每年的举办时间不一样，这里以2016年为准，一般为每年阵亡将士纪念日前后）

$ 免费

📶 www.nwfolklife.org

洛杉矶 → 死亡谷国家公园

来回交通

自驾前往

死亡谷国家公园地域偏僻，没有直达的长途巴士或者火车，一般美国人前往这里都会选择自驾，这里也只有自驾这一种方式可以前往，所以推荐租车自驾前往，驾车沿CA—14N公路走，约4小时30分钟可到。

死亡之谷国家公园玩点速览

景 死亡谷沙漠公路自驾

死亡谷国家公园是加利福尼亚州一个独特的国家公园，也是最热、最干、海拔最低的国家公园。公园内有一条与天相接的公路和周围连绵起伏的沙丘，勾勒出一幅壮丽的自然美景，这里的饮水补给点是免费补给的，但是加油站的汽油比外面的汽油要贵很多。另外这里最佳游览季节为10月至次年5月，因为夏季时温度过高，此时前往当心高温下汽车爆胎。

景 坏水

坏水（Badwater）是死亡谷国家公园内一处特色景点，为整个北美大陆的最低点，周围是一望无际的大片盐碱地，远处被崇山峻岭包围，极目四望，周围的盐碱地上都是盐状的晶状物闪闪发光，给人一种很特殊的感觉。

景 Zabriskie Point

这里是一个非常不错的眺望点，每当日落时分，在这里都能看到最美的晚霞。从远到近重叠的山峦，一层一层呈现出不同的颜色，尤其是金色的山峰，给人一种美轮美奂的感觉。

洛杉矶 → 优胜美地国家公园

来回交通

乘飞机

从洛杉矶来的航班所停靠的费雷诺斯不在该国家公园里，在其西南部的弗雷斯诺。这个机场是一个军民两用的机场，美国西南部主要城市均在这里设有航线。从洛杉矶来此所需时间约1小时，票价约176美元。从机场出来还要自驾约96公里方能抵达公园，所以不推荐乘坐飞机。

乘长途巴士

洛杉矶没有直达公园的长途巴士，游客需要先从洛杉矶买一张灰狗巴士的车票，乘坐灰狗巴士前往莫赛迪（Merced），网上票价39美元左右，站内购买约48美元，时间约6.5小时。到达莫迪塞后，在当地的灰狗巴士站，转乘YARTS进入优胜美地国家公园，从莫赛迪往返票价成人约25美元（13～61岁），老人及孩子18美元，单程时间3～4小时。

随当地旅游团前往

如果不想来回折腾，报一个当地的旅行团前往公园是一个不错的选择。一日游的价格约150美元/人，二日游含住宿约400美元/人，洛杉矶和旧金山都有针对该公园的旅游团。

自驾前往

从洛杉矶自驾车沿US-395N公路前行可到优胜美地国家公园，所需时间约6小时。

优胜美地国家公园玩点速览

景 优胜美地山谷

优胜美地山谷（Yosemite Valley）近处有冰雪融化形成的瀑布，瀑布的流下来的水汇聚而成的小溪，远处是成片的树林和草坪，能看到动物悠闲地在草地上吃着青草，找一个位置不错的观景点，你将能欣赏到一种极致的美。

景 优胜美地瀑布

优胜美地瀑布（Yosemite Falls）为世界上最高的瀑布之一，总落差为720米左右，为北美最高的瀑布。8～10月，瀑布会断流，每年5月因冰雪消融导致水流量变大，同时也是优胜美地瀑布水流量最大的时候，所以每到这时，优胜美地瀑布的场水流最为震撼。

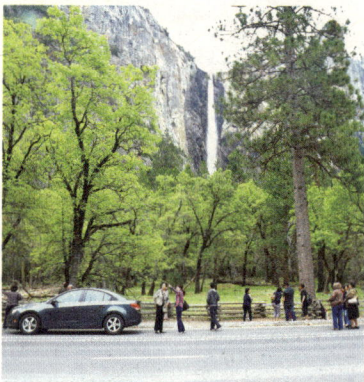

景 土伦草甸

土伦草甸（Tuolumne Meadows）位于优胜美地国家公园东门以西约14公里处。这里山花烂漫，土伦河水在一旁静静地流淌，远处是野花点缀的草甸和悠闲活动的动物，映衬在白云之下，仿佛一个世外桃源般的美景。从这里一路开车过去，景色令人心旷神怡，同时这里也是游泳和野餐的最佳之处。

景 新娘面纱瀑布

优胜美地国家公园是瀑布的汇聚地，其中新娘面纱瀑布（Bridalveil Falls）是最著名的瀑布之一，具有独特的魅力。它位于优胜美地山谷中，这里飞流直下的瀑布形成了阵阵水雾在附近散开，下面是清澈见底的小溪和美丽的山谷，不由得让人感叹大自然的神奇。

旅游资讯

🏠 Bridal Veil Falls,Provo,UT 84604
📞 209-3720200
📍 位于优胜美地山谷，建议自驾或乘坐景区摆渡车前往
🕐 全天
💲 如自驾前往，每车20美元，包括车内所有成员；如步行前往，每人10美元
📶 www.nps.gov/yose

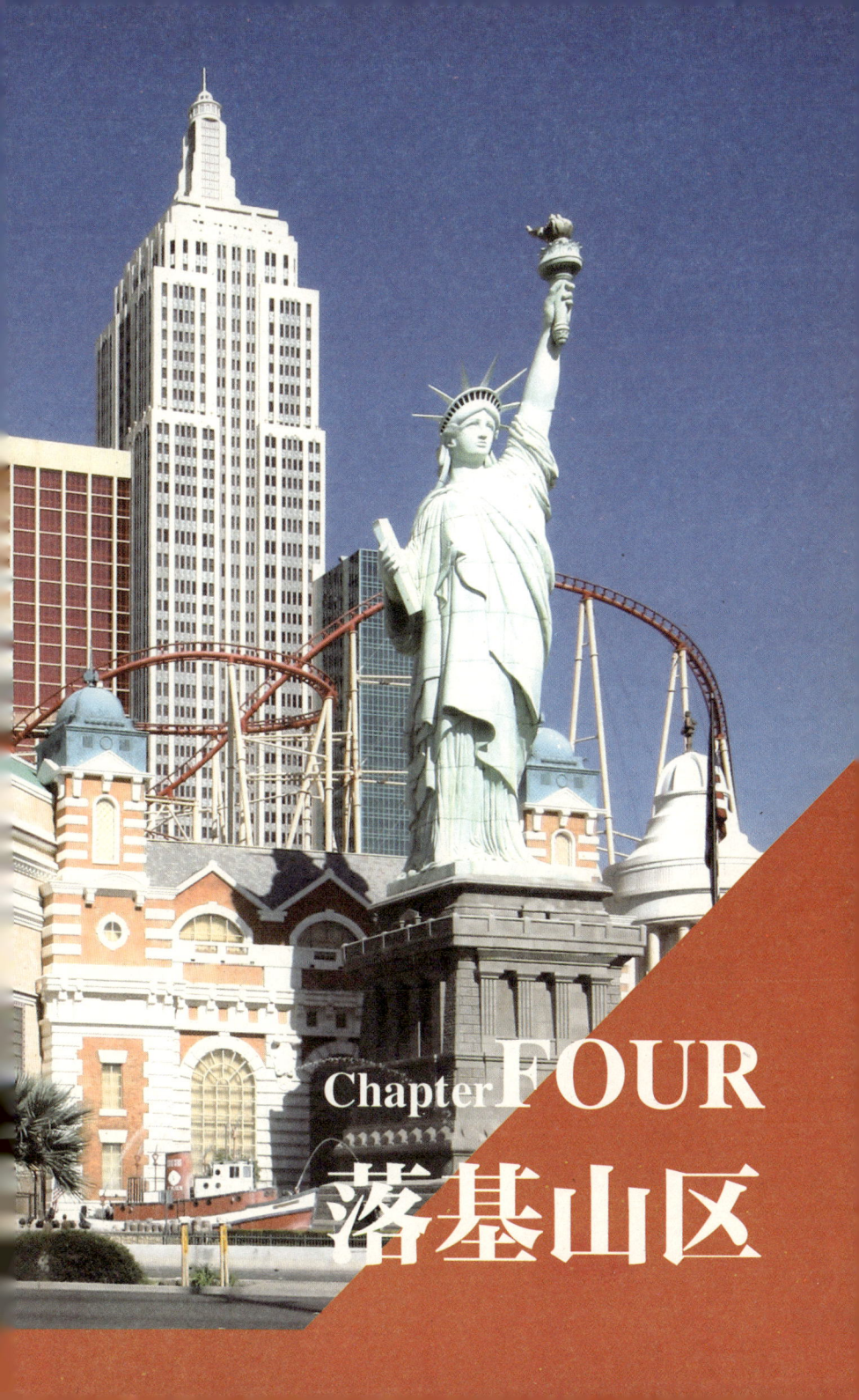

Chapter **FOUR**

落基山区

拉斯维加斯

拉斯维加斯最优出行方案速查

机场到市区

　　拉斯维加斯麦卡伦国际机场是美国最现代化的机场之一，也是美国最繁忙的机场之一，每天起降来自世界各地的700多班飞机，交通便利，距离拉斯维加斯大道仅1.6公里。

拉斯维加斯麦卡伦国际机场信息	
地址	5757 Wayne Newton Blvd,Las Vegas,NV 89119
电话	702-2615211
网址/二维码	www.mccarran.com
相关介绍	很有拉斯维加斯特色的机场

机场至市区的交通		
交通工具	介绍	票价
机场穿梭巴士（Airline Shuttle）	提供机场前往拉斯维加斯各大酒店的24小时接送服务，在各个航站楼都可以乘坐	单程9美元，往返有优惠
出租车（Taxi）	出租车在各个航站楼的停车场都可以乘坐，且机场距离拉斯维加斯市区不远，如果需要可以选择	前往拉斯维加斯大道上的凯撒宫约18美元，前往拉斯维加斯老城区约25美元
租车（Rent Car）	在机场租车自驾很方便，可以免费乘坐写着RENT-A-CAR的大巴前往租车中心，在旅游旺季大多数公司只接受预订	每家租车公司的价格不一样，大多数公司提前预订车辆要比机场现租便宜很多

出行使用拉斯维加斯公共交通票

在拉斯维加斯出行可以使用拉斯维加斯公共交通票（All Access Pass），拉斯维加斯的公交车是24小时服务的，大约400米就会有一站，你可根据自己游览时间的长短，选择通票的方式。

拉斯维加斯公交车查询网址：www.lasvegas-how-to.com/las-vegas-deuce.php。

拉斯维加斯公交线路查询

拉斯维加斯公共交通票简介		
种类	价格	介绍
2小时通票（2-Hr All-Access Pass）	6美元	2小时内不限次数乘坐
24小时通票（24-Hr. All-Access Pass）	8美元	24小时内不限次数乘坐
3天通票（3-Day Full Fare All Access Pass）	20美元	3天内不限次数乘坐
30天通票（30-Day Full Fare All Access Pass）	65美元	30天内不限次数乘坐

拉斯维加斯玩点速览+线路推荐

玩点速览

拉斯维加斯大道

拉斯维加斯大道（Las Vegas Boulevard）全长6.5公里，是拉斯维加斯的主干道，又称长街。这里囊括了世界上2/3最奢华的酒店，周围可以找到大量的高级餐厅和购物中心。这里的酒店每家都有自己的主题特色，很多世界著名的地标性建筑都浓缩于此。除此之外，每家酒店门口的各种表演，也是吸引游客的重要因素。

旅游资讯

🕐 全年
💲 免费

豪客摩天轮

豪客摩天轮（Las Vegas High Roller）高达167.64米，人从上面可以俯视整个拉斯维加斯市景，完成一次观光需要30分钟，俨然成为了游览拉斯维加斯不可错过的景点。

旅游资讯

🏠 3545 South Las Vegas Boulevard,Las Vegas,NV 89109
📞 866-5743851

📍 可以从拉斯维加斯大道步行到该景点，位于凯撒宫酒店对面
🕐 10:00至次日2:00
💲 10:00~18:00票价为24.9美元，18:00至次日2:00票价约34.95美元；另可以购买Express pass（可在任意日期内任意时间搭乘，无需排队，早晚均可）票价约59.95美元，Three Day Flex Pass（在预订时所选的三日内任意时间搭乘，早晚均可）票价为54.95美元，One Day Flex Pass（在预订时所选的一日内任意时间搭乘，早晚均可）44.95美元

弗里蒙特老街

如果在拉斯维加斯大道这些地方看尽了该城的奢华，可以来到弗里蒙特老街（Fremont Street），看看拉斯维加斯的老城区。这里是几条繁华的步行街，每到夜晚，这里发光二极管灯泡构成的灯光顶棚，便开始向游客展示超过1600万种色彩组合和各种图案等。不仅如此，这里还有博物馆、娱乐中心、艺术画廊等。

旅游资讯

🏠 Fremont St.,Las Vegas,NV 89101
📞 702-6785600
🕐 每场灯光秀持续6分钟，每小时一场，一般在午夜结束。在夏季，灯光秀一直持续到次日1:00
📶 vegasexperience.com

高塔游乐场

高塔游乐场（Stratosphere Tower Ride）位于拉斯维加斯最北端的高塔酒店中，跟豪客摩天轮相似，它也是一个俯瞰拉斯维加斯夜市的好去处，同时高塔上的娱乐设施也是最著名的娱乐点，建于塔顶的游乐场不但有极为刺激的跳楼机，还有号称是"世界十大惊险过山车"之一的塔顶过山车。

旅游资讯

🏠 2000 Las Vegas Blvd S,Las Vegas,NV 89104

📞 702-3807777

🕐 周一至周四、周日10:00至次日1:00，周五至周六10:00至次日2:00

💲 塔顶20美元（酒店客人免费），除蹦极外，塔顶与任意游乐项目25美元，塔顶与任意2个游乐项目30美元，塔顶与任意3个游乐项目35美元，塔顶与无限次玩任何游乐项目39.95美元；蹦极119.99美元，蹦极（含照片）129美元

📶 www.stratospherehotel.com/Activities

红石峡谷国家保护区

红石峡谷国家保护区（Red Rock Canyon National Conservation area）位于拉斯维加斯西侧，从拉斯维加斯大道出发，向西自驾29公里左右就可到达。这里的岩石因为含有丰富的氧化铁，加上上百年的风化而形成了特有的火红色；这里不但有印第安人的遗迹存在，还是一个来拉斯维加斯结婚的新人拍摄婚纱照的地方。

旅游资讯

🏠 1000 Scenic Loop Dr,Las Vegas,NV 89161

📞 702-5155350

📍 自驾沿NV-159向西行驶，在Scenic Loop Dr向右转，跟着指示牌即可到达游客中心

🕐 游客中心开放时间为8:00～16:30；感恩节、圣诞节、新年的开放时间可能有变动，需致电确认，Scenic Loop开放时间为11月至次年2月6:00～17:00，3月、10月6:00～17:00，4～9月6:00～20:00

💲 每辆车日票7美元

📶 www.redrockcanyonlv.org

火之谷

火之谷（Valley of Fire State Park）位于拉斯维加斯郊外90公里处，是一座户外自然历史博物馆。这里有独特的地理地貌，能看到许多奇特的条纹岩石，远远望去火红一片。而且火之谷曾经是印第安人长期秘密守护的圣地，所以在当地的很多岩石上还能看到包含着印第安人大量生活信息的长达8000多年的壁画。

旅游资讯

🏠 Valley of Fire State Park,29450 Valley of Fire Road,Overton,Nevada 89040
📞 702-3972088
📍 自驾前往
📶 parks.nv.gov/parks/valley-of-fire-state-park

胡佛大坝

胡佛大坝（Hoover Dam）距离拉斯维加斯约1小时车程，是美国最大的水坝之一，胡佛大坝拦截而成的水库密德湖是美国最大的人工湖。这是一个可野餐、游泳、划船的度假胜地，还是整个拉斯维加斯生活用水的源头。整个胡佛大坝看起来宏伟壮丽，虽然建于1935年，但是大量的技术一直沿用至今，是世界水利工程的一个奇迹。

旅游资讯

🏠 10 Lakeshore Dr,Boulder City,NV 89005
📞 702-4942517
📍 驾车沿US-93向南行驶即到
🕐 游客中心9:00～17:00（最晚购票时间16:15）；密德湖公园全年开放，游客中心9:00～16:40，感恩节、圣诞节、新年关闭
💲 游客中心10美元，3岁及3岁以下儿童免费，密德湖20美元/车，行人10美元/人，7天内有效；接受美国国家公园年票
📶 www.usbr.gov/lc/hooverdam

50号公路

50号公路（U.S. Route 50）是贯穿内华达州的一条美国国道，被称为"全美最孤独的公路"，总长度约为1314公里，公路上经常能看到这样的景象：周围是一望无际的荒凉大地，正前方一条公路直达天际。公路及周围人烟稀少，有着许多印第安部落，著名的死亡谷国家公园也在这条路上，人们在此能深深地感受到美国的公路文化和乡村风情。

旅游资讯

🕐 全年
💲 免费

线路推荐

DAY *1*

红石峡谷国家保护区➡豪客摩天轮➡百乐宫酒店

红石峡谷国家保护区 / 自驾游览红石峡谷国家保护区

下午自驾约30分钟返回拉斯维加斯

豪客摩天轮 / 乘坐世界最大的摩天轮俯瞰拉斯维加斯全景

步行10分钟前往百乐宫酒店

百乐宫酒店 / 来到百乐宫酒店观看拉斯最著名的室外秀，音乐喷泉

DAY *2*

胡佛大坝➡拉斯维加斯大道➡高塔游乐场

胡佛大坝 / 上午前往胡佛大坝游览

自驾1小时左右，下午返回拉斯维加斯大道

拉斯维加斯大道 / 晚饭后，可沿路欣赏拉斯维加斯大道的夜景

乘公交车15分钟可到高塔游乐场

高塔游乐园 / 在高塔游乐园一边观赏拉斯维加斯的夜景，一边玩刺激的
游戏项目

拉斯维加斯高性价比住宿地推荐

拉斯维加斯的酒店比较特殊，和美国其他地方是完全不一样的。因为有其他项目的补贴，所以这里即使是很豪华的酒店，价格也比美国其他地方要便宜许多，来到拉斯维加斯游玩最划算的就是住宿了，下面给大家推荐几个性价比高的住宿地。

住宿地推荐

高性价比住宿地推荐				
名称	地址	网址	参考价格	亮点
Siena Suites Hotel	6555 Boulder Highway Las Vegas, Nevada, NV 89122, United States	www.sienasuiteshotel.com	两卧室套房69.33美元，一卧室套房47.33美元	该酒店距离山姆博伊德体育场（Sam Boyd Stadium）仅有2分钟车程，驱车20分钟可抵达麦卡伦国际机场
Circus Circus Hotel, Casino & Theme Park	2880 South Las Vegas Boulevard,Las Vegas, Nevada 89109	www.lasvegashow-to.com/circus-circus	庄园汽车旅馆间25美元，大床间47美元，赌场大厦大床房37美元	客人可以在度假村内的Vince Neil's Eat Drink Party餐厅享用餐点，该餐厅提供Tatuado招牌汉堡和玉米煎饼等美食。度假村还提供免费夜间娱乐活动以及特色餐饮美食

名称	地址	网址	参考价格	亮点
Silver Sevens Hotel & Casino	4100 Paradise Road,Las Vegas, NV 89109	www. silvers-evens-casino. com	顶级双人房44.99美元，塔楼间双床房44.99美元	这家酒店距离拉斯维加斯大道（Las Vegas Strip）约1.6公里，提供通往麦卡伦国际机场的免费班车服务，设有室外游泳池
Alexis Park All Suite Resort	375 E.Har-monave, Las Vegas, NV 89169	www. alexis-park. com	一室公寓套房56.25美元，君主一卧室套房62.57美元，皇冠阁楼间81.53美元	这间全套房酒店距离麦卡伦国际机场约3.2公里。酒店内不设赌场，设有一个温泉浴场以及沙龙和3个户外泳池。客人可以使用酒店的商务中心，客人也能前往拉斯维加斯戏剧陈列室参馆，那里夜间有表演
Excalibur	3850 Las Vegas Bo-ulevard South,Las Vegas, NV 89109	www. excali-bur. com/ en	每日特惠房27美元，度假村塔楼特大号房29美元，度假村大床间40美元	这座城堡主题度假酒店位于市中心的拉斯维加斯大道，提供4个室外游泳池、全方位服务的SPA、6间餐厅、热闹的夜间娱乐场所，客人可以光顾酒店内的众多商店，并欣赏各种音乐和戏剧演出，包括帝王争霸表演秀等

拉斯维加斯百里挑一的经济餐

拉斯维加斯的美食和酒店十分相似，大部分价格很是实惠。而且这里的美食融合了世界各地的口味，所以拉斯维加斯的餐馆，就连简单的经济餐和快餐，也能做得十分可口。

寻找经济餐的好去处

百乐宫自助餐厅

百乐宫自助餐厅（The Buffet at Bellagio）是拉斯维加斯地区最棒的自助餐之一，各色美食取之不尽，不但有传统的西餐，中餐、日式料理、土耳其烤肉、海鲜等，都可以在这里找到。尤其是这里的海鲜，非常新鲜。这里午餐和晚餐均要排队，如果要来这里的话，提前来占位置吧，人均消费约20.99美元起。

旅游资讯

🏠 3600 S Las Vegas Blvd,Las Vegas,NV 89109

📞 866-2597111

🕐 早餐周一至周五7:00～11:00，午餐周一至周五11:00～15:00，晚餐周一至周四15:00～22:00；早午餐周六至周日7:00～15:00，晚餐周五至周日15:00～22:00

📶 www.bellagio.com/en/restaurants/the-buffet

TIPS 文中给出的美食价钱是不含税和小费的，但是由于在拉斯维加斯著名自助餐厅的价格随时都在浮动，只能给出一个大概价格范围，实际费用可能会比20.99美元要高。里面的酒水是另外收费的，饮料和食物则是不限量供应，最终价格应该为30～40美元/人。

妈妈家

妈妈家（China Ma Ma）是一家位于拉斯维加斯的中餐馆，这里的菜式很适合中国人的口味，尤其是这里的面食非常好吃，味道很清淡，典型的中国南方口味。对于口味重的游客，这里的炒菜做得也很不错，尤其是鱼肉和牛肉类的菜。只是这家店距离主干道稍远，但是价格总的来说相当经济实惠，人均消费8～20美元。

旅游资讯

🏠 3420 S Jones Blvd,Las Vegas,NV 89146
📞 702-8731977

Chili's

这是一家墨西哥风味的餐厅，以经营墨西哥食物和快餐式的食物为主。其相对其他餐厅来说，食物经济实惠，且味道不错。这里可以根据客人的口味当场制作食物，对于穷游的游客来说，是解决一顿饭的好地方。墨西哥食物总的来说口味偏辣，如果不喜欢要提前告诉厨师，这里人均消费10～25美元。

旅游资讯

🏠 3743 S Las Vegas Blvd,Las Vegas,NV89-109
📞 702-7951087
🕐 周日至周四11:00～23:00，周五至周六11:00至凌晨1:00
🛜 www.chilis.com

Viva Las Arepas

这是一家标准的委内瑞拉风格和美式风格混搭的餐厅。在物价昂贵的拉斯维加斯，这里算是相当经济实惠的地方。这里主营委内瑞拉的阿瑞巴玉米饼（Arepas），并且还有多种内馅可以选择，包括了牛肉、虾、豆子、奶酪等。除了这些，还可以找到美式传统炸鸡翅等。人均消费10～20美元。

旅游资讯

🏠 1616 S Las Vegas Blvd,Las Vegas,NV
📞 702-3669696
📍 乘开往DEUCE The Deuce on The Strip Northbound方向的公交车在Las Vegas @ Oakey站下
🕐 11:00～0:00
🛜 www.vivalasarepas.com

拉斯维加斯本地人爱去的购物地

本地人爱去的购物中心

拉斯维加斯奥特莱斯北店

这里是拉斯维加斯奥特莱斯（Las Vegas Premium Outlets）的北店，虽然规模没有棕榈泉的那一家奥特莱斯大，但是也几乎汇集了所有的一线品牌。关键是这里的商品性价比实在太高了，大量的游客来这里一逛就是一整天，离开的时候，汽车后备厢都是满满的。在拉斯维加斯购物，这里是绝对实惠的地方。

旅游资讯

🏠 875 South Grand Central Parkway,Las Vegas,NV

📍 如选择自驾，沿I-15向南约10分钟车程；如乘坐公共交通，在拉斯维加斯上乘双层巴士Deuce，在George Crockett站下车，再往南步行15分钟；乘出租车从拉斯维加斯大道出发约20美元

🕐 周一至周六10:00~21:00，周日10:00~20:00

📶 www.premiumoutlets.com

凯撒宫古罗马购物中心

凯撒宫古罗马购物中心（The Forum Shops at Caesars）位于拉斯维加斯凯撒宫酒店内，是拉斯维加斯历史悠久、规模庞大的购物中心。这里的重点不在于它包含了几乎所有的一线品牌，而在于它金碧辉煌的建筑风格。其以古罗马广场为主，用喷泉、大理石、雕像组合而成。除了满足客人高品位的购物需求以外，也为客人营造了回到凯撒时代的氛围。

旅游资讯

🏠 3500 S Las Vegas Blvd,Las Vegas,NV 89109

📞 702-8934800

📍 乘坐公交车 Deuce至Las Vegas @ Caesars Palace（S）站下

🕐 10:00~22:00

📶 www.simon.com/mall/the-forum-shops-at-caesars-palace

大运河购物中心

大运河购物中心（The Grand Canal Shoppes）位于拉斯维拉斯威尼斯人酒店内，和凯撒宫购物中心的位置相似。这里除了拥有大量购物商品，另一亮点在于随处可见的小型表演，约有30多个。这不但给购物者带来了惊喜和快乐，你或许还有机会成为表演秀中的群众角色。

旅游资讯

- 🏠 3377 S Las Vegas Blvd,Las Vegas,NV 89109
- 📞 702-4144500
- 📍 乘坐公交车119、203路至Sands @ Las Vegas（E）站下
- 🕐 周一至周四、周日10:00～23:00，周五至周六10:00～0:00
- 📶 www.grandcanalshoppes.com

拉斯维加斯奥特莱斯南店

拉斯维加斯奥特莱斯南店和北店遥相对应，很多店铺会有特殊的折扣，例如多人合伙购买会享受更多的折扣等。因为南店距离市内稍远，所以人流量要比北店少很多，并且所有店铺都在室内，人们不需要像北店一样排队购买和晒太阳。

旅游资讯

- 🏠 7400 Las Vegas Boulevard South,Las Vegas,NV 89123
- 📞 702-8965599
- 📍 搭乘公交车117、217至Las Vegas @ 7490 Las Vegas（N）站下
- 🕐 周一至周六10:00～21:00，周日10:00～20:00，圣诞节关闭
- 📶 www.premiumoutlets.com

巴黎酒店大道购物中心

巴黎酒店大道购物中心（Le Boulevard）位于拉斯维加斯巴黎酒店内。这是一个充满法国风情的购物广场，内部鹅卵石铺成的街道和法国风情的建筑，使游客仿佛置身于一个小型的法国小镇之内。这里除了一些大品牌以外，还有大量正宗的法国葡萄酒、法国的珠宝首饰等法国特色商品。

旅游资讯

- 🏠 3645 S Las Vegas Blvd,Las Vegas,NV 89109
- 📞 702-7394111
- 📍 乘坐轻轨Monorail至Bally's & Paris Las Vegas Station站下
- 🕐 10:00～23:00

拉斯维加斯不花钱的娱乐活动

虽然拉斯维加斯的绰号是"赌城",可是这里的表演秀也是世界闻名的娱乐项目。拉斯维加斯拥有全世界最著名的"太阳马戏团",以及随处可见的各种表演秀。但是由于其在寸土寸金的拉斯维加斯,所以费用不菲,所以下面给大家推荐一些免费的秀。

免费且丰富的娱乐活动

火山喷发秀

火山喷发秀(Mirage Volcano)被称为拉斯维加斯最棒的免费秀之一,它在Mirage酒店的人工湖中展开,每0.5小时一场。每场开始时由火光和烟雾喷向30米的高空中,火焰在不同时刻喷出的方式非常令人惊奇,接着融化成岩浆倾泻而下,加上逼真且出色的配乐,使得整个表演非常宏伟壮观。

旅游资讯

🏠 3400 S. Las Vegas Blvd,Mirage Hotel & Casino,Las Vegas,NV 89109
📞 702-7917111
🕐 17:00以后开始

百乐宫喷泉秀

百乐宫喷泉秀(Bellagio Hotel and Casino)位于百乐宫正门前的人工湖内,是拉斯维加斯最著名的室外秀之一。该秀从每天下午开始,配合着优雅的音乐,无数条巨大的水柱翩翩起舞,最高的可达70米,声如奔雷,非常壮观。百乐宫喷泉秀每0.5小时或15分钟举行一次,想找到好的拍照位置需提前赶到。

旅游资讯

🏠 3600 S Las Vegas Blvd,Las Vegas,NV 89109
📞 888-9876667
🕐 周一至周五15:00~19:00,每0.5小时一次;19:00~24:00,每15分钟一次;周末及节假日12:00~19:00,每0.5小时一次,19:00~24:00,每15分钟一次
📶 www.bellagio.com

拉斯维加斯 → 盐湖城

来回交通

乘飞机

从拉斯维加斯前往盐湖城可以选择坐飞机前往，相对来说比较节省时间，飞机也可以直达。飞行时间约1.5小时，票价约73美元。

乘长途巴士

从拉斯维加斯前往盐湖城可以选择最为省钱的方式，即乘坐灰狗巴士。但是相比于飞机所用的时间要长得多，而且票价也并没有便宜很多，所以不推荐乘坐，时间约8小时，票价49～66美元。

盐湖城玩点速览

景 摩门圣殿

摩门圣殿（The Church of Jesus Christ of Latter-day Saints）为盐湖城的标志性建筑，于1893年建成。整个圣殿为哥特式建筑物，顶部由6个巨大的尖顶组成，塔形大门由4根柱子组成，门顶上站着一只老鹰雕塑，给人一种居高临下俯视众生的感觉。除此之外，在摩门圣殿以外的摩门广场上，还可以看到很多其他的景点，如大会堂、杨百翰故居等。

旅游资讯

🏠 15 E South Temple,Salt Lake City,UT 84150,USA

💲 免费

📶 www.visittemplesquare.com

景 大盐湖

大盐湖（Great Salt Lake）为北美第一大内陆盐湖，也是西半球最大的盐湖。该湖距离盐湖城约40公里左右，干燥的自然环境和死海相似，湖水的化学特征和海水相同，但因蒸发量远远超过水量补给，所以含盐量远超海水。在湖边极目远望，湖天一色，远处的雪山和天蓝透亮的盐湖连成一片，美不胜收。

旅游资讯

🛜 utah.com/great-salt-lake-state-park

景 羚羊岛州立公园

羚羊岛为大盐湖9个岛屿中最大、也是游览大盐湖的最佳地点。这里有成片的草地，人们可以在这里游泳、野餐、远足和进行水上活动。如果下水游泳，岸上还有淋浴设施可以使用。同时，岛上还有羚羊、野牛、野兔、鹿等大量的野生动物和数百种鸟类，俨然是野生动物的天堂。

旅游资讯

🏠 4528 W 1700 S,Syracuse,UT 84075
📞 801-7259263
🕐 3～10月7:00～22:00,11月至次年4月7:00～19:00,游客中心3月15日至9月14日9:00～18:00,9月15日至次年3月14日9:00～17:00,感恩节和圣诞节关闭
💲 每辆车9美元（已含通往岛上的长堤过路费）
🛜 utah.com/antelope-island-state-park

景 犹他州自然历史博物馆

犹他州自然历史博物馆（Natural History Museum of Utah）坐落在犹他大学的校园内，这座博物馆被评为全美最有特色的十二个博物馆之一，里面不但可以让你学到很多东西，其外形建筑本身就是一件艺术品，馆内从天文到地理，从远古动物到现代植物，都可以找到，非常值得一看。

旅游资讯

🏠 301 Wakara Way,Salt Lake City,UT 84108
🕐 10:00～17:00,周三10:00～21:00
💲 成人14.95美元（25～64岁），青少年（13～24岁）及65岁以上老人12.95美元，儿童9.95美元（3～12岁），3岁以下免费
🛜 nhmu.utah.edu

景 化石峰国家遗迹公园

  化石峰国家遗迹公园（Fossil Butte National Monument）是由国家公园系统管辖的一座公园，距盐湖城2.5小时的车程。这里是新生代的湖泊遗迹，人们在此处发现了大量的动植物化石，其中除了数以万计的鱼类化石以外，还有远古类的植物、蜥蜴、马、鳄鱼、松鼠等化石。所以来到这里旅游，除了徒步以外，还可以参观化石博物馆和化石发掘处。

旅游资讯

🏠 864 Chicken Creek Rd. Kemmerer,WY 83101

📞 307-8774455

📍 自驾，距离盐湖城2.5小时，距离爱达荷瀑布3.5小时，距离杰克逊4小时，距离夏延5小时

🕐 9:00～17:30；感恩节关闭

💲 免费

📶 www.nps.gov

购 Tanger Outlets

  这是一家位于高速公路旁边的奥特莱斯，距市区约30分钟车程，交通方便，四面环山，规模不算大，一些常见的品牌和一些一线品牌这里也有，且商品折扣还不错。

旅游资讯

🏠 6699 N Landmark Dr N100 Park City,UT 84098

📞 435-6457078

📍 自驾

🕐 1月1日至12月25日，周一至周六10:00～21:00，周日11:00～18:00

💲 免费

📶 www.tangeroutlet.com/parkcity

拉斯维加斯 → 丹佛

来回交通

乘飞机

从拉斯维加斯前往丹佛可以选择乘坐飞机前往，相对来说比较节省时间，飞机可以直达，而且很省钱。飞行时间约2.5小时钟，票价约53美元。

乘长途巴士

从拉斯维加斯前往丹佛可乘坐灰狗巴士，不过灰狗巴士的票价要贵于飞机票，而且花费的时间比较多。乘坐灰狗巴士所需时间15小时20分钟左右，票价为83～112美元。

丹佛玩点速览

景 红岩公园

红岩公园（Red Rocks Park&Amphitheatre）位于丹佛市的西南部，里面怪石嶙峋，各种红色的岩石层出不穷，还有一个依靠巨大的天然岩石沟壑修建的露天剧场。在这里经常会举行摇滚乐演唱会、放映电影，其看上去和古希腊的露天剧场依稀有些相似，由岩石和音乐形成的共振，别有一番风味。

旅游资讯

🏠 18300 W Alameda Pkwy Morrison,CO 80465

📞 720-8652494

$ 免费

📶 redrocksonline.com

景 美国铸币局

美国铸币局（United States Mint）分布于美国的各大城市，总部在费城，但是丹佛的这所铸币局是单纯铸造硬币的地方。其内部不可以拍照，但可以参观铸造硬币的过程和了解硬币发展历史，并有解说员为你讲解，同时你还可以获得一枚纪念币作为纪念。

旅游资讯

🏠 320 West Colfax Avenue,Denver,CO 80204

📍 乘坐16路公交车到W Colfax Ave & Delaware St.站下

🕐 周一至周四8:00～15:50，节假日休息

$ 免费

📶 www.usmint.gov/mint_tours/?action=startreservation

景 丹佛市水族馆

丹佛市水族馆（Denver Downtown Aquarium）位于丹佛市中心地带，在这里你可以隔着玻璃看到很多海洋生物，包括鲨鱼、海龟、海马等，五彩斑斓，非常好看，有时这里还会举行人鱼表演，你可以提前上网看一下表演时间。

旅游资讯

🏠 700 Water St.,Denver,CO 80211

📞 303-5614450

📍 乘坐10路车公交车到Water St. & 7th St 站下，再步行2分钟就到了；从如果是住在市区，大部分酒店都有免费巴士服务，可以将你直接送到水族馆

🕐 周日至周四10:00～21:00，周五至周六10:00～21:30

$ 成人（12～64岁）17.99美元，老人（65岁以上）16.99美元，儿童（3～11岁）11.99美元，3岁以下儿童免票

📶 www.aquariumrestaurants.com/downtownaquariumdenver

TIPS 进入馆内，所穿服饰和鞋子不可以随意脱下，着装要正式，不能露出内衣裤，服装上不得有露骨的字眼，鞋上不得带轮子，珠宝等饰品也不可携带。

🔵景 莫莉·布朗故居博物馆

莫莉·布朗故居博物馆（Molly Brown House Museum）也称为"狮子屋"，其主人莫莉·布朗是美国著名的慈善家。无数人都从《泰坦尼克号》这部电影里看到过由奥斯卡影后凯西·贝茨扮演的莫莉·布朗，她驾驶救生艇力排众议拯救落水乘客。回国后，她尽全力安置了所有的幸存者，并安抚遇难者家属。由于她为慈善贡献了自己的一生，在她去世后这栋屋子变成了一座纪念她的博物馆，由此来纪念这位伟大的女性。

旅游资讯

🏠 1340 Pennsylvania Street,Denver,CO 80203

📍 乘坐公交车6、16路到Grant St & 14th Ave.站下，再步行两个街区可达

🕐 周二至周六10:00～15:30，周日12:00～15:30，每30分钟一次导览，只能通过导览进入，不开放自由行。6～8月周一也开放，但只开放到13:30，平时周一闭馆

💲 成人8美元，65岁以上老人及军人6美元，6～12岁儿童4美元

📶 www.mollybrown.org

🔵景 丹佛自然科学博物馆

丹佛自然科学博物馆（Denver Museum of Nature and Science）位于丹佛市的中心地带，是美国最大的自然科学博物馆之一。馆内有很多动植物的标本，还有很多陨石、金矿的标本，与太空漫游、木乃伊展览、印第安文化等展览。而且会通过电影和演讲的方式来讲解这些展品，是一个非常适合带孩子去的地方。

旅游资讯

🏠 2001 Colorado Blvd,Denver,CO 80205

📞 303-3706000

🕐 9:00～17:00

💲 15美元

📶 dmns.org

🟠购 Winter Session

Winter Session是丹佛一家非常有特色的皮革工艺店，这里将展示区、购物区、制作区很好地结合在了一起。这是由一对夫妻创办的工艺品店，他们坚持创作出各种美丽而又实用的优质产品。如果来到丹佛的话，来这家皮革工艺品店买一个特色的皮革纪念品，并且看着它们如何被加工出来后，是一个不错的选择。

旅游资讯

🏠 2952 Welton Street Denver,CO 80205

📞 720-3168118

🕐 周二至周五10:00～18:00，周六至周一休息

📶 www.winter-session.com

拉斯维加斯 → 大峡谷国家公园

来回交通

大峡谷国家公园没有公共交通系统和机场，所以只能报当地旅行团或者自驾前往游览。如果自驾前往大峡谷国家公园可走US-93转I-40再转AZ-64，约5小时可到。

大峡谷国家公园玩点速览

景 大峡谷南缘

大峡谷国家公园是美国壮丽山河的地标之一，前往大峡谷国家公园游玩的人，几乎都会前往大峡谷南缘（Grand Canyon South Rim）参观，它是国家公园的南入口。进入后，你可先去信息中心领取地图，并从地图上获取路线和景点信息。在南缘能前往位于大峡谷村东北部的亚瓦佩统观测站俯视大峡谷全景，也可以在此乘坐直升机观看峡谷全景，虽然价格很贵，但是从空中看整个大峡谷所带来的视觉冲击力是步行不能比拟的。

旅游资讯

- 🏠 Antelope Canyon,Arizona,86040
- 📞 928-6387888
- 📍 从拉斯维加斯自驾US-93转I-40转AZ-64，约5小时
- 🕐 南峡全年全天开放，北峡5月中旬至10月中旬，西峡玻璃桥冬季8:00～16:30，夏季7:00～20:00
- 💲 7座以下的小汽车按车收费，每车30美元，夜间只有自动售票机（只可用信用卡）售票，可以7天之内免费进出
- 🛜 www.nps.gov/grca

景 大峡谷天空步道

大峡谷天空步道（Grand Canyon Skywalk）是一座建造在悬崖边缘1000多米高的悬空玻璃桥，由华裔企业家构想，耗资3000万美元，历时10年之久建造的。该项目史无前例，整座玻璃桥由10厘米厚的强化玻璃制造，能够同时承受2万人的重量。站在天空步道上，可以俯视下方的整个大峡谷和科罗拉多河的美景，自己犹如悬空一般，给人带来一种从来没有过的体验。

旅游资讯

🏠 Grand Canyon Skywalk,Mohave County,AZ

📞 888-8689378

📍 自驾车从US-93 40mi出发转Pierce Ferry Road 28mi转 Diamond Bar Road 可到，约4小时

🕐 冬季8:00～16:30，夏季7:00～20:00

💲 平均一个人70美元以上

📶 www.grandcanyonwest.com

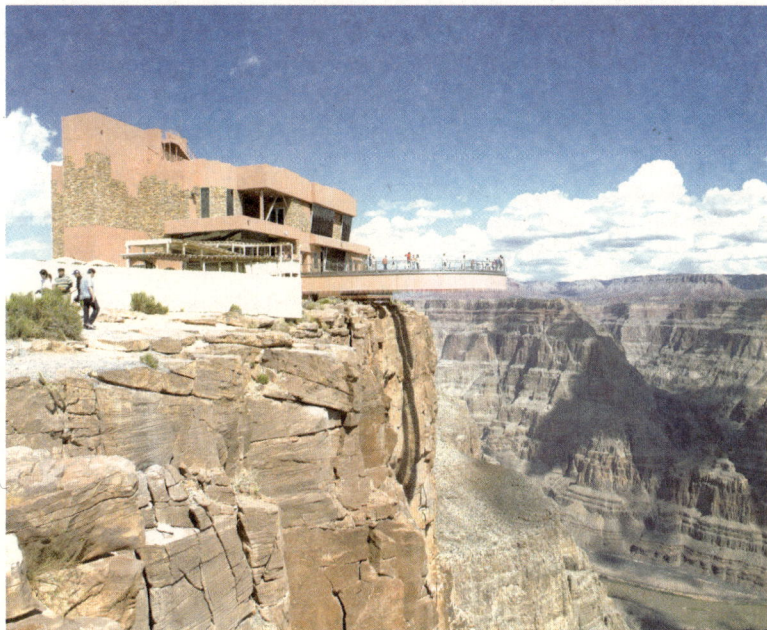

拉斯维加斯 → 大提顿国家公园

来回交通

大提顿国家公园没有公共交通系统和机场，所以只能自驾前往，如果从拉斯维加斯自驾前往大提顿国家公园，沿I-15N公路行驶约10小时18分钟到达。

大提顿国家公园玩点速览

景 杰克逊湖大坝

杰克逊湖大坝（Jackson Lake Dam）是西线的一个重要景点，也是拍摄大提顿山的绝佳地点。如果想拍摄的话，你可以站在大坝上面，隔着湖水拍摄大提顿山，如同镜子般的杰克逊湖倒映着大提顿山脉，这样你便可以拍到绝美的景色。

旅游资讯

🏠 Teton Park Road,Grand Teton National Park,Alta,WY 83414

景 Oxbow Bend Turnout

从杰克逊湖出来，沿US-191向东南方行驶约4.2公里，可以看到右手边有一个停车场，附近会有一块明显的牌子，这就是著名的Oxbow Bend Turnout湿地拍摄点。同时这里也是拍摄Moran山的最佳拍摄地点，尤其是在日出或者日落的时候，透亮的湖水倒映着雪山、白云、蓝天，背景是远处一望无垠的森林和湿地，这些美景被洒上一片金黄色，美不胜收，让人流连忘返。

旅游资讯

🏠 John D Rockefeller Junior Parkway,Grand Teton National Park,Moran,WY 83013

景 Mormon Row

Mormon Row是位于Mormon Row Rd.与Antelope Flats Rd.交口处北部的一个具有上百年历史的旧谷仓，是大提顿国家中一处最佳游览拍摄地。不但如此，这里还经常能看到美国的摄影团在阳光的映衬下，以宏伟壮观的大提顿山为背景学习拍摄。

旅游资讯

🏠 Mormon Row,Grand Teton National Park,Moose,WY 83012

拉斯维加斯 ➜ 黄石国家公园

来回交通

自驾前往

因为黄石国家公园的公共交通系统很不发达，机场在一年的大部分时候也不开放，所以大多数人都会选择自驾前往，如果从拉斯维加斯自驾前往黄石国家公园，沿I-15N行驶约10小时30分钟可以抵达。

黄石国家公园玩点速览

景 老忠实喷泉

旅游资讯

🏠 Old Faithful,Yellowstone National Park,WY 82190

📞 307-3447381

🕐 全天

📶 www.yellowstonenationalpark.com

老忠实喷泉（Old Faithful Geyser）因被人发现后100多年来每天都有规律的喷射而得名。从发现至今，其每隔33～93分钟就会喷发一次，喷发时水柱最高可达40多米，每次能喷射5分钟左右，从未中断。老忠实喷泉周围有完备的配套设施，你可以先前往游客中心观察喷发时间表，然后再选择恰当的时间点前去游览。

景 大棱镜温泉

　　大棱镜温泉（Grand Prismatic Spring）为美国最大的热泉，同时也是全球第三大热泉，它于1871年被地质学家发现，被誉为"最美的地球表面"。其从里向外呈现出蓝、绿、黄、橙、橘色和红色等不同颜色，十分绚丽，因为这里含有丰富的矿物质，具备温暖的环境，所以水藻和各种颜色的细菌在温泉中得以生存，再加上飘散的温泉硫黄雾气，给人一种传说中仙境的五彩池的感觉。大棱镜温泉周围建有木板铺成的人行道，绕行一圈约40分钟。如果想拍摄更美的景色，可以攀登至大棱镜温泉后面的小山上，此处可拍摄绚丽的全景。

旅游资讯

🏠 Grand Prismatic Spring,Yellowstone National Park,Wyoming
📞 307-3447381

🕐 全天
$ 免费
📶 www.yellowstonenationalpark.com

景 黄石湖

　　黄石湖（Yellowstone Lake）位于黄石国家公园东南部，是公园内最大的内陆湖，同时也是一个火山湖，因为含硫量过多，造成了这里的湖水显得异常清澈碧蓝，但是湖水不能喝，湖中也不能游泳。黄石湖周围长着大片的寒带常青树，同时该湖是一个不错的垂钓点和大量水鸟的栖息地；碧蓝的湖水加上远处连绵起伏的雪山做背景，给人一种神清气爽的感觉。

旅游资讯

🏠 Yellowstone Lake,Yellowstone National Park,Wyoming
🕐 全天
$ 免费
📶 www.yellowstonenationalpark.com

景 黄石大峡谷

黄石大峡谷（The Grand Canyon of the Yellowstone）为黄石国家公园的最著名的景观之一，位于黄石公园的中部，不但有幽深的峡谷、飞流直下的瀑布，还有一道道绚丽的彩虹横跨瀑布两侧。由于长期遭受河水的冲刷，所以在峡谷周围形成了黄、褐、棕、橙等颜色的陡峭岩壁。这里视野开阔，景色会显得十分的壮观。

旅游资讯

🏠 Grand Canyon of The Yellowstone,Yellowstone National Park,Wyoming 82190

📞 307-3447381

🕐 全天

$ 免费

📶 www.yellowstonenationalpark.com

景 海顿山谷

海顿山谷（Hayden Valley）是一个可以看到众多野生动物的地方。这里视野开阔，水草丰美，广

阔的草场上能看到野牛、麋鹿、棕熊、鹈鹕等不失为一处净化心灵的好地方。

旅游资讯

🏠 Mud Volcano与Caongon Janction之间,Yellowstone National Park,WY

🕐 全天

$ 免费

景 蓝宝石池

蓝宝石池（Sapphire Pool）位于饼干盆地内，是盆地内最美丽的景点之一。这个温泉的独特之处在于整个池内的水全都呈天蓝色，非常清澈、透亮，如果不是上面时常飘荡着一些雾气，它就好像一颗璀璨的蓝宝石一样镶嵌在黄石国家公园辽阔的大地上。

旅游资讯

🏠 Yellowstone,Yellowstone National Park,Wyoming 82190

Chapter **FIVE**

五大湖周边地区

芝加哥

芝加哥最优出行方案速查

机场到市区

芝加哥奥黑尔国际机场和中途机场是芝加哥的两个机场，其中中途机场一共有3个航站楼，主营为美国航班。芝加哥奥黑尔国际机场是全美最繁忙的机场之一，一共有4个航站楼，国内一线城市均可转机由东京飞往该机场。

芝加哥奥黑尔国际机场信息	
地址	10000 W O'Hare Ave.,Chicago,IL 60666
电话	800-8326352
网址/二维码	www.flychicago.com

美国穷游也行

机场至市区的交通			
交通工具	介绍	票价	注意事项
蓝线地铁（CTA Blue Line）	机场到市区最便捷经济的选择就是乘坐蓝线地铁，蓝线地铁站位于2号航站楼的地下二层，24小时运营	机场至市区单程票价为5美元，市区至机场为2.25美元，转乘其他线路另支付25美分	由于通往市区的高速经常堵车，所以这是最便捷快速的选择
机场穿梭巴士（Continental Airport Express）	每天4:00开始发车，10~15分钟一班，各个航站楼均可乘坐，可抵达市内大部分地区	约32美元	无需预约，但是上下班高峰期，机场高速严重拥堵
出租车（Yellow Cab）	芝加哥的出租车没有统一的颜色，司机也没有统一的制服，上车点就在每个航站楼的领取行李处外面，市区内提供拼车服务	打车到市区约40美元	建议支付10%~15%的小费，乘车前记得跟司机说是前往市区，因为前往郊区某些地区需要1.5倍费用

芝加哥中途机场信息

地址	5700 S Cicero Ave.,Chicago,IL 60638
电话	800-8326352
网址/二维码	www.flychicago.com
相关介绍	芝加哥本地用于停靠国内航班的一个机场，有3个航站楼，航班较少

机场至市区的交通

交通工具	介绍	票价	注意事项
蓝线地铁（CTA Blue Line）	机场到市区最便捷经济的选择就是乘坐蓝线地铁，蓝线地铁站位于机场右侧，24小时运营	约2.25美元	时间约30分钟，但是高速经常堵车，所以地铁是最便捷快速地选择
机场穿梭巴士（Continental Airport Express）	每天凌晨4点开始发车，10~15分钟一班，各个航站楼均可乘坐，可抵达大部分市内地区。	约14美元	无需预约，但是上下班高峰机场高速严重拥堵

续表

交通工具	介绍	票价	注意事项
出租车（Yellow Cab）	芝加哥的出租车没有统一的颜色和统一的制服，上车点就在每个航站楼取行李处的外面，市区内提供拼车服务	打车到市区26~33美元	建议支付10%~15%的小费，乘车前记得跟司机确认是否前往市区，因为前往郊区某些地区需要1.5倍费用

出行使用芝加哥公共交通卡

在芝加哥可以使用芝加哥公共交通卡（CTA Fare），可用于乘坐公交车、地铁等公共交通，相互转车不另外收费，十分方便。交通卡主要由单程卡、一日卡、三日卡、周卡、月卡等种类。

芝加哥公共交通各线路信息查询：www.transitchicago.com/fares

芝加哥公共交通卡简介		
种类	价格	介绍
单程卡（one Pass）	2.25美元	残疾人、青少年、老人可至少减半
1日卡（1-Day Pass）	10美元	一日内大部分公交车、地铁不限次数乘坐
3日卡（3-Day Pass）	20美元	3天内大部分公交车、地铁可以不限次数乘坐
周卡（7-Day Pass）	28美元	一周内大部分公交车、地铁可以不限次数乘坐
月卡（30-Day Pass）	100美元	30天内大部分公交车、地铁可以不限次数乘坐

TIPS 1日卡可以直接在自动售票机上购买，但是3日卡、周卡需要先花5美元买一张Vetra卡后，才可以购买，卡注册后，这5美元会作为交通费返还。

芝加哥城郊通勤火车系统

芝加哥的火车系统为METRA公司运营的系统，通往芝加哥的Cook、DuPage、Lake、Will、McHenry、Kane六个县，一共有10多条线路可以使用。

芝加哥城郊通勤火车查询网址

芝加哥城郊通勤火车票价信息	
种类	价格
单程车票	2.75美元
提前购票	2美元
上车购票	3美元
周末票	7美元

TIPS 如果一行人超过4个人，推荐买10次票，比较划算，如果在双休日乘坐，可以购买周末票，可不限次数乘坐。

芝加哥玩点速览+线路推荐

玩点速览

芝加哥艺术博物馆

芝加哥艺术博物馆（Art Institute of Chicago）位于市中心地区，建于1891年，紧邻五大湖之一的密歇根湖，为一座维多利亚建筑风格的博物馆。馆内展品非常丰富，有雕塑、绘画、建筑、照片、手工艺品等，跨度从3000年前的埃及古文明到当代的波普艺术，是了解芝加哥文化的好去处。

旅游资讯

- 🏠 111 S.Michigan Ave.,Chicago,IL 60603
- 📞 312-4433600
- 📍 乘坐地铁棕线、绿线、橙线、粉线、紫线到Adams/Wabash站下车再向东步行可到
- 🕐 10:30～17:00；周四开放时间延长至20:00，感恩节、圣诞节及新年关闭
- 💲 成人23美元；老年人（65岁以上）和学生17美元；14岁以下儿童免费
- 📶 www.artic.edu

千禧公园

千禧公园（Millennium Park）是位于芝加哥市中心的一座大型公园，坐落在密歇根湖畔，是芝加哥市重要的公共文化娱乐中心，也是芝加哥最为人熟知的景点之一。公园内的大量景点都已经成为经典，比如形似豌豆的云门。同时，这里是被大众所喜欢的景点，也是新人结婚经常来拍照的一个上佳地点。

旅游资讯

- 🏠 201 E. Randolph St.,Chicago
- 📞 312-7421168
- 📍 乘坐地铁绿线、橙线、棕线、粉线到Madison/Wabash或Randolph/Wabash站下车，向东步行两条街；或者搭乘地铁红线到Monroe站下车，向东步行两条
- 🕐 6:00～23:00
- 💲 免费
- 📶 www.cityofchicago.org/city/en/depts/dca/supp_info/millennium_park

约翰·汉考克中心

约翰·汉考克中心现已更名为360°芝加哥观景台（360 Chicago Observation Deck），是位于芝加哥中心地带、临近密歇根湖的一座摩天大楼，建于1965年，楼高约343.5米，加上天线高约457.2米，地上有100层。在观景台上，不但有一些餐馆可以供人坐下一边眺望美景一边品尝美食，如果晚上去欣赏到的景色会更美。

旅游资讯

🏠 875 N Michigan Ave.,Chicago,IL 60611

📞 888-8758439

📍 乘坐地铁红线到Chicago车站下车，向东步行即到；或者搭乘CTA巴士146、147、151路到Michigan & Chestnut站下车

🕐 94层9:00～23:00，最后一趟电梯的运行时间为22:30；95层周日至周四17:00～22:00；94层9:00～23:00，最后一趟电梯的运行时间为22:30；95层周日至周四17:00～22:00；96层周日至周四11:00～24:00，周五至周六11:00至次日1:30

💲 94层成人18美元，3～11岁儿童12美元，3岁以下儿童免费参观；95～96层为美食中心，人均消费约60～80美元

📶 www.360chicago.com

威利斯塔观景台

威利斯塔观景台（Willis Tower Observation Deck）位于芝加哥威利斯大厦的103层，距地面412米，是一处观赏芝加哥城市美景的好地方。据说，天气晴朗的时候在此可以看到美国的4个州，因游客产生的灵感，设计师于2009年在此建造了4个玻璃阳台，全部位于大厦的西侧。每个玻璃阳台从观景台向外延伸1.2米，如果来到这里游玩，这个地方是必来的，站在纯玻璃打造的空间里，你会有一种悬空站立的感觉，在这里拍摄脚下的照片，绝对是在其他地方都没有的特色。

旅游资讯

🏠 233 S Wacker Dr,Chicago,IL 60606

📞 312-8750066

🕐 全年开放

💲 成人（12周岁以上）19美元，儿童（3岁～11岁）12美元

📶 theskydeck.com

菲尔德自然历史博物馆

菲尔德自然历史博物馆（The Field Museum）建于1996年，馆内藏品以各种标本、化石为主，从甲虫到猿猴的化石，再到宝石、矿石的标本随处可见，馆内著名藏品有世界上最大的黄蓝玉，美国最大、最完整的恐龙化石"苏"和世界上仅有的一具掠食龙化石。除此之外，馆内有很多古人类的标本，甚至收藏着23具木乃伊的标本。总之在此，你会看到很多闻所未闻的展品。

旅游资讯

🏠 1400 S Lake Shore Dr,Chicago,IL 60603

📞 312-9229410

📍 乘坐高架Brown线、Green线、Orange线、Pink线、Purple线在Adams/Wabash站下车

🕐 9:00～17:00（16:00为最后进入时间），圣诞节关闭

💲 成人18美元，儿童13美元，65岁以上老人15美元，有ID的学生15美元（不包含特殊展览和3D电影院）

🛜 www.fieldmuseum.org

海军码头

　　海军码头（Navy Pier）是芝加哥地标性景点，也是最为众人所知的景点，码头自密歇根湖边向外延伸近1000米。这里是芝加哥的娱乐中心，有电影院、旋转木马、摩天轮等，除此之外，还有大量的美食餐馆，形成了一整个完全配套的公共娱乐中心；每年在这里，人们都会举办一些节庆活动，尤其是每年的独立日，会有盛大的烟火表演，而夏季则会从退伍军人纪念日一直持续到劳工节周末，每周上演两次烟火表演，分别是每周三的21:30和周六的22:15。

旅游资讯

🏠 600 E.Grand Ave.,Chicago

📞 312-5957437，800-5957437

📍 乘坐CTA巴士29、65、66、124路到Navy Pier站下车

🕐 4月1日至5月22日，周日至周四10:00～20:00，周五至周六10:00～22:00；退伍军人纪念日周末（5月23日至5月25日）10:00～0:00，5月26日10:00～22:00；5月27日至8月30日，周日至周四10:00～22:00，周五至周六10:00～0:00；劳动节周日（8月31日）10:00～0:00，周一（9月1日）10:00～22:00；9月2日至10月31日，周日至周四10:00～20:00，周五至周六10:00～22:00

💲 免费，参加其他活动自费

🛜 navypier.com/trolley

TIPS 海军码头有免费电车（Trolley）服务，每年5～9月，游客可以从State大街乘坐免费电车前往海军码头，电车运营的具体时间以官网时间为准。

联合体育中心

联合体育中心（United Center）位于临近密歇根湖的市中心地带，是芝加哥公牛队的主场，也是篮球迷最想亲近的地方，因为这里曾是"篮球之神"乔丹的主队，直到现在他的雕像仍伫立在联合体育中心的门口，其飞身隔扣的形象栩栩如生，俨然成了芝加哥最重要的雕像。在没有比赛的日子，这里也会举办很多明星演唱会，因而这是非常值得一去的地方。

旅游资讯

🏠 1901 W Madison St.,Chicago,IL60612
📞 866-2297424
📍 乘坐地铁橙线、绿线、紫线在Madison站下；有比赛的日子临时快速公交车会在球场和Madison地铁站往返接送球迷
🕐 周一至周六11:00～18:00，夏季周六不营业，有比赛日11:00至比赛半场结束
💲 50～60美元
📶 www.unitedcenter.com

芝加哥科学与工业博物馆

芝加哥科学与工业博物馆（Museum of Science & Industry）坐落于海德公园内，风景优美。在里面你不但能看到科技类的展示，还可以看到煤矿的运作过程、开采石油等工业类的展示。

除此之外，这里的第二次世界大战期间美国俘获的德国U-505潜水艇，也是最有特色的一个亮点。

旅游资讯

🏠 5700 S Lake Shore Dr.,Chicago,IL60637
📞 773-6841414
📍 可乘坐火车ME线至59th St.（U. of Chicago）站下车，步行10分钟即可；可乘坐火车ME线/SS线至55th—56th—57th St. Metra站下车，步行5分钟即可
💲 成人15美元，孩子（3～11岁）10美元
📶 www.msichicago.org

66号公路

66号公路（Route 66）是美国的"母亲之路"，也是美国公路文化最著名的一条公路，从芝加哥一直横穿到圣莫妮卡，全长3939公里，是当年美国带动西部经济的一条生命线。走这条公路横穿美国，能看到很多古老的小镇和荒凉的美国西部风光，还能穿越很多著名景点，是美国最适合自驾的一条公路。66号公路，见证着一个民族的苦难与繁荣，却也体现了美国人自由、勇敢与进取的精神。

线路推荐

DAY **1**

芝加哥艺术博物馆 ➡ 威利斯塔观景台 ➡ 约翰·汉考克中心 ➡ 海军码头

芝加哥艺术博物馆 / 游览芝加哥艺术博物馆，观看大量艺术展品

乘坐巴士约5分钟前往威利斯塔观景台

威利斯塔观景台 / 来到威利斯塔观景台俯瞰芝加哥全貌

乘坐巴士15分钟前往约翰·汉考克中心

约翰·汉考克中心 / 下午一边观赏美景，一边享用美食

乘坐巴士10分钟前往海军码头

海军码头 / 游览芝加哥最著名的海军码头，看烟火表演

DAY **2**

联合体育中心 ➡ 千禧公园 ➡ 菲尔德自然历史博物馆 ➡ 芝加哥科学与工业博物馆

联合体育中心 / 早餐后游览联合体育中心，进入球场参观并与乔丹的雕像合影

乘车5分钟前往千禧公园

千禧公园 / 欣赏千禧公园的美景

乘车5分钟前往菲尔德自然历史博物馆

菲尔德自然历史博物馆 / 参观菲尔德自然历史博物馆中丰富的藏品

乘车25分钟前往芝加哥科学与工业博物馆

芝加哥科学与工业博物馆 / 参观馆内各种科技类展品，结束愉快的行程

芝加哥高性价比住宿地推荐

芝加哥为全美人口第三的大城市，在这里可以找到众多的酒店和旅馆。除此之外，在芝加哥，家庭旅馆和单身公寓，也是不错的住宿选择。

住宿地推荐

高性价比住宿地推荐				
名称	地址	网址	参考价格	亮点
The Palmer House Hilton	17 East Monroe Street, Chicago, Illinois, 60603	www.hilton.com	双人间99美元，特大号房间109美元	客人可以享受酒店内的内室温水游泳池和按摩浴缸或桑拿，放松身心。还可以参观芝加哥艺术学院，千禧公园距离酒店有一个街区，威利斯塔观景台和密歇根湖距离酒店13分钟的步行路程
Inn of Chicago Magnificent Mile	162 East Ohio Street, Chicago, IL 60611	www.innofchicago.com	单号大床房78.75美元，标准大床房92.65美元，特号大床房97.75美元	距离华丽一英里的豪华商店非常近，距离海军码头和千禧公园均不到1.6公里，距离芝加哥剧院区、威利斯大厦和密歇根湖的沙滩均不到3.2公里，距离芝加哥艺术学院有15分钟步行路程

续表

名称	地址	网址	参考价格	亮点
Freehand Chicago	19 East Ohio Street,Chicago,IL 60611 USA	thefreehand.com/chicago	大床房间99.45美元，女性宿舍单床30美元，四人间140美元	酒店内的Broken Shaker餐厅拥有独特的休闲氛围，供应招牌鸡尾酒和小吃。Cafe Integral咖啡厅供应尼加拉瓜咖啡和创意早餐菜肴。酒店距离华丽一英里有2分钟步行路程，距离芝加哥水塔有10分钟步行路程，距离芝加哥奥黑尔国际机场有25公里
Acme Hotel Company Chicago	15 East Ohio Street, Chicago, Illinois 60611	www.acmehotelcompany.com	特大号床间92美元，城景大号床间134美元，双人大床间154美元	客人在入住期间，可以在酒店的健身中心锻炼身体，也可以在热水浴缸或桑拿浴室中放松身心，还设有1个商务中心。酒店距离海军码头、密歇根湖和千禧公园都在2公里范围内，距离芝加哥中途国际机场有19.3公里
Chicago Getaway Hostel	616 W Arlington Pl, Chicago,IL 60614	www.getawayhostel.com	两人客房（公用浴室）71.1美元，单人客房79美元，私人客房（带私人浴室）99美元，男/女宿舍的单人床位29美元	这里提供笔记本电脑和自行车出租服务，也提供台球桌、六弦琴和户外烧烤架。前台提供打折的博物馆和景点通行证。旅馆距离林肯公园动物园有15分钟步行路程，距离Wrigley Field棒球场仅有3.2公里

芝加哥百里挑一的经济餐

芝加哥和纽约类似，是一个多民族聚居的多元化城市，但是真正出色的还是它的平民化餐饮。如果想找到一些好吃又经济的餐馆，那么就去居民区找吧，如希腊城、The Devon Ave Desi Corridor、唐人街、Chatham's等。除此之外，在芝加哥的西北方向、Jackowo（芝加哥波兰村）及Belmont-Central，你还能找到许多香肠店和传统波兰餐馆。

寻找经济餐的好去处

吉布森牛排馆

吉布森牛排馆（Gibsons Bar & Steakhouse）为全美最棒的牛排餐厅之一，如果你是一个喜欢吃牛排的人，这里是绝对不可以错过。这里不但牛排做得好吃，海鲜也非常的棒，而且经常能遇到一些来这里就餐的明星哦！相对于一个很著名和高品质的餐馆，这里的食物价格还算可以，人均消费50美元左右。

旅游资讯

🏠 1028 N Rush St.,Chicago,IL
📞 312-2668999
📶 texasdebrazil.com

Pizzeria Uno

Pizzeria Uno是一家很著名的深盘比萨店，也是深盘比萨的创始店，创建于1943年，多年来一直保持着最原始的手艺和口味。一层香脆厚重的比萨壳，配上浓厚的芝士和西红柿泥、香肠，让人回味无穷。不但如此，其比萨给的分量很足，一份就能吃饱，这里也同样是性价比较高的特色餐馆，人均消费15～30美元。

旅游资讯

🏠 29 E.Ohio St.,Chicago
📞 312-3211000
🕐 周一至周四11:00至次日1:00，周五至周六11:00至次日2:00，周日11:00～23:00
📶 www.unos.com

紫猪

紫猪（The Purple Pig）是一家很有趣的餐馆，名字的起源为"如果猪喝了红酒，它的皮就会变成紫色"传说。这家餐馆不但美食味道不错，啤酒和葡萄酒的种类也很多，恰好对应了那个有趣的传说，主厨Jimmy Bannos Jr和其父亲擅长制作以猪肉为主的地中海精致小菜。在此你可以一边品尝红酒，一边品尝着美食，别有一番风味，这里人均消费11～30美元。

旅游资讯

- 🏠 500 North Michigan Avenue,Chicago
- 📞 312-4641744
- 🕐 周一至周四、周日11:30～24:00，周五至周六11:30至次日2:00
- 📶 thepurplepigchicago.com

明轩

明轩（MingHin Cuisine）是芝加哥中国城内最大的一家粤菜馆，这家菜馆从装修到服务到食物都很不错。这里的菜式除了典型的粤式风格和港式茶点以外，海鲜做得也十分可口，热门菜式有澳门烧腩仔、小炒王、四季豆鳗鱼、茄子班腩煲等，人均消费15～30美元。

旅游资讯

- 🏠 2168 S Archer Ave,Chicago
- 📞 312-8081999
- 🕐 周一至周日8:00至次日2:00
- 📶 minghincuisine.com

芝加哥本地人爱去的购物地

本地人爱去的购物街

密歇根大道

密歇根大道（Michigan Avenue）位于芝加哥的市中心，是芝加哥最富丽堂皇的一条大道，其富丽堂皇的程度不亚于巴黎的香榭丽舍大街，被誉为"华丽一英里"。这是一条可与纽约第五大道相媲美的街道，漫步在密歇根大道上，华丽的气息扑面而来，随处可见时尚的店铺，高大的建筑，精致的橱窗，这一切都是它高贵气息的来源。

旅游资讯

- 🏠 Michigan Avenue,Chicago
- 💲 免费
- 📶 michiganavemag.com

本地人爱去的购物中心

Water Tower Place购物中心

Water Tower Place 是一栋7层楼高的购物中心，在商场门口有着芝加哥最漂亮的广场喷泉，内部有很多商铺。其中，不但包括了梅西这种著名的购物商场，还包括 Abercrombie & Fitch, Aritzia（The Mod Canadian Chain）, Akira（The Hip Local Clothing Vendor）and American Girl Place等品牌。

旅游资讯

🏠 835 N Michigan Ave.,Chicgo
📞 312-4403166
📶 www.shopwatertower.com/en.html

Chicago Place Mall

Chicago Place Mall是芝加哥的一处有8层高的购物中心，拥有芝加哥最好的礼品店和纪念品店。这里商铺林立，除了可以找到几乎所有的一线品牌以外，在一层还可以找到很多的美食餐馆，可以一边逛着购物中心，一边品尝一下这里的美味。

旅游资讯

🏠 700 N Michigan Ave.,Chicgo
📞 312-6424811
📶 www.chicago-place.com

芝加哥时尚奥特莱斯

芝加哥时尚奥特莱斯（Fashion Outlets of Chicago）开业于2013年，靠近机场，成为了距离城区最近的奥特莱斯。这里拥有众多品牌和多样化的商品可供购物者挑选。这里的最大特色是公共交通非常的发达，不像其他的奥特莱斯那样只能自驾前往，乘坐公交车、地铁均可到达这里，十分方便。

旅游资讯

🏠 5220 Fashion Outlets Way,Rosemont, Illinois 60018
📍 自驾沿I90 W高速至78号出口处进入I190 W高速，继续行驶至River Road出口出高速，沿River Road行约1300米左右；或乘坐蓝线地铁至Rosemont下车，步行15～20分钟即可到达，Rosemont有免费的接驳车到那里
📶 fashionoutletsofchicago.com

芝加哥不花钱的娱乐活动

在"风城"芝加哥，想要找一些不花钱的娱乐活动还是比较容易的，只要融入其中，你会发现这些活动会比去一些景点游览更有趣。

免费且丰富的娱乐活动

格兰特公园夏日音乐节

格兰特公园夏日音乐节（Grant Park Music Festival）是芝加哥地区很有特色的一个音乐节，为芝加哥市中心最为重要的古典音乐汇聚地。此音乐节每届都会邀请很多本地的明星和交响乐团，在千禧公园的普利兹克露天音乐厅进行音乐演奏，这也是全美唯一的免费户外古典音乐演奏。有特色的是，每次这个演出都会维持十周，吸引着大批的民众前来，如果你是一个古典音乐爱好者，这里是一个不可错过的节日。

旅游资讯

🏠 205 E Randolph St.,Chicago,IL 60601

🕐 6~8月

📶 www.grantparkmusicfestival.com

芝加哥马拉松

芝加哥马拉松（Chicago Marathon）是全球著名的六大马拉松之一，于每年10月份举行，该马拉松始于20世纪70年代，自1997年起，连续3届创造了惊人的成绩，从而成为了全美国最精彩、规模最大的马拉松。该马拉松的路线从Grand Park出发，绕城一圈后回到原点，如果在芝加哥正好赶上了这个马拉松，一定要去看看，因为这是一个很热闹的活动。

旅游资讯

🏠 从Grand Park出发绕一大圈后回到原点

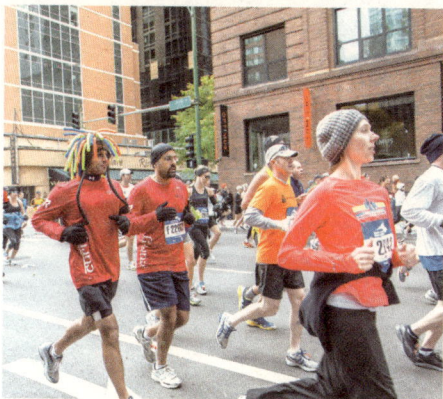

芝加哥 → 底特律

来回交通

乘飞机

从芝加哥前往底特律可以乘坐飞机直达，虽然费用较贵，但是速度相对来说较快，时间约1.5小时，票价约138美元。

乘长途巴士

从芝加哥前往底特律可以选择最为省钱的交通方式，即乘坐长途巴士，但是相对于飞机来说时间比较久，但是可以省去很多不必要的费用，所需时间6小时左右，车票网上预订18～30美元，站内购买约52美元。

底特律亮点速览

景 福特汽车博物馆

福特汽车博物馆（Henry Ford Museum）是底特律最著名的景点，来到汽车城，这里自然是游览的首选。在底特律这个以汽车起家的城市，福特汽车博物馆体现着一种浓浓的汽车情缘。博物馆里包含了火车、汽车、飞机、机械等，除此之外，还通过用3D电影的形式，讲解汽车的发展史以及对未来的展望，爱车的人很值得来这里看看。

旅游资讯

🏠 20900 Oakwood Boulevard,Dearborn,MI 48124-5029

📞 800-8355237

🕐 9:00～17:00

💲 成人（12～61岁）21美元，62岁以上老人19美元，儿童（3～11岁）15.75美元，3岁以下儿童免费

📶 www.thehenryford.org/visit/henry-ford-museum

TIPS 如果在官网上进行购票，那么每个人都可以享受9折的优惠。

景 麦基诺岛

　　麦基诺岛（Mackinac Island）是位于密歇根湖中的一个有人居住的小岛，曾被评为"世界十大最美小岛"之一。岛上有特色的是没有汽车，人们的出行方式是骑自行车或者骑马，是一个环境保护很好的小岛。如果想上岛的话，可以乘坐渡轮或者私人飞机。这里适合全家出行或者组队聚餐，岛上不但植被丰富，而且栖息着大量的鸟类，呈现出一派世外桃源的景象。

旅游资讯

🏠　Mackinac Island,Michigan 49757

景 底特律动物园

　　底特律动物园（Detroit Zoo）位于底特律北部，距离市区约3.2公里。它于1883年开业，占地面积约0.5平方公里，是密歇根州最大的动物园之一。该动物园拥有300多种动物，有3300多只动物栖息于此，这些动物来自世界各地，从非洲丛林到北极圈内的动物，在此都可以找到它们的身影。正因为如此，这里每年吸引着110多万游客前来参观。

旅游资讯

🏠　8450 W 10 Mile Rd.,Royal Oak,MI 48067

📞　248-5415717

🕐　4～9月7日9:00～17:00，9月7日至9月30日10:00～17:00，10月至次年3月10:00～16:00；7～8月周三开放时间延至20:00；新年、感恩节、圣诞节不开放

💲　15岁及以上的人14美元，62岁以上老年人10美元，15岁以下儿童10美元，2岁以下儿童免费；4D影院等项目需额外付费

📶　detroitzoo.org

购 Somerset Collection

　　Somerset Collection是密歇根州最大的奢侈品购物中心，也是当地最大的购物天堂。整个购物中心分为南北两个部分，两楼之间由天桥相连接，内部的装修十分奢华时尚，商品种类包含了几乎所有的一线品牌和常见的品牌。遇到节日的话，折扣也不错，所以如果在密歇根地区购物，这里无疑是最好的选择之一。

旅游资讯

🏠　2800 W Big Beaver Rd.,Troy,MI 48084

📍　自驾前往

🕐　周一至周六10:00～21:00，周日12:00～18:00

📶　www.thesomersetcollection.com

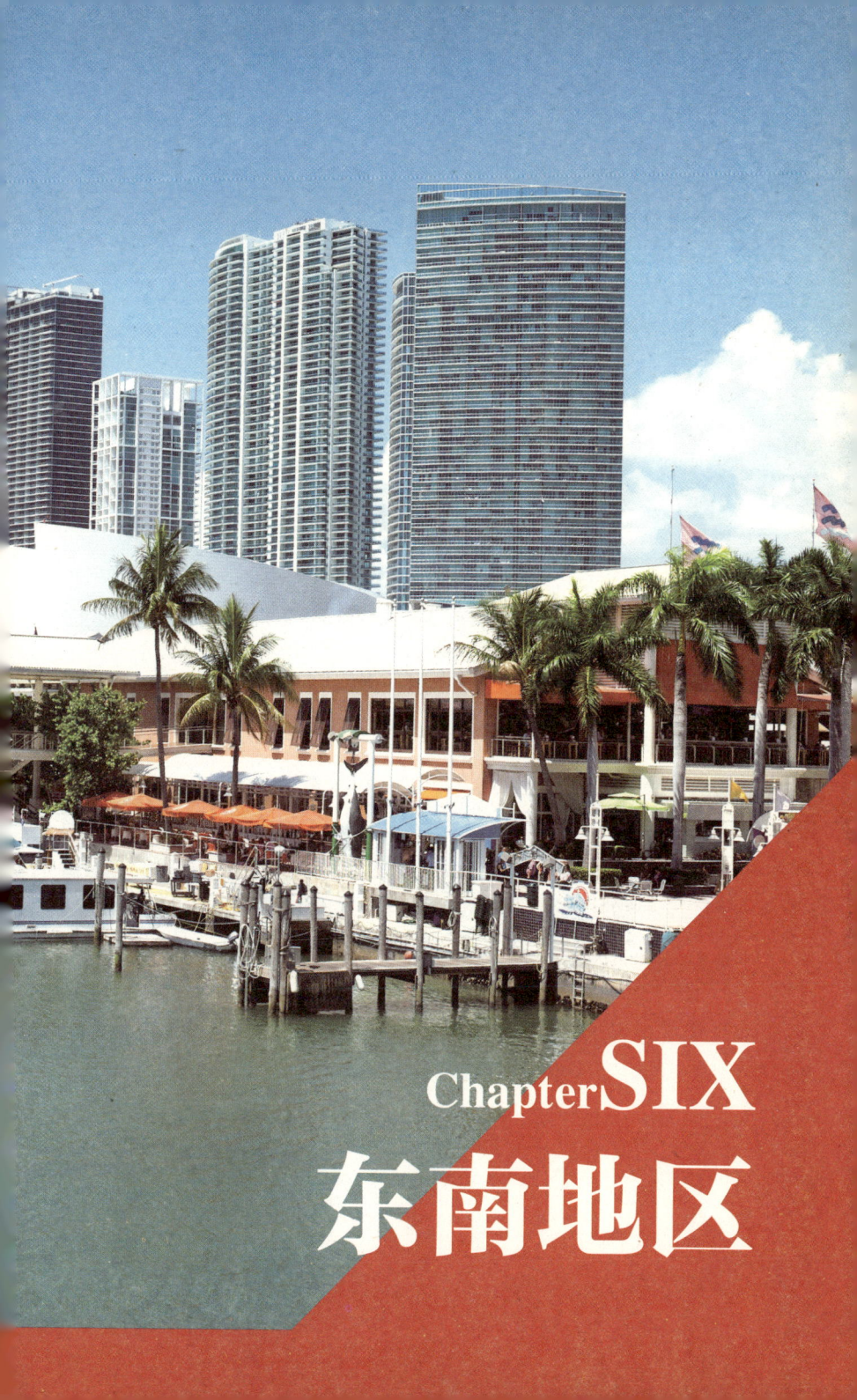

Chapter SIX
东南地区

迈阿密

迈阿密最优出行方案速查

机场到市区

　　迈阿密国际机场距离迈阿密市中心13公里，是佛罗里达州最繁忙的机场，也是美国东南部最重要的机场之一，还是美国连接拉丁美洲最重要的机场。

迈阿密国际机场信息	
地址	2100 NW 42nd Ave.,Miami,FL 33126
电话	305-8767000
网址/二维码	www.miami-airport.com

机场至市区的交通			
交通工具	介绍	票价	注意事项
机场快线（Airport Flyer）	直达迈阿密市中心及海滩，车上提供免费的Wi-Fi	单程2.65美元	运营时间为6:00～23:00，30分钟一班
市内公交车（Metro Bus）	7、37、42、57、J110、133、150、238、297路市内公交车均在迈阿密国际机场设有站点	单程2.25美元	最经济的出行方式，但是要提前查好线路图
市内捷运（Metro Rail）	覆盖迈阿密大量的区域，和市内公交车是一家公司运营	单程2.25美元	不接受现金购票，需在机场售票机购买Easy Card

交通工具	介绍	票价	注意事项
出租车（Taxi）	在每个航站楼的行李领取处的出口都会有乘坐出租车的地方，需要排队等待	起步价为6.9美元，后面每1.6公里增加2.4美元，停车等待每分钟增加0.4美元	前往迈阿密市中心如果不堵车需要约30美元

出行使用迈阿密公共交通系统

　　在迈阿密出行可以使用公共交通系统，分别是迈阿密市内公交车（Metro Bus）、轻轨（Metro Mover）、迈阿密捷运（Metro Rail）。其中轻轨为免费乘坐，迈阿密市内公交车的票价为2.25美元1次，迈阿密捷运为2.25美元1次，但是迈阿密捷运不接受现金购票，只接受Easy Card或Easy Ticket。

迈阿密公共交通查询
www.miamidade.gov/transit

迈阿密玩点速览+线路推荐

玩点速览

南海滩

　　南海滩（South Beach）是迈阿密地区最美的海滩之一，隶属于迈阿密海滩。这里是真正意义上的热带海滩，纯净如蓝宝石般的海水，纯白色的沙滩，湛蓝的天空，随处可见的比基尼美女，组成了一副美不胜收的热带风光。除此之外，海滩周围聚集了上百家的商家，大量的餐馆、礼品店、酒吧、旅馆都可以在这里找到。白天可在沙滩上晒太阳、散步、游泳，在夜幕降临后，可以在附近逛逛街，吃一顿晚餐。

旅游资讯

🏠 South Beach,Miami Beach,FL 33139
📍 在迈阿密国际机场搭乘机场海滩快线（Airport-Beach Express, Route 150）可到；迈阿密市中心以及周边地区搭乘103、120、123路公交车可到

美航中心

　　美航中心（American Airlines Arena）位于迈阿密市中心，是一座建立在码头上的濒临大海的球馆，也是著名的NBA球队迈阿密热火队的主场，还是迈阿密城市的标志。美航中心建立于1998年，是一座相对来说很新式的球场。到了夜晚，这里的夜景也非常不错。但是来这里看球，你最好不要自己开车，因为这里处于迈阿密市区，公共交通相对来说便捷，另一方面这里在有比赛的时候，会非常堵车，而且很难找到停车位。

旅游资讯

🏠 601 Biscayne Blvd,Miami,FL 33132
📞 786-7771000
📍 乘坐3、93、95、103、119路公交车在Biscayne Blvd @ NE 6 Street站下车
💲 根据不同比赛而定，具体以官网为准
📶 www.aaarena.com

菲兹卡亚博物馆与花园

菲兹卡亚博物馆与花园（Vizcaya Museum and Gardens）建于1918年，是著名的美国国家历史地标之一，位于迈阿密的中心地带。其建筑为意大利的建筑风格，很多著名电影都在此取景，里面的自然景致和豪宅，都很漂亮。

旅游资讯

- 🏠 3251 S Miami Ave.,Miami,33129
- 📍 乘坐Metrorail于Vizcaya站下车
- 🕐 周一、周三至周日9:30～16:30；周二、感恩节、圣诞节不开放
- 💲 18美元
- 📶 vizcaya.org

丛林岛

丛林岛（Jungle Island）是迈阿密特有的以热带雨林为主题的公园，有白虎、黑豹、白狮子、大陆龟、袋鼠、小矮马、羊驼、火烈鸟、大蜥蜴和鹦鹉等动物，你可以在饲养员的指导下给动物喂食。

旅游资讯

- 🏠 1111 Parrot Jungle Trail,Miami,FL 33132
- 🕐 周一至周五10:00～17:00，周六至周日10:00～18:00
- 💲 39.95美元；停车费10美元

迈阿密动物园

迈阿密动物园（Zoo Miami）位于市区西南部，是迈阿密的一处著名的景点。迪士尼动画片《狮子王》里大量的动物原型，都是从这里的动物中挑选。这里还有大量的稀有动物和热带雨林生物，在其他的动物园很难看到，在动物园巧妙划分开的区域之外，游客还可以和动物近距离接触。

旅游资讯

- 🏠 12400 SW 152 Street,Miami,FL 33177
- 📞 305-2510400
- 📍 由Dadeland South Station搭乘252 Coral Reef MAX于Metrozoo站下车
- 🕐 周一至周五10:00～17:00，周六至周日9:30～17:30，闭园前1.5小时停止售票；新年、感恩节、圣诞节开放时间会微调，可登录官网查询
- 💲 成人19.95美元；3～12岁儿童15.95美元，3岁以下儿童免费
- 📶 www.zoomiami.org

迈阿密水族馆

迈阿密水族馆（Miami Seaquarium）位于迈阿密东南部的弗吉尼亚岛，是一个以海洋生物和科普为主题的公园，也是美国最有特色的主题海洋馆之一，至今已经开业了数十年。这里不仅能看到一些常规的海洋动物，还可以看到很多凶恶的生物，比如尼罗鳄、虎鲸等。除此之外，还可以看到海豚表演以及人与海豚亲密接触。当然，来这里还一定要做好衣服被弄湿的心理准备，尤其是在和海豚亲密接触的时候。

旅游资讯

🏠 4400 Rickenbacker Causeway,Miami, FL 33149

📞 305-3615705

📍 自驾；或乘坐102B路公交车在Miami Seaquarium站下车

🕐 10:00～18:00（16:30停止售票）

💲 44.99美元，3～9岁儿童34.99美元（未含税）；网上购票可节省2美元

📶 www.miamiseaquarium.com

大沼泽地国家公园

大沼泽地国家公园（Everglades National Park）位于整个佛罗里达州的最南端，整个国家公园被湿地所覆盖，即使在佛州的其他地方，湿地和小水潭也是非常的多。公园内不但有橡树、八角莲、巴婆、野生橘、野生橡胶之类的植物，也是两栖动物的栖息之地，尤其是短吻鳄，是佛罗里达州最常见的一种生物。

旅游资讯

🏠 Everglades National Park，FL

🕐 旅游旺季一般在每年的12月至次年4月，其他时间属于旅游淡季

线路推荐

DAY 1

美航中心 ➡ 菲兹卡亚博物馆与花园 ➡ 南海滩

美航中心 / 游览热火队主场

乘地铁约15分钟至菲兹卡亚博物馆与花园

菲兹卡亚博物馆与花园 / 游览菲兹卡亚博物馆

自驾约20分钟前往南沙滩

南沙滩 / 在南沙滩享受日光浴，度过下午时光，并观看夕阳

DAY 2

迈阿密动物园 ➡ 大沼泽地国家公园

迈阿密动物园 / 前往迈阿密动物园与动物亲密接触，观赏动物表演

自驾或参团前往

大沼泽地国家公园 / 近距离观看野生动植物

迈阿密高性价比住宿地推荐

　　迈阿密作为一个度假胜地，这里不但有优美的度假环境、绝美的景色，还有性价比很高的酒店，下面提供一些性价比高的住宿地作为参考。

高性价比住宿地推荐				
名称	地址	网址	参考价格	亮点
Shera-ton Mi-ami Air-port Hotel	3900 North-west 21st. Street, Miami, FL 33142	www. shera-tonmi-amiair-port. com	传统两床间96.39美元，特大号床房100.44美元	距离迈阿密市中心、美丽的海滩和附近的珊瑚山墙、椰林都只有短短的车程
Doral Inn & Suites Miami Airport West	1212 NW 82nd Ave Miami,FL 33126	www. booking. com	双人间112.5美元，卧室套房130.5美元，两卧套房153美元	客人可以使用酒店的篮球场和室外烧烤设施。酒店提供客人抵达前的杂货购物服务、洗衣设施以及商务中心，也在某些时段提供免费机场接送服务
Red Roof Plus Miami Airport	3401 NW Lejeune Road,Mi-ami,FL 33142	miami-airport. redroof. com	双人间89.99美元，高级特大号床房99.99美元，豪华双人间104.99美元	酒店距离迈阿密市中心有10分钟车程，距离South Beach地区有15分钟车程，距离Flagler赛狗场仅3公里

名称	地址	网址	参考价格	亮点
Runway Inn Miami	656 East Drive, Miami, FL 33166	www.runwayinn.com	豪华大床房79美元	靠近多家当地的购物、餐饮和娱乐场所，为入住的客人提供了多种多样的选择。酒店距离迈阿密水族馆、南海滩等旅游景点都只有很短的车程
Luxury Suite in River Oaks by Lyx Miami	1951 NW South River Drive 2002,Miami,FL 33125	www.riveroaksmarinatower.com	奢华卧室公寓94.5美元，奢华两卧室公寓134.75美元，豪华三卧室公寓157.5美元	公寓内设有全年开放的室外游泳池

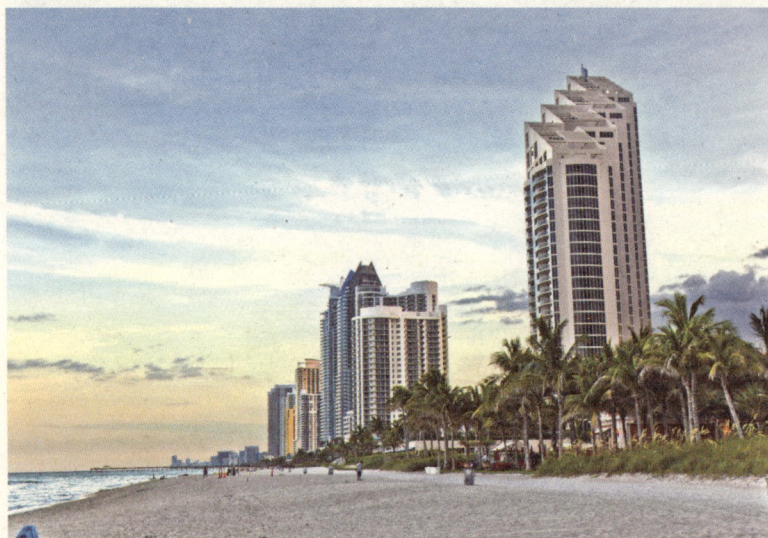

迈阿密百里挑一的经济餐

迈阿密作为美国最南部的一个度假胜地，这里的美食不但有大量的海鲜，而且融入了很多的西班牙风味。因为与拉丁美洲隔海相望，所以这里的拉丁裔人口很多，西班牙风味的食物也很风靡。

寻找经济餐的好去处

龙宫酒家

龙宫酒家（Lung Gong Restaurant）是迈阿密地区食物最美味的中餐之一，也是一家地地道道的川菜馆子。这里所有麻辣口味的川菜是最美味的主打菜，而且价格实惠，人均消费约15美元。

旅游资讯

🏠 11920 SW 8th St.,Miami,FL 33184
📞 305-5534644
📍 自驾
🕐 11:00～22:00
📶 www.lunggong.com

Café Charlotte

这家餐馆位于迈阿密南海滩的中心地带，是一家集中了地中海、南美、意大利风情的餐馆。因为这家餐馆是以做阿根廷牛排起家的，形成了它们南美风格和欧洲风格相结合的美食。不但如此，这里的消费还非常实惠，人均消费10～20美元。

旅游资讯

🏠 1497 Washington Ave.,Miami Beach,FL 33139
📞 305-5351522
📍 自驾
🕐 周一11:30～23:00，周二至周日7:00至次日2:00
📶 www.cafe-charlotte.com

Harry's Pizzeria

Harry's Pizzeria是迈阿密的一家经济美味的意式餐馆，曾经被《DETAILS》杂志评为"美国10大性感新餐厅"，它位于迈阿密市区的中心地带，以供应比萨为主，除此之外还可以品尝到其他的意大利面点。人均消费11～30美元。

旅游资讯

🏠 3918 North Miami Avenue,Miami,FL
📞 786-2754963
📍 自驾
🕐 周日11:30～22:00，周一至周四11:30～23:00，周五至周六11:30～24:00
📶 harryspizzeria.com

迈阿密本地人爱去的购物地

本地人爱去的购物中心

阿文图拉购物中心

　　阿文图拉购物中心（Aventura Mall）是迈阿密乃至整个佛罗里达州最大的购物中心，也是美国第五大高档购物中心。这里拥有6家百货商场和300家以上的商铺，还有大量的美食餐馆、电影院可供游客选择。除此之外，这里还有很多精彩活动和每周一次的农贸市场等，是来到迈阿密购物逛街不能错过的地方。

旅游资讯

🏠 19501 Biscayne Boulevard Aventura,FL 33180

📞 305-9351110

📍 除自驾外，购物中心特别提供豪车租赁服务，预约请拨打305-7493770

🕐 周一至周六10:00～21:30，周日12:00～20:00，复活节休息

📶 www.aventuramall.com

海豚购物中心

　　海豚购物中心（Dolphin Mall）是迈阿密市区的一座小型奥特莱斯，距迈阿密国际机场只有不到10公里的距离，在去机场的路上可以来转转，很有特色。它被分成了几个大区，餐饮购物场所也是一点不缺的。这个奥特莱斯比较好的一点是，经常清仓处理一些商品，并且常年都会有折扣很大的打折活动，甚至连名牌商品也经常会有折扣，爱购物的朋友一定不要错过这里。

旅游资讯

🏠 11401 NW 12th St.,Miami,FL 33172

📞 305-3657446

🕐 10:00～21:30

📶 www.shopdolphinmall.com

迈阿密不花钱的娱乐活动

在迈阿密经常能看到一些游行和多彩的节庆活动，这时你非但不用多余的花销，还能很好地感受迈阿密这座天堂般城市的风情和美国南部文化。

免费且丰富的娱乐活动

迈阿密美食节

迈阿密美食节（United Way Miami Wine & Food Festival）为一年一度的美食节，汇聚了世界大批的顶级厨师和调酒师。所以，在这个美食节不但能吃到很多便宜的美食，也可以喝到大量的啤酒和白酒。

旅游资讯

🕐 2月20至23日（具体时间以官方为准）

📶 miamifestival.org

> **TIPS** 美食节共设有7个场地，分别为The Delano、Ritz-Carlton、South Beach、1111 Lincoln Road、New Miami Marlins Ballpark、Loews Miami Beach、Jungle Island and The Biltmore Hotel。

红地国际兰花节

红地国际兰花节（Redland International Orchid Festival）为每年5月举行，每年都吸引了大量的花商参加，同时也是美国最大的兰花展。在花展期间，游客不但能欣赏到各式各样的兰花，还可以参加大量与兰花有关的知识讲座，还能碰到很多有关专家学者。

旅游资讯

🏠 24801 SW 187th Ave.,Homestead, FL 33031

📞 305-2475727

🕐 5月16至18日（具体时间以官方为准）

📶 www.redlandorchidfestival.org

迈阿密 → 奥兰多

来回交通

乘坐长途巴士

从迈阿密前往奥兰多并不远，没有必要坐飞机，乘坐灰狗巴士和Mega巴士可以直接前往，约5.5小时就可以达到，灰狗巴士票价17～31美元，Mega巴士的票价5～10美元。

奥兰多玩点速览

景 奥兰多迪士尼世界

奥兰多迪士尼世界（Disney World）是迪士尼的总部所在，同时也是世界上最大的迪士尼主题公园，于1971年开始营业。其中包含了迪士尼-未来世界、迪士尼-

动物王国、迪士尼-好莱坞影城、迪士尼-魔法王国4个巨型的主题公园，著名的哈利·波特园和冒险岛等，更是让人回味无穷。不但如此，在这里也能看到所有我们所熟悉的卡通人物，这会让人觉得既奇幻又新潮。

旅游资讯

🏠 Walt Disney World Resort,Orlando,FL 32830

📞 407-9395277

🕐 9:00～19:00（各园具体开放时间有时候不一样，每个园的开放时间以官网为准，去之前需查好）

💲 1日票（EPCOT未来世界、好莱坞影城或动物王国，选一）10岁及以上的人102美元，3～9岁儿童96美元；迪士尼奇幻王国10岁及以上的人110美元，3～9岁儿童104美元;1日通票成人160美元，儿童154美元；停车费14美元/天

📶 disneyworld.disney.go.com

景 肯尼迪航天中心

肯尼迪航天中心（Kennedy Space Center）是作为一个航天迷、科技迷必到的地方，建于1962年，是美国宇航局用于研发测试设备和发射火箭的场所，也是普及航天知识的重要场所之一。这里有很多航天博物馆和IMAX影院，在此你不但能看到所有关于宇宙和航天的知识和模型，还能通过观看电影的方式了解人类航天的发展史。

旅游资讯

🏠 Kennedy Space Center Visitor Complex, SR 405

📞 855-4334210

📍 自驾前往（无直达公共交通），GPS可设置28°31'34.10"N，80°40'45.12"W；或报名参加1日游项目，价格约为100美元（含门票与往返交通）

🕐 9点开放，关闭时间因季节而异，一般为17:00～19:00；汽车环游时间10:00～15:30，时长2小时，15分钟/班

💲 多项套餐成人75美元，儿童59美元；单独门票成人50美元，儿童40美元；同宇航员飞行：成人199美元，儿童174美元；同宇航员用餐成人30美元，儿童16美元；KSC之旅成人25美元，儿童19美元

📶 www.kennedyspacecenter.com

景 奥兰多海洋世界

奥兰多海洋世界（SeaWorld Orlando）是奥兰多又一个著名的主题公园，为美国第二大的海洋主题公园，仅次于圣迭戈海洋公园。这里可以观赏到精彩海洋生物表演。它的特色在于Aquatica乐园，这是一座有趣的水上乐园，坐落在一个小型的岛屿上，人们不仅可以在沙滩上玩耍、漫步，还可以在沙滩上和动物亲密接触。

旅游资讯

🏠 7007 Sea World Dr,Orlando, FL 32821

📞 888-8005447

📍 自驾前往；或乘坐50路公交车于6101 Sea Harbor Dr and International Dr站下车，步行约5分钟即到

🕐 每日开放时间不同，一般为9:00～18:00，具体时间可登录官网查询

💲 现场购票99美元，网上购票69美元

📶 seaworldparks.com/en/seaworld-orlando

购 奥兰多国际奥特莱斯

奥兰多国际奥特莱斯（Orlando International Premium Outlets）是奥兰多地区最大的奥特莱斯之一，也是当地人最爱去的一个购物天堂。这里有超过180多家商铺可以供游客选择，还有美食广场和其他配套设施，所以在里面逛上一整天都没有什么问题。在这座奥特莱斯的大部分店铺里购物，均可以享受到25%～65%的折扣优惠。这里交通方便，靠近迪士尼世界，可以乘坐公交车前往，也可以自驾前往；如果住在市里，也可以乘坐出租车前往，需15～20美元。

旅游资讯

- 🏠 4951 International Dr,Orlando,FL 32819
- 📞 407-3529611
- 📍 自驾前往；乘坐50路公交车于Sea Harbor Drive站下车，换乘8路公交车前往；搭乘111路公交车于Destination Parkway Interchange站下车，换乘42路公交车前往

- 🕐 周一至周六10:00～23:00，周日10:00～21:00
- 💲 免费
- 📶 www.premiumoutlets.com

娱 迪士尼世界马拉松

迪士尼世界马拉松（Walt Disney Marathon）于1994年开始举行，是全世界最有特色、最有童真的一个马拉松比赛，不但比赛项目很有意思，而且奖牌和礼品也很有意思。里面的比赛项目包括全程马拉松、半程马拉松、10K、5K、家庭跑、儿童跑等不同项目，每年参与的人数有20万人左右。不仅如此，每年都可以看到很多迪士尼的卡通人物陪你一起跑哦。

旅游资讯

- 🏠 Walt Disney World Resort,Orlando,FL 32830
- 🕐 1月4日至1月8日（以2017年为准，之后年份的时间以官网为准）
- 📶 www.rundisney.com/disneyworld-marathon

迈阿密 → 基韦斯特

来回交通

乘飞机

从迈阿密国际机场前往基韦斯特可以乘坐飞机前往，直达航班约55分钟，票价约140美元，但是不推荐乘坐。

乘长途巴士

从迈阿密到基韦斯特最经济方便的方式还是乘坐长途巴士，一路上不会堵车，也不会遇到转车的情况，可以直达，时间约4.5小时，票价33~49美元。

TIPS 基韦斯特是美国人都知道的度假胜地，也是作家海明威生活的地方，在中国并不出名，可是在美国人心中却是一个著名的旅游点。一般游客都会选择自驾前往，但是最经济的方式还是坐灰狗大巴前往。除此之外，因为基韦斯特是整个佛罗里达州和美国大陆最南部的一片群岛，而且每个岛之间都用跨海大桥连接，所以非常值得在大桥上观赏绝美的海景，同时这里也是电影《真实的谎言》的取景地。除此之外，著名作家海明威的故居也在这里，这是全世界文艺青年向往的地方，也是美国南部最值得来的地方。

基韦斯特玩点速览

景 海明威故居和博物馆

海明威故居和博物馆位（Ernest Hemingway Home and Museum）是基韦斯特最著名的景点。说起海明威或许很多中国人能说出他的作品，但是并不知道他的故居在这里。海明威曾经在这里写作、生活超过10年，著名的《丧钟为谁而鸣》《乞力马扎罗的雪》《永别了，武器》等著名作品，都是在这里完成。也环境幽静，植被茂盛，非常适合激发写作灵感。也是一个全世界热爱海明威的文艺青年，必须来参观的地方。

旅游资讯

- 🏠 907 Whitehead St.,Key West,FL 3304
- 📞 305-2941136
- 🕐 9:00～17:00
- $ 13美元，6～12岁儿童6美元，6岁以下儿童免费；只接受现金
- 📶 www.hemingwayhome.com

> **TIPS** 喜欢海明威的朋友，肯定都知道海明威喜欢六趾猫，并曾在这里养过很多。所以工作人员他按照当年的样子，在这里也养了很多一样的猫，很可爱，不但在各处都能看到，甚至还会有猫趴在海明威的床上睡觉。除此之外，在故居的后面还有一个纪念品商店，专卖海明威的小说，并且还有猫在商店里，非常有特色，如果在这里买一本海明威的著作，会更有纪念意义。这里还有中文的资料，可以拿一份，一边看一边游览。

景 天涯海角

天涯海角（Southernmost Point Buoy）顾名思义，是美国大陆的最南端。这里有一块上面刻着"美国大陆最南端。距古巴90英里"的标志性纪念碑，是基韦斯特的地标性建筑物，同时也是合影的不错之处。这里还是看日出日落的好地方，在夕阳西下的时候，站在这里眺望海面，金黄色的阳光洒满海面，让人流连忘返。

旅游资讯

- 🏠 South St & Whitehead St,Key West,FL 33040

> **TIPS** 在天涯海角纪念碑左侧不到100米的地方，有一家位置很好的旅馆，一共有两层。旅馆就建立在沙滩上，所有的窗户和阳台都面对着美国最南端的大海，人们一出门就可以在海里游泳，非常惬意。如果来到基韦斯特，可以选择住在这里。

景 美国1号公路

美国1号公路（U.S. Route 1）是由迈阿密起始、连接95号公路的一条美国国家公路，也是美国东海岸的大动脉，还是由美国本土最南端佛罗里达州基韦斯特的天涯海角，一直到最北端缅因肯特堡的一条公路，最终将基韦斯特和周边群岛以及美国大陆连接起来。这里的海景非常不错，是去往基韦斯特的必经之路。

景 七英里长桥

七英里长桥（Seven-Mile Bridge）连接基韦斯特及周边群岛，是美国1号公路中间一段最长的跨海大桥。此桥历时8年建成，也是著名电影《真实的谎言》的重要取景地。傍晚，乘车或自驾前往时，周围是一望无际的大海，一座孤零零的跨海大桥直连天边，披着夕阳的余晖，让人有一种到了天边的感觉。

旅游资讯

🏠 Seven Mile Bridge,FL

娱 干龟岛国家公园

干龟岛国家公园（Dry Tortugas National Park）是位于基韦斯特岛以西109公里处的一座小岛，与外界并无公路连接，只可以乘坐渡轮和直升机前往。岛上有以前西班牙人留下的未完工的杰斐逊堡，给人的感觉就是远离喧嚣、遗世独立的地方。这里栖息着大量的鸟类，有人迹罕至的环境，游客还可以在这里潜水。如果在一个晴朗的日子来这里游玩，那会是一生最美好的回忆之一。

旅游资讯

🏠 Dry Tortugas National Park,FL
📞 305-2427700
📍 搭乘Yankee Freedom III渡轮，或搭乘直升机前往
🕐 岛上各区域开放时间不同，Garden Key24小时开放，Garden Key游客中心8:30～16:30，杰斐逊堡（Fort Jefferson）日出至日落；其他区域开放时间可登录官网查询
💲 10美元，16岁以下青少年免费，门票7日内有效；露营15～30美元
📶 www.nps.gov/drto/index

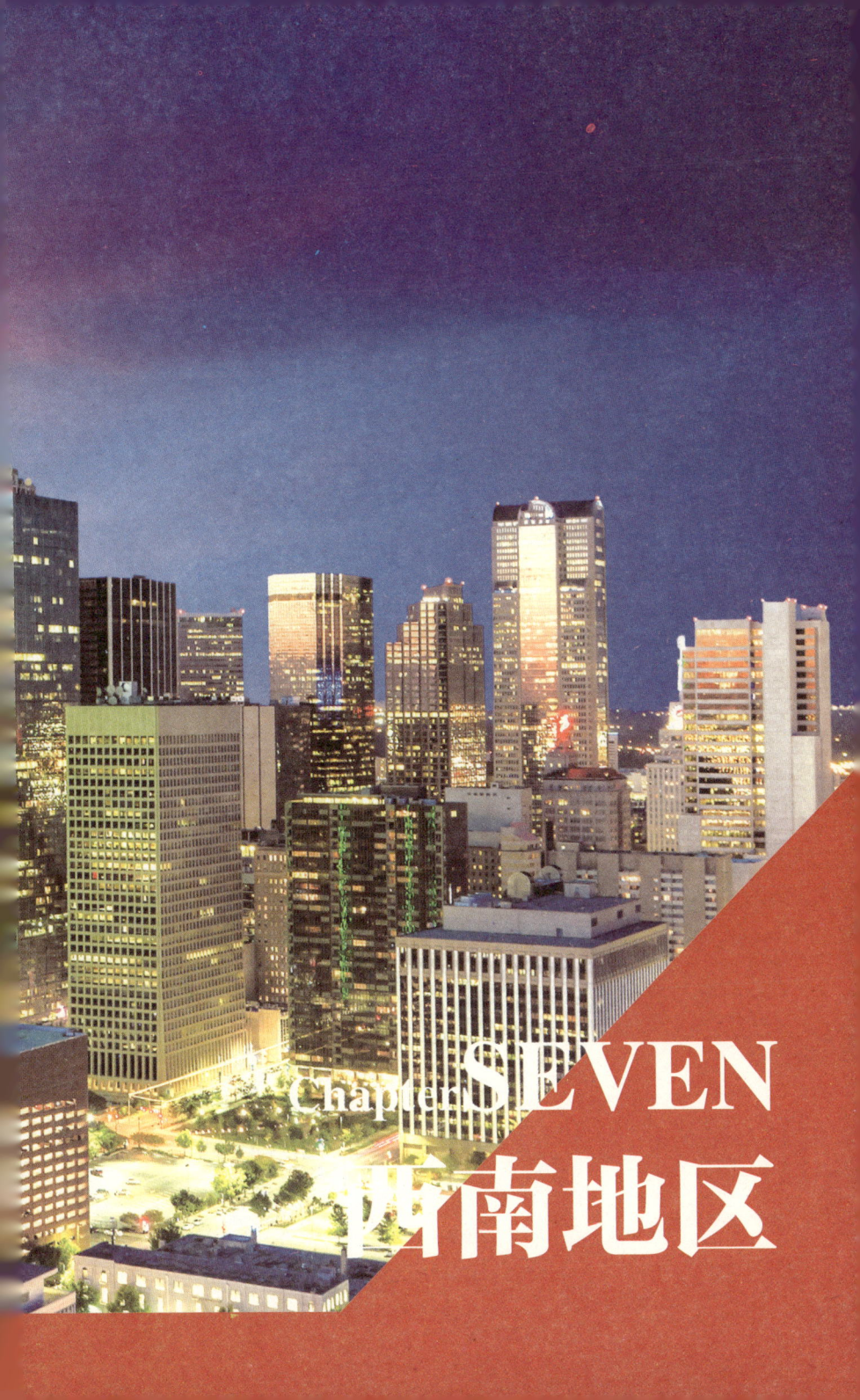

Chapter **SEVEN**

西南地区

休斯敦

休斯敦最优出行方案速查

机场到市区

位于美国休斯敦的乔治布什州际机场，是美国得克萨斯州的第二大机场，同时也是美国西南部最重要的机场之一，还是美国大陆航空公司最大的枢纽。

乔治·布什州际机场信息	
地址	2800 N Terminal Rd.,Houston,TX 77032
电话	281-2303100
网址/二维码	fly2houston.com
相关介绍	乔治·布什州际机场一共有5个航站楼，并提供来往各航站楼的机场捷运服务

机场至市区的交通

交通工具	介绍	票价	注意事项
机场捷运（subway train）	每3分钟一趟，穿梭于各航站楼之间，每天凌晨3:30至次日凌晨0:30	免费	仅限于机场内的捷运
市内巴士（Metro Bus）	从机场可乘坐102、40号市内巴士前往市内，行程约1.5小时	102号单程1.25美元，40号单程1.25美元	需现金付款，自备零钱，不找零
出租车（Taxi）fly2houston.com	出租车运行时间为7:00～24:00，A、B、C、E航站楼均可乘坐	白天起步价2.8美元，晚上起步价3.8美元，每1.78公里增加0.2美元	抵达市区约53美元，抵达航天中心约105美元

出行使用休斯敦公共交通系统

　　在休斯敦出行可以乘坐Metro的公交车和捷运，相对来说要经济方便得多。休斯敦的公共交通系统相对于美国其他大城市来说，还算比较便宜的，可以刷卡也可以使用现金，单程的价格约为1.25美元。

休斯敦公共交通线路查询
www.visithouston-texas.com

休斯敦玩点速览+线路推荐

玩点速览

休斯敦太空中心

提到休斯敦，首先让人想到的就是航天城，太空中心是航天城的标志性地点。和太空中心（Space Center Houston）在连接一起的还有约翰逊宇航中心，这都是美国航天科技的精华所在。同时，航天中心还是美国最大的航天研究、生产及控制中心。游览太空中心的时候，游客可以乘坐一列小火车进入太空中心慢慢观赏，平均20分钟一趟，如果不想等待，需提前前往。

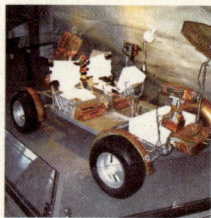

旅游资讯

- 🏠 1601 NASA Road 1,Houston,TX 77058
- 📞 281-2442100
- 📍 从市中心可乘坐244、246、247路公交车抵达，时间约80分钟
- 🕐 周一至周五10:00～17:00，周六至周日10:00～18:00
- 💲 成人18.95美元，4～11岁儿童14.95美元，65岁以上老人17.95美元；停车费5美元，太空中心网站上有2美元的优惠券，可自行打印
- 📶 spacecenter.org

休斯敦自然科学博物馆

休斯敦自然科学博物馆（The Houston Museum of Natural Science）是休斯敦当地最大的博物馆。虽然规模和纽约的博物馆比没那么巨大，但是也算收藏丰富，小而精致了。这里面有大量的远古生物化石和逼真的3D电影，同时因为得克萨斯州石油产业发达，馆内也会讲解一些与地质有关的知识。这里的蝴蝶馆是额外收费的，但是很值得一来，可以看到世界上几乎所有类型的蝴蝶，五彩斑斓，让人不由得感叹大自然的创造力。而且这里最有特色的一点是，某些陈列品是可以触摸的。

旅游资讯

- 🏠 5555 Hermann Park Dr,Houston,TX 77030
- 📞 713-6394629
- 🕐 9:00～17:00；周四免费时段14:00～17:00
- 💲 成人20美元；3～11岁儿童、学生凭借有效证件、62岁以上老人15美元；2岁以下儿童免费，20人以上团队每人7美元
- 📶 www.hmns.org

休斯敦艺术博物馆

休斯敦艺术博物馆（The Museum of Fine Arts, Houston）位于赫曼公园的东北角，建于1900年，紧邻自然科学博物馆，是休斯敦当地最早建立的博物馆。博物馆一共有2栋展楼，里面一共收藏着超过50000件艺术品，非常丰富。除此之外，这里还会经常举办演讲和知识讲座，周末还会放电影。

旅游资讯

🏠 1001 Bissonnet,Houston,TX 77005
📞 713-6397300
🕐 周一除雕塑园外不开放，周二至周三10:00～17:00，周四（免费）10:00～21:00
💲 成人15美元，15岁及以下或65岁及以上半价；雕塑园免费
📶 www.mfah.org

圣哈辛托战场

圣哈辛托战役是在得克萨斯独立史上决定性的一场战役，是1836年4月21日由得克萨斯独立军在休斯敦将军率领下，仅用18分钟就击败桑塔安纳将军率领的墨西哥军队的一场战役。此战，得克萨斯军队仅以不到9人的微弱伤亡，歼灭成百上千的墨西哥军队，从而使得克萨斯州获得了独立，也报了"阿拉莫之战"的一箭之仇。这块战场直到现在，除了纪念碑以外大体都还保持着当年战场的原貌。来休斯敦游玩的同时，可以来参观一下这个古战场，感受一下得克萨斯独立的那段有趣的历史。

旅游资讯

🏠 3523 Independence Pkwy,La Porte,TX 77571
📞 281-4792431
📶 tpwd.state.tx.us

丰田中心球馆

丰田中心球馆（Toyota Center）为著名的NBA球队休斯敦火箭队的主场，也是我们中国球迷最熟悉的一座室内球馆。球馆的名称来源于日本的丰田汽车公司，这里也是美国曲棍球联盟Houston Aeros的主场。如果你是一个球迷，来到休斯敦必定要来这里看一场比赛，感受一下火箭队主场的篮球文化和气氛。

旅游资讯

🏠 1510 Polk St.,Houston,TX 77002
📞 713-7587200
📶 www.houstontoyotacenter.com

线路推荐

DAY 1

圣哈辛托战场 ➡ 休斯敦艺术博物馆

- **圣哈辛托战场** / 游览圣哈辛托战场，感受得克萨斯州独立那段历史
- 步行50分钟前往休斯敦艺术博物馆
- **休斯敦艺术博物馆** / 观赏休斯敦最大的艺术博物馆

DAY 2

休斯敦太空中心 ➡ 丰田中心球馆 ➡ 休斯敦自然科学博物馆

- **休斯敦太空中心** / 起个大早前来参观休斯敦太空中心
- 游览结束之后去吃午餐，午餐后自驾40分钟前往丰田中心球馆
- **丰田中心球馆** / 参观火箭队的主场
- 乘坐巴士10分钟左右，前往休斯敦自然科学博物馆
- **休斯敦自然科学博物馆** / 参观藏品丰富的博物馆，之后观看逼真的3D电影

休斯敦高性价比住宿地推荐

　　休斯敦是美国西南部的重要城市之一，同时它所在的得克萨斯州也是美国公路文化最盛行的地点之一，因而这里有很多经济实惠的汽车旅馆，但是大部分位于城市周边。如果住在市区，也可以找到一些相对来说比较优惠的酒店。

高性价比住宿地推荐				
名称	地址	网址	参考价格	亮点
Red Roof Inn Houston - IAH Airport	315675 John F Kennedy Boulevard, Houston, TX 77032,	www. redroof. com	大号房67.95美元，大号双人间72.95美元	这家位于得克萨斯州的酒店，距离乔治·布什洲际机场3.2公里，提供免费机场接送服务，有一个室外游泳池和配备有线电视和免费Wi-Fi连接的客房
Club Quarters Hotel in Houston	720 Fannin St,Houston, TX 77002	clubqu artersh otels.com/ houston	小型大床房79.9美元，标准大床房92.65美元，一室套房130.9美元	酒店位于一座经过整修的典雅的标志性建筑内，靠近Bayou Place广场，那里有许多独特的餐厅、博物馆。火箭队主场的所在地丰田中心，也在酒店附近
Palace Inn Sam Houston Race Park	8920 West Road, Houston, TX 77064	www.pal aceinn. com	特大号床间65美元，双人间75美元	距离休斯敦植物园及自然中心有17.8公里，距离纪念公园有18.3公里，距离乔治布什洲际机场有22公里

名称	地址	网址	参考价格	亮点
Comfort Suites Westchase	2830 Wilcrest Dr.,Houston, Texas 77042	www.comfortsuiteswestchase. com	双人大号床房间99美元，特号大床房99美元	走路就可以到达周围的公共交通系统和餐馆，酒店内还免费的健身房
Best Western Fountain view Inn & SuitesNear Galleria	6229 Richmond, Houston, TX 77057	bestwesterntexas.com	特大号床间98.99美元，双人大号床间119.99美元	这家酒店距离59号高速公路1.28公里，距离Galleria 3.52公里，酒店每天早晨供应欧陆式早餐，设有一个室外游泳池和健身中心

休斯敦百里挑一的经济餐

　　休斯敦是美国西南部最大的城市之一，因为多民族聚居，所以这里的中餐厅众多。同时，得州临近墨西哥，且德国、意大利移民众多，所以这里拉丁美洲口味的食物和意大利、德国口味的食物也屡见不鲜。

寻找经济美食的好去处

Common Bond咖啡馆

　　Common Bond咖啡馆是休斯敦当地最有特色的Bakery & Cafe。它们的特色除了在于咖啡的味道很好，且种类很多以外，各种的巧克力饼干和精致的小点心也让人觉得回味无穷。此外，这里的装修也非常温馨，配上这里精致的小吃和小资的环境，让这里一到周末就人满为患，就餐要排很久的队。这里的东西不但美味而且经济划算，人均消费10~15美元。

旅游资讯

🏠 1706 Westheimer Rd.,Houston,TX 77098
📞 713-5293535
📍 自驾，这家店有自己的停车场
🕐 周一至周五7:00~17:00，周六至周日9:00~19:00； 每天厨房下午15:00以后关闭，感恩节关闭一天
🛜 commonbondcafe.com

Tiger Den

　　这是休斯敦中国城的一家日式拉面馆，所有的菜式基本都是日式的，做得非常好吃，每天生意非常火爆，几乎经常要排队，而且人们只能在门外排队，需要服务员带领才可以入内。这里的小吃也很香，但是主打还是拉面，所有的汤底都是用大骨头熬制很长时间而成，拉面和汤非常香醇浓厚。人均消费11~30美元。

旅游资讯

🏠 9889 Bellaire Blvd Ste D-230, Houston,TX 77036
📞 832-8047755
📍 自驾，这家店有自己的停车场
🕐 周日至周四17:00~23:00，周五至周六17:00~24:00

休斯敦本地人爱去的购物地

本地人爱去的市场

休斯敦奥特莱斯

休斯敦奥特莱斯（Houston Premium Outlets）是休斯敦附近最大的购物中心之一，折扣非常大，是真正的购物天堂。通常来到这里购物前，游客可先去一楼大厅领取一本免费的优惠券。店铺折扣与优惠券两个可加起来在这里购物，减价后商品简直是白菜价了。而且在这个奥特莱斯里也有美食中心，在逛累了的时候，你可以去吃点东西再继续"奋战"，但是如果周末前往的话，会很难找到停车位哦。

旅游资讯

🏠 29300 Hempstead Road Cypress,TX 77433

📍 自驾

🛜 www.premiumoutlets.com

> **TIPS** 得克萨斯州是可以退税的，所以这里的东西不但便宜，折扣大，买完了之后还能退税。

休斯敦不花钱的娱乐活动

休斯敦本地很容易找到一些不用花钱的娱乐活动，这里的自然环境良好，适合出去参加一些户外活动和寻访一些有本地特色的地方。

免费且丰富的娱乐活动

暮光之城

暮光之城（Twilight Epiphany）是位于休斯敦莱斯大学校园内的一座著名建筑物，也是当地人推荐的必游地之一。暮光之城适宜在傍晚或者黎明时候前往，在阳光下和灯光的照耀下产生的效果很美妙。但如果想在这里观看日落，需要在网上提前免费预约，看日出是不需要的。

旅游资讯

🏠 James Turrell's,Houston,TX

🕐 周一、周三至周日每日日出前1小时至22:00，周二不开门

🛜 skyspace.rice.edu

休斯敦 → 达拉斯

来回交通

乘长途巴士

　　从休斯敦前往达拉斯，建议乘坐长途巴士直达，经济实惠，而且时间也不会太久，很适合穷游族乘坐。乘灰狗巴士所需时间约4.5小时，票价12~25美元。乘Mega巴士所需时间约4.5小时，票价20~37美元。

达拉斯玩点速览

景 第六层博物馆

　　第六层博物馆（The Sixth Floor Museum）位于达拉斯市中心，处在当年美国传奇总统肯尼迪遇刺的地方不远处，是为了纪念肯尼迪在此遇刺而建立。当年刺杀肯尼迪总统的杀手李哈尼奥斯·瓦尔德的3颗子弹，就是从这座仓库般的建筑的第六层射出来的，从而结束了肯尼迪短暂的一生。最匪夷所思的是，这位杀手在杀害肯尼迪之后当场被抓获。之后，他在全国电视直播的情况下，在被押往法院的途中被人枪杀，更为这件事蒙上了一层扑朔迷离的影响。

旅游资讯

🏠 The Sixth Floor Museum at Dealey Plaza,411 Elm Street,Dallas,TX 75202

📞 405-4782250

🕐 10:00~18:00，周一12:00~18:00

💲 成人16美元，65岁以上的老人14美元，6~18岁青少年13美元，5岁及以下儿童免费

景 达拉斯植物园

达拉斯植物园（Dallas Arboretum & Botanical Gardens）位于达拉斯市东部地区，占地面积为0.26平方公里，建立于1940年。这座植物园是由一系列的主题花园组成，不但环境幽深，让人觉得放松，而且适合开展户外活动，是一个解放身心的好去处。这里每个季节都会盛开不同种类、颜色的花朵，能给人带来不一样的感受。

旅游资讯

🏠 8525 Garland Rd,Dallas,TX 75218
📞 214-5156500
🕐 09:00～17:00
💲 成人15美元，65岁以上老人12美元，3～12岁儿童10美元，3岁以下儿童免费

景 Fossil Rim野生动物保护区

Fossil Rim野生动物保护区（Fossil Rim Wildlife Center）是位于达拉斯西南部的一个区域，距达拉斯约有141公里。如果游客想到这片自然保护区玩，那么达拉斯算是比较靠近这里的一个落脚处。在这里生活着大量濒临灭绝的野生动物，来这里游玩，全程不能下车，因为经常能看到动物只隔着一层玻璃看着你，可见这是一个和野生动物亲密近距离接触的地方；不但如此，这里还能露营和组织野外烧烤。

旅游资讯

🏠 Fossil Rim Wildlife Center,2299 County Road 2008, Glen Rose,Texas 76043
📞 214-5156500
📍 自驾
🕐 周一至周五8:00～17:00，遇到国家法定节假日休息
💲 20美元，可去官网上查询，时常有折扣
📶 www.fossilrim.org/contact.php

购 阿伦奥特莱斯

阿伦奥特莱斯（Allen Premium Outlets）是距离达拉斯最近的一家奥特莱斯了，约30分钟左右的车程。这是一家巨型的奥特莱斯，商品品牌齐全，美食种类也齐全，这里的折扣非常大，常年都有25%~65%的折扣。但是由于得州非常大，所以大家一般出门都会选择自驾，这里是没有公共交通可以到达的，所以来这里还是推荐自驾前往，这样会方便很多。

旅游资讯

🏠 820 West Stacy Road, Allen, TX 75013
📞 972-6787000
📍 自驾或乘出租车前往
📶 www.premiumoutlets.com/outlet/allen

Chapter EIGHT
南部地区

新奥尔良

新奥尔良最优出行方案速查

机场到市区

新奥尔良路易斯阿姆斯特朗国际机场是美国47个最繁忙的机场中，良好旅行体验排第4的一个机场，也是以路易斯安那州传奇人物路易斯阿姆斯特朗的名字命名的国际机场。

路易斯阿姆斯特朗国际机场信息	
地址	900 Airline Dr,Kenner,LA 70062
电话	504-4640831
网址/二维码	flymsy.com
相关介绍	是新奥尔良地区重要的对外交通枢纽，也是美国最安全的机场之一

机场至市区的交通			
交通工具	介绍	票价	注意事项
机场巴士（Airport Shuttle）	机场和市内各大酒店之间的往返巴士，可在一层行李领取处购票	单程24美元，往返44美元	每个人允许带3件行李
市内公共交通（Mass Transit）	可以在机场乘坐E2号快线或者202路快速巴士，往返于市内和机场之间	E2快线单程2美元，202路快速巴士1.5美元	自动售票机接受1、5、10、20美元面额的纸钞和所有的美国硬币
出租车（Taxi Cab）	在航站楼一层的1～14传送带出口处可以乘坐	2～3个乘客包车前往中心商业区约36美元，如果是1名乘客每人15美元	乘客必须在外面的出租车乘车处等待

出行使用新奥尔良公共交通系统

在新奥尔良可以使用新奥尔良的公共交通系统（RTA），可买一个交通卡（Jazzy Pass）用于RTA旗下的公共交通系统，每次转车需0.25美元，可根据自己的实际需要购票。

新奥尔良RTA公交车查询：www.norta.com/getattachment/Maps-Schedules

www.norta.com/getattachment/Maps-Schedules

新奥尔良交通卡及快速巴士收费简介		
种类	价格	介绍
单程票（one Pass）	1.25美元	单次单程车票，普通公交车
快速巴士（Express Service）	1.5美元	62、64、65、202路巴士
1日卡（1-Day Jazzy Pass）	3美元	1天内可以不限次数使用
3日卡（3-Day Jazzy Pass）	9美元	3天内可以不限次数使用
5日卡（5-Day Jazzy Pass）	15美元	5天内可以不限次数使用
月卡（31-Day Jazzy Pass）	55美元	31天内可以不限次数使用

新奥尔良玩点速览+线路推荐

玩点速览

新奥尔良法国区

新奥尔良法国区（French Quarter）是整个路易斯安那州乃至美国南部最有特色的一个地区。因为路易斯安那州是前法国殖民地，所以时至今日，路易斯安那州还有约20万说法语的人，其中大部分集中在新奥尔良法语区。因为法国裔人口众多，导致了整个区域都弥漫着法国风情，不但如此，游客在这里还能找到很多法式风格的新奥尔良本地小吃。一到夜晚，整个法语区都弥漫着一片浪漫的气息，到处都可以看到在欧式风格的小楼上和旅店阳台上拿着啤酒悠闲玩乐的人群，每个酒吧里大家都在弹奏特色的爵士乐，弥漫着一片浪漫气息，是一个适合爱文艺、爱音乐的游人前来游览的地方。

旅游资讯

🏠 700 Decatur St., New Orleans,LA 70116
📍 乘坐5、55号巴士到达Decatur at St. Peter站，下车即可

波旁街

波旁街（Bourbon Street）是法语区最具法式风情的街区，也是入夜后人们来法语区的主要活动场所，它从Canel Avenue延伸了13个街区至Esplanade Avenue。波旁街集中了新奥尔良法语区大量的爵士乐酒吧、美味的特色餐馆和小镇风格的酒店，一入夜你会发现整条街道都充斥着爵士乐，周围的小楼上都站满了各色的人群。正因为如此，所以众多与吸血鬼有关的美剧，几乎都取景于此。

旅游资讯

🏠 Bourbon Street,New Orleans,LA
🕐 全天
💲 免费
📶 www.neworleansonline.com

第二次世界大战纪念馆

第二次世界大战纪念馆（The National WWII Museum）是在新奥尔良地区设立的战争纪念馆，内部藏品丰富，有第二次世界大战时期的武器、信件、模型等展品。还有用电影的形式非常详实地阐述了第二次世界大战的经过，并用大量的影像资料和实物资料仔细地阐述了诺曼底登陆和太平洋战争，而且还对美德日三国的参战武器进行横向的对比，是一个军事迷必来的景点。

旅游资讯

🏠 945 Magazine St.,New Orleans,LA 70130
📞 504-5281944
🕐 9:00~17:00
💲 12岁以上的人普通票26美元，65岁以上老年人22.5美元，12岁（含12岁）以下儿童、学生（凭ID）、军人16.5美元
📶 www.nationalww2museum.org

橡树庄园

橡树庄园（Oak Alley Plantation）位于新奥尔良西侧密西西比河畔，建于1837年，是一座占地面积约1.6万平方米的著名庄园。这座庄园名字的由来是因为庄园前方240米的橡树林。除此之外，这座庄园完整地向游客展示了100多年前美国南部的蓄奴时代，黑奴的工作环境和悲惨的生活，让人身临其境地感受到了南北战争时期美国南方的庄园主生活。同时，这里还是著名的电影《飘》的拍摄地。

旅游资讯

🏠 3645 Louisiana 18,Vacherie,LA 70090
📞 225-265215
📶 www.oakalleyplantation.com

线路推荐

DAY *1*

第二次世界大战纪念馆 ➡ 新奥尔良法语区 ➡ 橡树庄园

第二次世界大战纪念馆 / 观赏第二次世界大战时期的武器、信件、模型等展品

向北步行约15分钟即可进入法语区

新奥尔良法语区 / 体验法国风情，品法式小吃，听爵士乐

开车沿LA-3127 N公路行驶约1小时可到

橡树庄园 / 感受南北战争时期美国南方的庄园主生活，寻找电影《飘》的场景

新奥尔良高性价比住宿地推荐

因为新奥尔良有着美国仅有的法语区，也是整个路易斯安那州最有特色和音乐文化的地区之一，安全指数也很高，所以在新奥尔良选择住宿地，可以选择在法语区周围，它紧邻密西西比河，不但可以感受到路易斯安那的音乐文化，也可以欣赏到密西西比河的美景。

高性价比住宿地推荐				
名称	地址	网址	参考价格	亮点
Hotel Le Marais	717 Conti St.,New Orleans, LA 70130	www. hotelle-marais. com	豪华特大号床间152.1美元，双人间170.1美元	这家酒店距离法语区的波旁街不到5分钟的步行路程，提供带有私人阳台的客房，设有一间供应葡萄酒及龙舌兰酒的酒吧
Andrew Jackson Hotel French Quarter	919 Royal St.,New Orleans, Louisiana 70116	www. andrew-jackson-hotel. com	单床标准间125.1美元，双人标准间134.1美元，特大号房间带阳台188.1美元	该酒店距离波旁街的餐馆和娱乐场所不到5分钟的步行路程，距离梅赛德斯-奔驰穹顶体育馆和Morial 会议中心有2.7公里
Best Western Plus Landmark French Quarter	920 N Rampart Street, New Orleans,LA 70116-3011	bestwestern-louisiana.com	单床双人间152.99美元，特大号床间152.99美元	距离波旁街只有3个街区，并且包含游泳池、提供免费的Wi-Fi和早餐

名称	地址	网址	参考价格	亮点
Holiday Inn Hotel French Quarter-Chateau Lemoyne	301 Dauphine Street, New Orleans, Louisiana 70112	www. hi-chat-eau.com	标准间153美元，特大号床间153美元	该酒店设有四周环绕着葱郁鲜花和放着艺术品的庭院，客人可在全年恒温的室外游泳池游泳
Hotel Provincial	1024 Rue Chartres, New Orleans,LA 70116	www. hotelprovincial. com	双床四人间149美元，双人间149美元	该酒店距离圣路易斯大教堂和圣路易斯1号公墓均为300米，距离路易斯阿姆斯特朗机场19公里

新奥尔良百里挑一的经济餐

新奥尔良因为地处于美国最南部，又曾经是法国殖民地，所以这里的食物风味混杂了西班牙、法国、美国的口味，形成了自己一整套独特的Cajun Food。除此之外，这里的小龙虾炒饭也很赞。

寻找经济餐的好去处

Atchafalaya Restaurant

Atchafalaya Restaurant是新奥尔良一家非常著名的餐馆，不但装修古朴，而且环境也非常好。在这里就餐的同时，能喝到调酒师调配的不同口味的鸡尾酒，还有一些音乐表演。不但如此，这里的环境也非常私密，很适合私人聚会。食物价格也非常划算，人均消费20~35美元。

旅游资讯

🏠 901 Louisiana Ave.,New Orleans,LA 70115

📞 504-8919626

📍 乘坐公交车11、27路至Louisiana at Magazine站

🕐 周一至周五17:30~22:00; 周六至周日18:00~22:00

📶 www.atchafalayarestaurant.com

Commander's Palace餐厅

Commander's Palace餐厅是新奥尔良的非常有特色的高档餐厅，它创立于1880年，是一家法国风味的餐馆。这家餐馆从开业至今，保证食物质量一直是最重要的风格。它的食材都是使用新鲜的水果、蔬菜、海鲜等，不但如此，这里每到周六和周日的早上、中午都会有爵士乐表演。这里的人均消费20~40美元。

旅游资讯

🏠 1403 Washington Ave.,New Orleans,LA

📞 504-8998221

📍 乘坐有轨电车12路至St Charles at Washington站下

🕐 午餐周一至周五11:30~14:00，晚餐18:30~22:00

📶 www.commanderspalace.com

新奥尔良本地人爱去的购物地

本地人爱去的购物中心

Dillard's Lakeside Shopping Center

这是新奥尔良地区一家广受欢迎的购物中心，距离新奥尔良市区约25分钟的车程。这家购物中心和其他新奥尔良地区的购物中心比起来，商品算是相当齐全的了。而且遇到节日的时候，这里也会有很大的折扣。除此之外，路易斯安那州和得克萨斯州一样，是美国仅有的两个可以退税的州之一。如果在这里购物，那么结束以后可以到梅西百货的退税窗口，出示你的护照、票根和购物的单据就可以了。

旅游资讯

🏠 3301 Veterans Memorial Boulevard, Metairie,LA 70002

📍 自驾

新奥尔良不花钱的娱乐活动

新奥尔良是美国爵士乐的发源地，也是美国最有异域风情的地方之一。在晚上没事的时候，去法语区的酒吧，点一杯酒，欣赏一下爵士乐，也是不错的选择。抑或是参加这里的狂欢节，跟着欢乐的人群，体验完全不同于美国其他地方的文化。

免费且丰富的娱乐活动

新奥尔良狂欢节

新奥尔良狂欢节（Mardi Gras Day）又称作"马尔迪·格拉斯音乐狂欢节"，是当地的传统节日。一般是指圣诞节后"第十二夜"开始，直到Mardi Gras Day这一天，也被称为"油腻的星期二"。同时，Mardi Gras Day这一天又是整个狂欢节的最高潮，午夜一到，打扮成各种各样的妖魔鬼怪、古装演员或是卡通人物的人就出来了，市内的各个店铺都会爆满，旅馆、酒吧全都供不应求，学校也会放假，全城都陷入了疯狂的庆祝中。如果你有幸在狂欢节那天到了新奥尔良，那么就尽情地狂欢吧。

旅游资讯

🕐 每年2月（以官方宣布时间为准）

$ 免费

堪萨斯城

堪萨斯城最优出行方案速查

机场到市区

　　堪萨斯城国际机场是美国47个最繁忙的机场之一，也是美国中西部很重要的一个空中交通枢纽，由美国西南航空每日提供大量的航班，能通往美国各个大中小城市。

堪萨斯城国际机场信息	
地址	Kansas City International Airport, PO Box 20047, Kansas City, Missouri 64195 0047
电话	617-5611800
网址/二维码	www.flykci.com
相关介绍	由此机场可前往美国其他城市，也是堪萨斯城唯一的国际机场

机场至市区的交通

交通工具	介绍	票价	注意事项
机场内摆渡巴士（On-Airport Shuttle Bus）	一共有红线和蓝线2条，红线在停车场和机场之间来回穿梭，约15分钟一趟；蓝线由经济停车场和机场之间来回穿梭，约10分钟一趟	免费	仅限于2个停车场和航站楼之间的往返
市内巴士（The metro BUS）	从机场坐129路市内巴士可直达市内	单程票价1.5美元，老人、青少年、残疾人或者医保卡持有者0.75美元	堪萨斯城最便捷的出行工具，线路遍布全市
私人摆渡车（Shuttle Bus）	需打电话预订，或者当时打电话叫车，大部分是24小时运行的，基本覆盖密苏里和堪萨斯州，有些公司覆盖五个州	定制自己的线路，需打电话谈价格	建议上官网查看，私人摆渡车的每一个公司的电话和覆盖地图都有，公司有5 Guys、Abe，AERO等
出租车（Taxi）	在每一个航站楼的出口，都会有乘坐出租车的地方，需要排队等待	起步价为2.5美元，每1.6公里约2.1美元	出租车如果因为堵车拖延了时间，多出来的时间也是会跳表的

出行使用堪萨斯城公共交通卡

在堪萨斯城可以使用堪萨斯城公共交通卡（Bus Passes），用于乘坐公交车等公共交通，可在政府制定的几个车站购买，分别是Hy-Vee、City Hall、Price Chopper、Water Department、MCC College，也可以直接投币，购买月卡需要证件。总的来说，在堪萨斯城如果没有私家车，公共交通也还算比较方便。

堪萨斯城公交车各条线路查询：ridekc.org/fares/buy-passes

堪萨斯城公交路线查询

堪萨斯城公共交通卡		
种类	价格	介绍
单程卡（one Pass）	1.5美元	单程票，残疾人、青少年、老人可减半
日卡（1-Day Pass）	3美元	一日内大部分公交不限次数乘坐
10次卡（10-Ride Pass）	20.25美元	30天内大部分公交可以不限次数乘坐
月卡（30-Day Pass）	50美元	按照次数，可使用10次

堪萨斯城玩点速览+线路推荐

玩点速览

Nelson-Atkins艺术博物馆

Nelson-Atkins艺术博物馆（The Nelson-Atkins Museum of Art）是美国著名的艺术博物馆之一，以收藏亚洲艺术和新古典主义艺术品为主。该馆建于1930年，于1933年首次对外开放。由于当时全球处于经济大萧条时期，艺术品市场涌现出大量低价倾销的珍贵艺术品，所以该馆得以在短期内收购了大量的珍贵艺术品，从而奠定了该馆为美国重要艺术博物馆的基础。

旅游资讯

🏠 Nelson-Atkins Museum of Art,Kansas City,MO 64111

🕐 周一、周二闭馆，周三10:00~16:00，周四至周五10:00~21:00，周六10:00~17:00，周日12:00~17:00

$ 免费

📶 www.nelson-atkins.org

考夫曼表演艺术中心

考夫曼表演艺术中心（Kauffman Center For the Performing Arts）是一个集音乐、歌剧、戏剧、典礼举办为一体的艺术中心。这里会展示世界各地的文艺表演，包括流行音乐、歌剧、爵士乐、芭蕾舞等。这里的建筑都设有玻璃屋顶和玻璃墙，使人们可以从这里俯视堪萨斯城的景致。

旅游资讯

🏠 1601 Broadway St.,Kansas City,MO 64108

🕐 10:00~18:00

📶 www.kauffmancenter.org

自由纪念堂和博物馆

自由纪念堂和博物馆（The Liberty Memorial Restoration and Museum）是一个以第一次世界大战为主题的博物馆。这里的自由纪念碑，是堪萨斯城的地标性建筑物，不但有与第一次世界大战有关的照片、信件、武器、电报机等，还有很多参加过第一次世界大战的士兵遗物。

旅游资讯

🏠 100 W.26th Street,Kansas City,MO 64108

🕐 周日至周五10:00~17:00，周六9:00~17:00

$ 14美元

📶 www.theworldwar.org

线路推荐

DAY 1

考夫曼表演艺术中心 ➡ 自由纪念堂和博物馆

考夫曼表演艺术中心 / 游览考夫曼表演艺术中心，并听一场歌剧

午餐后，步行33分钟到达自由纪念堂和博物馆

自由纪念堂和博物馆 / 参观第一次世界大战博物馆，体验军事迷的世界

DAY 2

Nelson-Atkins艺术博物馆

Nelson-Atkins艺术博物馆 / 参观藏品丰富的博物馆，之后去品尝堪萨斯城的美食

堪萨斯城高性价比住宿地推荐

对于地处美国中部大平原的堪萨斯城来说，治安相对较好，虽然是中西部的交通枢纽，但是堪萨斯城人口稀少，旅馆也比较好找，价钱低廉。下面给大家推荐几个相对来说性价比高的住宿地。

高性价比住宿地推荐				
名称	地址	网址	参考价格	亮点
Comfort Suites Speedway - Kansas City	3000 North 103rd Terrace, Kansas city,KS 66109	www.comfortsuitesspeedway.com	大号床套房86美元，特大号套房105美元	酒店距离Schlitterbahn Waterpark水上公园仅1.6公里，距离堪萨斯城国际机场35.4公里，距离Charles B. Wheeler Downtown Airport机场30.6公里，周边地区还设有各种餐馆和鸡尾酒酒吧
Holiday Inn Express Village West	1931 Prairie Crossing/ Parallel, Kansas city,KS 66111	—	特号大床房109美元，大号双人房128.95美元，特大号床房153.95美元	酒店设有1个小型健身房和1个商务中心，客人还可以在大堂舒适的休息区放松身心。酒店距离堪萨斯赛道5.12公里，距离堪萨斯市T-Bonnes棒球场1.6公里

名称	地址	网址	参考价格	亮点
Candle-wood Suites Kansas City	10920 Parallel Parkway, Kansas City,KS 66109	—	大号床一室公寓93.99美元，标准间114.99美元，大号床套房134.99美元	该酒店距离Verizon无线圆形剧场、名人堂和国家农业中心音乐厅只有几分钟的路程，堪萨斯城动物园和堪萨斯大学也在附近
Court-yard Kansas City at Briarcliff	4000 North Mulberry Drive,Kansas City, Missouri, 64116	www.marriott.com	双人大号床房间99美元，特号大床房99美元	该酒店内设有一个商务中心和一个健身中心，还提供一个自动洗衣店和一个24小时服务的前台，内部的小酒馆、餐厅和酒吧为客人提供新鲜健康的早餐、午餐和晚餐可以选择
Oak Tree Inn Kansas City	501 Southwest Boulevard,Kansas City, KS 66103	www.oaktreeinn.com	大号房间57.85美元，特大号房间64.35美元	这家宾馆距离堪萨斯大学医院（University of Kansas Hospital）约1.6公里，距离斯普林特中心（Sprint Center）和堪萨斯城会议中心（Kansas City Convention Center）均不到8分钟车程

堪萨斯城百里挑一的经济餐

　　堪萨斯城美食遍地，因为地处美国中部粮仓，所以食物的新鲜感是别的城市所感受不到的。这里有美国传统的美食，像汉堡、炸鸡等。最出名的美食当属堪萨斯的烧烤了，堪萨斯的烧烤是美国很有特色的一种烧烤，不但香脆美味，而且著名餐馆极多。

寻找经济餐的好去处

Joe's Kansas City

　　Joe's Kansas City就是原来的Oklahoma Joe's，虽然店面不大，可是这里却是美国最著名的烧烤店之一。每天都有人排起长队，甚至有些游客会不远万里地跑来品尝一下这家BBQ馆子的美食，很难想象这是一家从小加油站里发展起来的餐厅。在2010年，Oklahoma Joe's甚至还登上了皇家美食第一名的位置，人均消费74～144美元。

旅游资讯

🏠 3002 West 47th Avenue Kansas City,Kansas 66103

🕐 周一至周四11:00～21:00，周五至周六11:00～10:00，周日休息

📶 www.joeskc.com

菲奥雷拉杰克烧烤

　　菲奥雷拉杰克烧烤（Fiorella's Jack Stack Barbeque）也是堪萨斯城的著名BBQ馆子之一，价格相对Joe's Kansas City来说要便宜一些，而且这里适合携带儿童用餐，不仅如此还可以打电话预订和食物打包，这里的烤排骨是一绝，推荐品尝下，人均消费40美元左右。

旅游资讯

🏠 3441 Holmes Rd.,Kansas City,MO 64145

📞 800-2601191

📶 jackstackbbq.com

Drunken Fish - Power & Light District

　　这是一家日本餐馆，食物鲜美，价钱实惠，这里的海鲜、寿司都很新鲜，厨师的技术也很好。在这里享受完美味的食物之后，再来一

杯招牌鸡尾酒或是马蒂尼酒，也是一种不错地选择，这里人均消费11～30美元。

旅游资讯

🏠 Kansas City Power&Light District,14 E 14th St.,Kansas City,MO 64106

📞 816-4747177

🕐 11:00～22:00

📶 www.drunkenfish.com

西港跳蚤市场酒吧和烧烤店

　　如果来到堪萨斯城，没去过西港跳蚤市场酒吧和烧烤店（Westport Flea Market Bar & Grill），那是很令人遗憾的一件事，这家店在当地已经有30多年的历史了。这里供应的都是汉堡、薯条、炸鸡、啤酒等标准的美式快餐，但是价格实惠，分量十足（甚至有高达4层的牛肉培根汉堡），又十分有家庭感般的装修，使得这家餐馆十分有家庭派对的气氛，最有特色的是餐馆还有一辆汉堡外形的送货车每天在帮自己宣传。悠闲的时候来这里吃个快餐，喝一杯酒也是不错的选择，这里人均消费11～30美元。

旅游资讯

🏠 817 Westport Rd,Kansas City,MO 64111

📞 816-9311986

📶 westportfleamarket.com

堪萨斯城本地人爱去的购物地

本地人爱去的购物中心

Crown Center

这是堪萨斯城一家位于密苏里州的大型购物中心，这里不但能找到便宜廉价的商品，还经常打折。其美食中心有各种美食，这里有时还可以举办演唱会，比如lady Gaga等明星都在这里举办过演唱会，冬天的时候，这里还有溜冰的场所。

旅游资讯

🏠 2450 Grand Blvd, Kansas City, MO 64108

📞 816-2748444

📶 www.crowncenter.com

乡村俱乐部购物区

乡村俱乐部购物区（Country Club Plaza）建立于1923年，是仿照西班牙南部城市塞维利亚创立的 一个购物区，这里的建筑大多数是模仿西班牙南部风格的，而且这里是世界上第一个汽车友好型购物中心，将几十条正常通行的机动车辆车道扩入它的区域，给人一种能开车穿梭在西班牙小镇购物的感觉，很值得一去。

旅游资讯

🏠 Country Club Plaza, Kansas City, MO 64112

📞 816-7530100

🕐 周一至周五9:00~21:00，周六10:00~21:00，周日12:00~18:00

📶 www.countryclubplaza.com

Zona Rosa Town Center

这一家购物中心商品比较全面，以生活物品和各种

美式家庭用具、衣服为主，这里也是一家有乡村风格装饰的购物中心。不仅如此，这里经常举办一些活动和音乐舞蹈表演，在圣诞节的晚上这里还会举办一些聚会，就像一个有特色的乡村小镇，热闹、纯净。

旅游资讯

🏠 8640 N Dixson Ave, Kansas City, MO 64153

📞 816-5878180

🕐 周一至周六10:00~21:00，周日12:00~18:00

📶 www.zonarosa.com

本地人爱去的特色市场

城市市场

城市市场（City Market）是堪萨斯州乃至密苏里州最大的农贸市场之一。这里每天开放，融农贸、购物、餐饮、娱乐为一体，不但能买到中部特色的产品和新鲜的瓜果蔬菜，而且露天的环境让这里别有一番风味。

旅游资讯

🏠 20 E.Fifth St.Kansas City,MO,64106
📞 816-8421271
🕐 周一至周五10:00～17:00,周六至周日8:00～15:00
📶 www.visitmo.com/city-market-kansas-city.aspx

堪萨斯城不花钱的娱乐活动

堪萨斯城虽然是堪萨斯州最大的城市，可是相对于很多大城市来说并不算大，人口也不是很多。这里除了一些景点和博物馆以外，值得一去的就是当地的艺术区了，来堪萨斯城参观一下艺术区也算是很有收获。

免费且丰富的娱乐活动

十字路口艺术区

十字路口艺术区（Crossroads Arts District）是堪萨斯城一个重要的景点，这里是全美最大的艺术走廊之一，可以参观别具一格的商店，具有艺术风格的餐馆和一些艺术画廊。如果喜欢的话，还可以买一些纪念品，当然，这里是不需要门票的。

旅游资讯

🏠 Broadway Blvd,Kansas City, MO 64108
📶 kccrossroads.org

TIPS 在这里如果手机网络信号不好的话，可以连接城市Wi-Fi，因为堪萨斯城是少有具备谷歌无线光纤的城市之一，意味着这里的网速会非常快。

堪萨斯城 → 俄克拉何马城

来回交通

乘长途巴士

从堪萨斯城到俄克拉何马城之间推荐乘长途巴士，飞机没有直达，需要转机。从堪萨斯城到俄克拉何马城有直达的灰狗巴士，需要44～51美元，约7小时30分钟。

俄克拉何马城玩点速览

景 国家牛仔与西部文化博物馆

国家牛仔与西部文化博物馆（National Cowboy & Western Heritage Museum）建立于1955年，是为了纪念美国西部牛仔和牛仔时代所建立。博物馆的面积达19000平方米，馆内不但拥有美国牛仔时代的照片、马靴、牛仔裤、马鞍、铁丝网等，还有大量的印第安人手工艺品和美国西部文化重点遗产。而且这里在每年6月的西部艺术邀请展和销售大赛时，还会被当成一个画廊展出。

旅游资讯

🏠 1700 Northeast 63rd Street Oklahoma City,Oklahoma 73111

📞 405-4782250

🕐 10:00～17:00（感恩节、圣诞节、新年闭馆）

💲 成人12.5美元，老人和学生9.75美元（62岁以上和带学生证的人），儿童5.75美元（5～12岁），5岁以下儿童免费

📶 nationalcowboymuseum.org

景 骨学博物馆

骨学博物馆（Museum of Osteology）是对骨头感兴趣的人必到的神奇博物馆，里面能看到各种骨架，小到海马大到恐龙的骨架，都可以在这里找到，是喜欢研究自然历史和对生物骨头感兴趣的人的好去处。

旅游资讯

- 🏠 10301 S Sunnylane Rd.,Oklahoma City,OK 73160
- 📞 405-8140006
- 🕐 周一至周五8:00～17:00，周六11:00～17:00，周日13:00～17:00
- 💲 成人8美元（13岁或13岁以上），儿童7美元（3～12岁儿童），3岁以下儿童可免票由成人带入
- 📶 museumofosteology.org

景 山姆侯爵俄克拉何马自然历史博物馆

山姆侯爵俄克拉何马自然历史博物馆（Sam Noble Oklahoma Museum of Natural History）是位于俄克拉何马大学校内的一所自然历史博物馆，馆内收藏着大量的学术标本，有近700多件标本，一共分成了12个大类，而且馆内收藏

有世界上最大的恐龙头骨之一，值得一看。

旅游资讯

- 🏠 2401 Chautauqua Ave.,Norman,OK 73072
- 📞 405-3254712
- 🕐 周一至周六10:00～17:00，周日13:00～17:00
- 💲 成人8美元，老人6美元（65岁以上老人），儿童及青少年5美元（4～17岁的人），3岁以下儿童可免票由成人带入
- 📶 samnoblemuseum.ou.edu

购 俄克拉何马市奥特莱斯购物中心

位于俄克拉何马市的奥特莱斯购物中心（Outlet Shoppes at Oklahoma City），是2011年开业的一家购物中心，和其他的奥特莱斯一样，其商品包括了各种中高端的品牌和顶级品牌。这里还有各种餐馆和别的配套设施。其也是整个俄克拉何马州唯一的奥特莱斯，游客如果在俄克拉何马州想购物，这里是必来的地方。

旅游资讯

- 🏠 7624 W Reno Ave. #380,Oklahoma City,OK 73127
- 📞 405-7873700
- 🕐 周一至周六10:00～21:00，周日11:00～19:00
- 📶 www.theoutletshoppesatoklahomacity.com

堪萨斯城 → 圣路易斯

来回交通

乘火车

　　从堪萨斯城乘坐美国国铁可以直达圣路易斯，但是不如长途巴士省时间，时长约5小时40分钟，票价约30美元。

堪萨斯城联合车站信息	
地址	30 W Pershing Rd.,Kansas City,MO 64108
电话	816-4602000
到达方式	乘47、661、670、671等公交车在south站下
相关介绍	1914年建成的火车站，非常有特色，平时游客也不多

圣路易斯中央车站信息	
地址	1820 Market Stree,St.Louis,MO
电话	314-4216655
到达方式	在Dotown的Market大街上，介于18th Street和20th Street之间
相关介绍	曾经是美国最忙碌的火车站，内部设有商店、旅馆、剧院以及提供现场表演

乘长途巴士

　　从堪萨斯城的灰狗巴士车站可以坐车直达圣路易斯的灰狗巴士车站，比较省时省力，价钱也相对较低，时间约4小时30分钟，票价23～27美元。

圣路易斯玩点速览

景 圣路易斯拱门

　　圣路易斯拱门（St. Louis Gateway Arch）完工于1965年，是为了纪念早期美国人开拓时期跨过密西西比河而修建，象征着美国向西部未知的领域探索开发的过程，已经成为了圣路易斯地标性的建筑之一。这座宏伟的不锈钢拱门高达192米，而且还有电梯可以直通拱门的最高处，有趣的是电梯还是斜着上升的，从拱门的最高处你可以把整个美丽的圣路易斯尽收眼底。

旅游资讯

🏠 Gateway Arch,Jefferson National Expansion Memorial,200 Washington Ave., St. Louis,MO 63102
📞 877-9821410
🕐 8:00～22:00
💲 10美元
📶 www.gatewayarch.com

景 圣路易斯大教堂

　　圣路易斯大教堂（Cathedral Basilica of Saint Louis）建立于1914年，是一座罗马天主教大教堂，为标准的欧式风格的教堂。教堂内部由马赛克构筑而成，有大量美轮美奂的雕塑，大厅穹顶壁画描绘着《圣经》里的场景，让人有一种叹而观之的感觉。教堂的地下还有一间博物馆，博物馆内收藏着大量的雕塑、绘画、乐器等。

旅游资讯

🏠 4431 Lindell Blvd,St. Louis,MO 63108
📞 314-3738200
🕐 7:00～17:00
📶 cathedralstl.org

> **TIPS** 如果不是天主教徒，每日要注意避开弥撒时间时前往参观，弥撒时间分别是7:00、8:00、12:05。

景 圣路易斯森林公园

圣路易斯森林公园（St. Louis Forest Park）位于城市西部，紧邻着有"西进之门"之称的圣路易斯拱门，森林公园融文化、旅游、体育、娱乐设施为一体，占地面积约5.26平方公里，是一个比纽约中央公园还要大的公园，也是整个美国占地面积数一数二的大公园。公园内包括了科学中心、杰斐逊纪念馆和历史博物馆、艺术博物馆、圣路易斯动物园等，甚至连高尔夫球场、网球场内的设施也是非常的完备，所以它是美国最好的公园之一，也是来到圣路易斯旅游的人最不能错过的景点。

圣路易斯动物园

圣路易斯动物园（St. Louis Zoo）由1913年开放至今，是一个规模庞大的动物园，同时也是美国保护动物工作最好的动物园之一。动物园占地面积约0.36平方公里，位于圣路易斯森林公园的西南部，

也是全球仅有的几个免费的动物园之一。这里的动物种类不仅多，而且还有很多有趣的体验项目，比如让孩子或者成人触摸相对温顺的动物，也可以在特别园区让游客和大量的动物亲近。

旅游资讯

🏠 1 Government Dr,St. Louis,MO 63110
📞 314-7810900（动物园）
📍 乘坐90路公交车 Forest Park下，从市区坐蓝线地铁在Forest Park站下车
💲 9:00～17:00（动物园）
免费
📶 www.stlzoo.org（动物园）

> **TIPS** 圣路易斯森林公园是一座免费的公园，不但动物园免费，里面的博物馆、纪念堂大部分也都是免费的，虽然有一些小项目是收费的，但是并不多。
>
> 动物园非常大，至少要留下半天的时间来游览。对于自驾去玩的朋友，动物园的停车场在South Entrance，停车费15美元，相对来说比较贵。你可以把车开到North Entrance，然后在动物园入口的路边找到停车位停下就可以了。

景 卡霍基亚土墩群历史遗址

卡霍基亚土墩群历史遗址（Cahokia Mounds State Historic Site）位于圣路易斯市东北部13公里处，是哥伦布发现美洲之前、印第安人在墨西哥以北地区最大的聚居地之一。该遗址800~1400年开始有人居住，包括120多个土丘，是标准的古代社会部落的居所。在遗址上还能看到一些古建筑，这是美洲大陆上最大的史前文明土木建筑，现被被评为世界文化遗产。如果你是一个热爱历史的游客，这是一个不得去的景点。

旅游资讯

🏠 Cahokia Mounds Museum Society,30 Ramey
Street,Collinsville,IL 62234

📞 618-3465160

💲 周三至周日9:00~17:00，周一、周二休息
约5美元

📶 www.cahokiamounds.org

TIPS 该遗址的门票是捐款的形式，给或是不给，或者给多少，游客可以自己把握。而且遗址就在公路旁边，如果不开门的时候游客从外面也能看到，只是没有在里面看得那么真切，感受也完全不同而已。

景 密苏里植物园

建立于1859年的密苏里植物园（Missouri Botanical Garden），是美国最古老的植物园之一，曾经是英国富商Henry Shaw的私人花园。当时这位富商在好几位著名植物学家的建议下，把这里建设成为一个多样化的植物园，内部包含了科研机构等，直到现在为止，密苏里植物园还是世界一流的植物园。

旅游资讯

🏠 4344 Shaw Blvd,St. Louis,MO 63110

📞 314-5775100

🕐 9:00~17:00

💲 成人8美元（13岁或13岁以上），13岁以下儿童免费

📶 www.missouribotanicalgarden.org

景 百威英博啤酒厂

百威英博啤酒厂（Anheuser—Busch Brewery）是世界上最大的啤酒制造商之一。来到这里，可以在啤酒厂参观啤酒制造的过程，了解世界畅销的啤酒是怎么样制成的，这里会有免费的导游带领游客进入，免费为游客讲解。游客游览的最后以试喝一杯免费的冰啤酒结束。

旅游资讯

- 🏠 Lynch St.&S 13th St.,St. Louis,MO 63118
- 📞 314-5772626
- 📍 推荐自驾前往，开车从Highway55到Arsenal出口下高速公路，顺着百威英博啤酒厂参观的指示牌前行便可到
- 🕐 周一至周六9:00～17:00
- 💲 免费

食 京园

京园（Mandarin House Restaurant）是圣路易斯本地的一家粤式茶点，对于吃不惯美式食物的中国人来说，如果想喝早茶的话，这里是一个很不错的选择。这里的小吃很赞，其中凤爪、虾饺、烧鸭、豆浆、油条等做得都不错，如果吃不完的话还可以打包带走。其食物分量很足，价钱也相当经济公道，人均消费11～30美元。

旅游资讯

- 🏠 Overland Plaza, St Louis, MO 63114
- 📞 314-4278070
- 🕐 周一至周四11:00～21:00，周五至周六11:00～22:00，周日11:00～14:00

购 圣路易斯购物中心

这是距离圣路易斯最近的一个购物中心，里面有大量的商铺，包括著名的梅西百货、苹果专卖店、Bloomingdale等。折扣相对其他购物中心来说还不错，但对于奥特莱斯来说还有些不足。另外，在一层有大量的美食，包括中餐，总的来说还算便宜。

旅游资讯

- 🏠 1155 St. Louis Galleria, Saint Louis Galleria, St. Louis, MO 63117
- 📞 314-8635500
- 🕐 10:00～21:00
- 🌐 www.saintlouisgalleria.com

堪萨斯城 → 明尼阿波利斯

来回交通

乘飞机

　　从堪萨斯城可以乘飞机直接抵达明尼阿波利斯，如果选择乘飞机抵达，那么Delta航空公司一般都会提供这两个城市之间的往返航班，时间约1.5小时，票价约177美元。

明尼阿波利斯·圣保罗国际机场信息	
地址	4300 Glumack Drive St.,Paul,MN 55111
电话	612-7265555
网址	mspairport.com
相关介绍	整个中西部最大、最繁忙的机场之一，由两个航站楼组成

乘火车

　　从堪萨斯城没有直达明尼阿波利斯的火车，如果要乘火车的话需要换乘长途巴士，时间也会比长途巴士长的多，所以不推荐乘坐。乘火车所需时间约15.5小时（含乘长途巴士时间），票价约127美元（火车票）。

乘坐长途大巴

　　从堪萨斯城到明尼阿波利斯，可以乘坐灰狗巴士。长途巴士没有飞机那么快捷但是要经济实惠得多，还可以欣赏沿途的风光，如果时间充裕的话可以选择灰狗巴士，时间约9.5小时，票价63美元左右。

明尼阿波利斯玩点速览

景 石头拱桥

　　明尼阿波利斯的石头拱桥（Stone Arch Bridge）建于1883年，最初，这座横跨密西西比河的拱桥一直被当作一座铁路大桥使用，直到1965年才停止。这座石桥是美国铁路时代的象征，同时也是明尼阿波利斯的地标性建筑。这座桥于1980年开始修复，为了保护这座古迹，现在桥上已经禁止机动车辆通过，主要用于人们散步、跑步、骑行等，使得这座古老的石桥和周围的现代化城市形成了一个有趣的差异，同时该桥是观赏圣安东尼瀑布的最佳观测点之一。

旅游资讯

🏠 Between the 3rd Avenue Bridge and the I-35W Saint Anthony Falls Bridge, Minneapolis,MN 55401

📞 612-2306400

📍 免费

💲 stonearchbridge.com

景 沃克艺术中心

　　沃克艺术中心（Walker Art Center）是一家国际知名的艺术中心，它的艺术收藏、表演、展览、艺术电影等都引领着世界的潮流。20世纪40年代，吉尔伯特·沃克给博物馆捐赠了一份重礼，包含了毕加索、贾尔等人的雕像作品，是该艺术中心重要的展品，但是现在沃克艺术中心还是以现代艺术展品为主。如果有爱好现代艺术的朋友，绝对不可以错过。

旅游资讯

🏠 1750 Hennepin Ave.,Minneapolis,MN 55403

📞 612-3757600

💲 成人14美元，62岁以上老人12美元，学生9美元，18岁以下青少年免费；周四17:00～21:00免费，每月第1个周六免费

🕐 周二、周三、周五至周日11:00～17:00，周四11:00～21:00；周一不开放，新年等主要节假日不开放

📶 www.walkerart.org

景 明尼阿波利斯艺术中心

明尼阿波利斯艺术中心（Minneapolis Institute of Art）是一座非常具有艺术感的博物馆，从远看其外观几乎就是一座缩小版的大都会博物馆。它虽然没有大都会博物馆那么巨大，但是这里的藏品十分丰富，一共分成3层，第一层基本都是商店和餐馆等配套设施，第二层是大量的亚洲、非洲的古代展品，其中包括宋代的瓷器、乾隆时期的绘画等，最上面一层是欧洲和美洲的当代艺术展品。馆内的展品不但很有特色，质量也很高，值得来看看。

旅游资讯

🏠 2400 Third Avenue South,Minneapolis, MN 55404

📞 612-8703000

📍 乘坐11、18路公交车可以抵达，但是到站后需要稍微走一段

🕐 周二至周三、周六至周日10:00～17:00，周四至周五10:00～21:00；周一不开放，7月4日、感恩节、平安夜、圣诞节不开放

💲 免费，特别展览需要单独付费

📶 new.artsmia.org

景 城市磨坊博物馆

城市磨坊博物馆（Mill City Museum）是在全美最大的面粉磨坊的废墟上建造而来，描述了诞生于磨坊中的金牌面粉的发展史，是美国面粉工业的摇篮，现在被大量的艺术家改造成别具一格的艺术创意园区。这里紧靠着密西西比河畔，给人带来一种近代遗迹和现代艺术的双重冲击力，非常有感觉。

旅游资讯

🏠 704 South 2nd Street,Minneapolis,MN 55401

📞 612-3417555

💲 成人12美元，学生以及老人10美元（凭证件，老人需65岁以上），青少年6美元（5～17岁），5岁以下儿童免费

🕐 周二至周六10:00～17:00，周日12:00～17:00；周一（只在7～8月开放）10:00～17:00

📶 www.millcitymuseum.org

景 格斯里剧院

明尼阿波利斯是一个仅次于纽约的大型戏剧城市，格斯里剧院（Guthrie Theater）是这里最著名的剧院之一。其拥有非常现代艺术感的外观，在剧院内也可以观看到质量很高的戏剧、歌剧，这里还是表演、制作、教育和专业培训的中心。和纽约不同的一点就是，它远离了纽约的金融气息，让人感觉到只有艺术的存在。

旅游资讯

🏠 818 S 2nd St.,Minneapolis,MN 55415

📞 612-3772224

📶 www.guthrietheater.org

购 美国摩尔购物中心

美国摩尔购物中心（Mall of America）是位于明尼苏达州布卢明顿的一家大型购物中心，也是整个美国最大的购物中心之一。整个购物中心融购物、娱乐、餐饮为一体，包括了520多家商铺、50多家餐馆和一个大型的室内游乐场。据官方统计，这里需要86个小时才能逛完（每家店10分钟计算），但在这里几乎很少能看到一线品牌，大量的中上等或者中等品牌都能找到，包括Macy's、Bloomingdales、Nordstorm及Sears这四大商场。现在很多品牌商铺已经配备了中文服务专员，中国的银联卡也完全可以使用，如果想来这个地方逛个痛快，记得预留几天哦。

旅游资讯

🏠 8100 24th Ave S,Bloomington,MN 55425

📞 952-8838800

📍 自驾或每日有从布卢明顿（Bloomington）市中心开往商场的快车，每30分钟一班

🕐 周一至周六10:00～21:30，周日11:00～19:00

💲 免费

📶 www.mallofamerica.com

TIPS 美国摩尔购物中心虽然很大，但是折扣并不大，你可花9.95美元购买一本美国购物中心的购物券，这样就可以享受很多店铺的折扣或优惠了。不过，其所处的明尼苏达州的衣服、鞋子、食品这些物品都是免税的，另外在其顶层也有一些特价商店，可以淘一些便宜货。

购 阿尔伯特维尔奥特莱斯

阿尔伯特尔奥特莱斯（Albertville Premium Outlets）是位于明尼苏达州阿尔伯特维尔的品牌折扣店，这里不同于美国摩尔购物中心，虽然同样很少能看到顶级奢侈品牌，且有大量的中上等或者中等的品牌店，但这里的折扣力度要比美国购物中心大得多。再加上明尼苏达州的衣服、食品和鞋子不收税，所以来这里购物是一个不错的选择。

旅游资讯

🏠 6415 Labeaux Ave. NE,Albertville,MN 55301

📞 763-4971911

📍 建议自驾车前往

🕐 周一至周六10:00～21:00，周日10:00～19:00

💲 免费

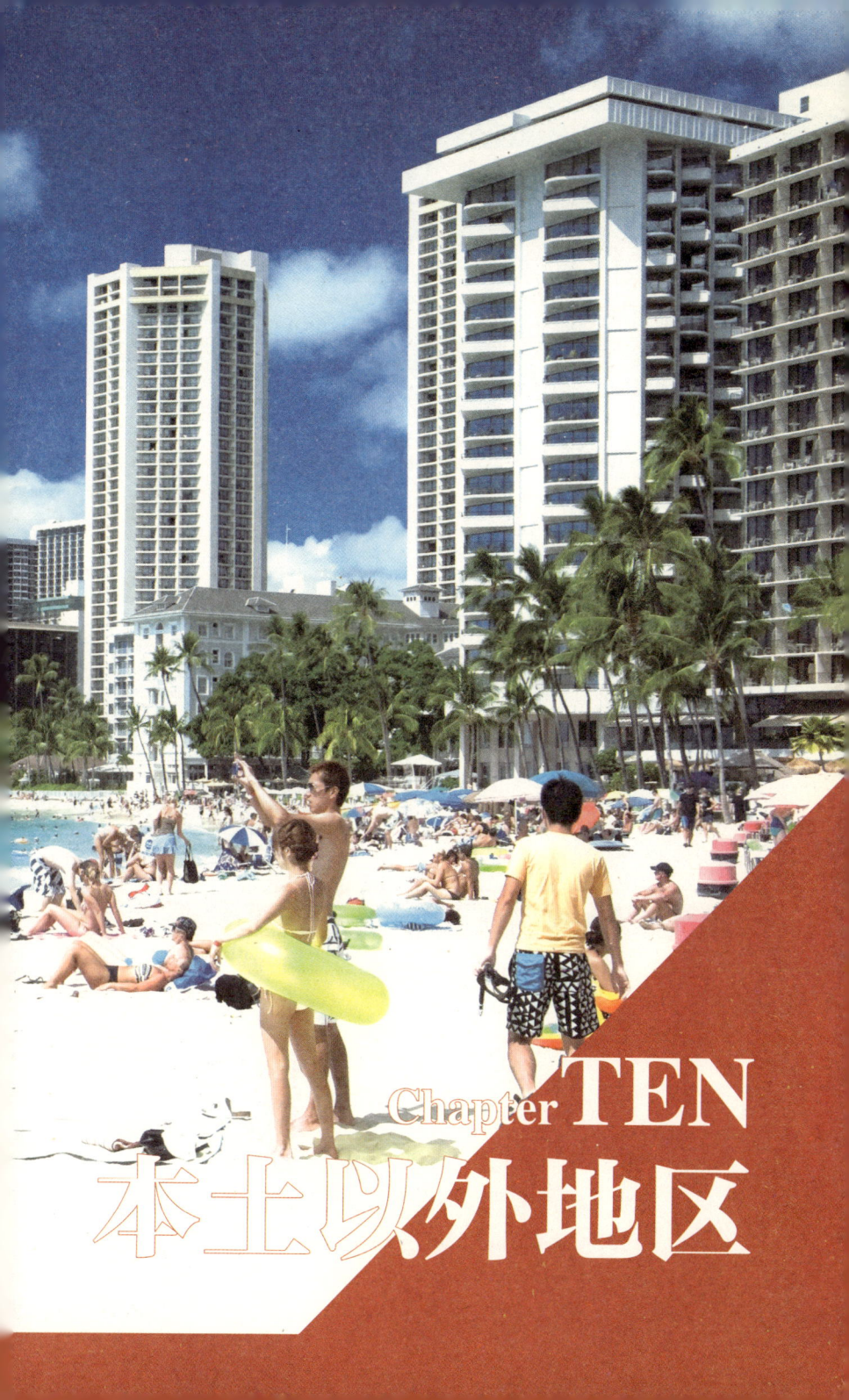

Chapter **TEN**

本土以外地区

檀香山

檀香山最优出行方案速查

机场到市区

欧胡岛上的檀香山国际机场是夏威夷的主要机场，几乎是外来游客到夏威夷的唯一进出口。不过需要注意，在中国国内查询前往夏威夷的航班时，抵达城市要写火奴鲁鲁（Honolulu），而不是写夏威夷或檀香山。

檀香山国际机场信息	
地址	300 Rodgers Boulevard,Honolulu,HI
电话	808-8366411
网址/二维码	www.honoluluairport.org
相关介绍	从中国飞往檀香山的航班包含了日本航空、大韩航空、全日空航空、达美航空、联合航空等

机场至市区的交通			
交通工具	介绍	票价	注意事项
公交车（The Bus）	檀香山的公交车线路众多，覆盖面积广，一共有100多条线路，也是经济出行的首选	2.5美元	19、20路公交车可通往市区
机场摆渡车（NHL Shuttle）	机场摆渡车是在机场内由航站楼到出口处来回穿梭的巴士	免费	运行时间6:00~22:00
出租车（Taxi Cabs）	出租车可以从每个航站楼的行李领取处外面乘坐	到市中心40~45美元，每件行李加收0.5美元	出租车并不是很经济，考虑到檀香山发达的公交系统，可以考虑乘公交车

出行使用檀香山公交卡

在檀香山可以使用檀香山公交卡，其公交系统非常全面，这在全美都是少见的，一共有100多条线路，共计4200多个车站，基本上覆盖了岛上的每一个角落，出行非常方面。

檀香山公交车查询：hawaii.gov/hnl。

檀香山公交车查询

檀香山公交卡简介		
种类	价格	介绍
单程卡（One Pass）	2.5美元	单程票，残疾人、青少年、老人可减半
游客卡（Visitor Pass）	25美元	4日内所有的公交车不限次数乘坐
月卡（30-Day Pass）	60美元	30天内公交车不限次数乘坐

檀香山玩点速览+线路推荐

玩点速览

恐龙湾

  恐龙湾（Hanauma Bay）是夏威夷一个美丽的海湾，十分适合潜水和游泳。整片海湾几乎呈一个圆形，远看像一只卧着的恐龙而得名。恐龙湾的海水湛蓝，在阳光的照射下能清楚地看到水下很深的地方。在整片海湾的浅海处还可以清楚地看到很久以前火山喷发形成的火山岩，而且这里的鱼类一点也不怕人，站在水里都能看到很多鱼在脚边游来游去。在这里潜水，有时候甚至都不需要潜水器，只用通气管和潜水镜就可以进行。

旅游资讯

🏠 Hanauma Bay,Honolulu,HI 96825

📞 808-3964229

📍 乘坐公交车22路可到；威基基东面约10英里，走72号公路前往欧胡岛的东南端

🕐 周二关闭，其他时间每日从早上6:00即开放。因为是夏威夷极其热门的景点，建议提早来这里游玩，否则仅仅是购票进入海湾，就需等待很长的时间

💲 7.5美元，13岁以下的儿童或夏威夷居民免费，停车费为每辆车1美元

📶 www.honolulu.gov

夏威夷钻石头山

夏威夷钻石头山（Diamond Head）是位于欧胡岛东南角的一座死火山，也是全岛能俯瞰整个檀香山的地方，还是当地传说中的女火神Pele的家。"钻石头山"的名字是19世纪的英国水手所起，因当时他们误认为石头中的方解石结晶是钻石而得来。因为此地紧挨威基基海滩，所以吸引了大量的游客前来游览，尤其是登上山顶以后，可在那里观看美丽的夕阳或日出。因为它美丽的自然风光，所以当年火极一时的美剧《迷失》在此取景。

旅游资讯

🏠 Diamond Head State Monument,Honolulu,HI 96815
📞 808-5870300
🕐 6:00~18:00
📶 www.hawaiistateparks.org

亚利桑那号战列舰纪念馆

亚利桑那号战列舰纪念馆（USS Arizona Memorial）是为了纪念当年"珍珠港事件"所遇难的美国官兵而建造，于1980年建成，纪念馆建立在海底填充物上，呈拱形，长约56米，下方就是亚利桑那号战舰的残骸。纪念馆里镌刻着1177名牺牲在亚利桑那号战列舰上的水兵的名字，这里也是著名的"珍珠港事件"的纪念地之一，非常有纪念意义。因为当年电影《珍珠港》取景于此，所以此处游客每日都络绎不绝。

旅游资讯

🏠 1 Arizona Memorial Pl,Honolulu,HI 96818
📞 808-4223399
📍 距离檀香山国际机场约12公里路程；从阿拉冒纳出发的50路、51路、和52路公交车以及从怀基基出发的20路公交车在纪念馆均有站
🕐 7:00~17:00（8:00~15:00间有活动）
💲 免费
📶 www.nps.gov/valr

TIPS 这里虽然是免费的，但是每天都限量发票，每天只发2000张门票，先到先得，如果想拿到门票，那就早点来吧！

密苏里号战列舰纪念馆

密苏里号战列舰纪念馆（USS Missouri）是在密苏里号战列舰基础上建立的，完整地保存了密苏里号战列舰的全貌。密苏里号是一艘著名的战列舰，是1945年9月2日日本无条件投降时的签字处，同时也是美国五星上将麦克阿瑟接受日本投降那张著名照片的拍摄处。这艘战列舰重达6万吨，舰身长达270米，其406毫米的主炮能将2400斤重的炮弹打向40公里以外的地方，是巨舰大炮时代的巅峰之作。

旅游资讯

- 🏠 USS Missouri BB-63 Memorial,Cowpens Street,Honolulu,HI
- 📞 877-6444896
- 🕐 6～8月8:00～17:00，9月至次年5月8:00～16:00，感恩节、圣诞节、新年关闭
- 💲 27美元
- 📶 ussmissouri.org

欧胡岛伊欧拉尼皇宫

欧胡岛伊欧拉尼皇宫（Iolani Palace, Oahu）位于檀香山市中心，是整个夏威夷的地标性建筑，也是美国境内唯一的皇宫（夏威夷王国1882～1893年最后两位国王的皇室宫殿），由"快

乐君王"卡拉卡瓦所建造。该皇宫深受欧式风格的影响，所以外形略像欧洲建筑，内部则装饰华丽，还保留有当年夏威夷皇室使用的名贵家具、各种珠宝以及工艺品。

旅游资讯

- 🏠 364 S King St.,Honolulu,HI 96813
- 🕐 周一至周六9:00～17:00
- 💲 导游带领20美元，自行游览12美元
- 📶 www.iolanipalace.org

威基基海滩

威基基海滩（Waikiki Beach）是檀香山的一处著名海滩，也是到夏威夷必去的一个海滩。海滩周围海水清澈，椰子树高大挺拔，远处的高楼比比皆是，蓝天大海美不胜收。这片海滩配套设施也很齐全，冲浪、划船、摄影都是不错的游玩选择。

旅游资讯

- 🏠 Waikiki,Honolulu,HI
- 🕐 全天
- 💲 免费

线路推荐

DAY 1

欧胡岛伊欧拉尼皇宫 ➡ 夏威夷钻石头山 ➡ 威基基海滩

欧胡岛伊欧拉尼皇宫 / 游览夏威夷王国的皇宫

驾车20分钟前往夏威夷钻石头山

夏威夷钻石头山 / 在这里登山，登顶后眺望整个欧胡岛美景

乘巴士10分钟前威基基海滩

威基基海滩 / 在这里沐浴阳光、戏水

DAY 2

亚利桑那号战列舰纪念馆 ➡ 密苏里战列舰纪念馆 ➡ 恐龙湾

亚利桑那号战舰纪念馆 / 参观该纪念馆，了解第二次世界大战中的"珍珠港事件"的经过

步行10分钟前往密苏里战列舰纪念馆

密苏里战列舰纪念馆 / 参观见证了第二次世界大战日本投降过程的军舰

驾车40分钟前往恐龙湾

恐龙湾 / 在这里潜水、游泳，享受阳光海滩带来的乐趣

檀香山高性价比住宿地推荐

由于夏威夷是世界闻名的度假胜地，地域狭小，所以这里的酒店相对来说价钱稍高，下面推荐一些性价比比较高的住宿地供大家选择。

高性价比住宿地推荐				
名称	地址	网址	参考价格	亮点
Park Shore Waikiki	2586 Kalakaua Avenue, Honolulu, HI 96815	www.parkshorewaikiki.com	双人间152.1美元，局部海景间188.1美元，海景间206.1美元	该酒店中的Yoshitsune餐厅提供正宗的日式早餐，并于午餐和晚餐时段供应新鲜日本料理、清酒和鸡尾酒。LuLu's Waikiki海滨餐厅全天供应海岛和亚洲-美式菜肴，并提供深夜娱乐和舞蹈活动
Ambassador Hotel Waikiki	2040 Kuhio Avenue, Honolulu, Hawaii 96815	www.ambassadorwaikiki.com	城景双人房115美元，市景阳台双人间125美元，部分海景房135美元	该酒店位于欧胡岛，坐落在威基基电车和公交车线路上，距离威基基海滩有5分钟的步行路程。酒店内还设有一个室外游泳池和咖啡馆
Oak Tree Inn Kansas City	2303 Ala Wai Boulevard,Waikiki,Honolulu,Hawaii 96815	www.holidaysurfhotel.com	一室公寓129美元，双人一室公寓139美元，4人一室公寓189美元	这间家庭酒店靠近檀香山的大部分热门景点，包括著名的威基基海滩。提供宽敞的客房，配备了所有居家般舒适的设施，包括设备齐全的厨房

续表

名称	地址	网址	参考价格	亮点
Queen Kapiol-ani Hotel	150 Kap-ahulu Ave., Honolulu, Hawaii 96815	www.queen-kapiol-ani.com	标准双人间159美元，市景双人间169美元，海景间219美元	这家酒店距离威基基海滩1个街区，提供可观钻石头山全景的室外泳池和日光露台，其宽敞的客房中配备了平板电视和迷你冰箱
Stay Hotel Waikiki	2424 Koa Av-enue, Honolulu, Hawaii 96815	www.stayho-telwaiki-ki.com	精品大号床房110.88美元，双床间133.92美元，大号床间（带沙发）144.72美元	这间精品酒店坐落在檀香山的威基基区中心，距离威基基海滩不到5分钟的步行路程，每间客房提供免费Wi-Fi连接。酒店距离檀香山动物园仅有几步之遥

檀香山百里挑一的经济餐

　　夏威夷群岛地处太平洋中部，这里的居民结构主要以美国人、原住民、华裔和日裔为主，所以这里的饮食除了海鲜以外，包含了大量的日本风格和中国风格，再配以美式口味，使得这里的食物兼容并蓄，十分有特色。

寻找经济餐的好去处

丸龟制面

　　丸龟制面（Marukame Udon）是位于威基基海滩附近的一家特色日本餐厅。该餐馆地理位置优越，可以在威基基海滩游玩之后前往这里大快朵颐。丸龟制面采取半自助的模式，客人需自己拿着餐盘点餐、取餐、买单。这里主打的食品是乌冬面和各色面食，还能吃到饭团、天妇罗等小吃，分量足并且十分便宜，但是需要排队，想来这里品尝美食的

人需要提前在饭点之前到来。人均消费5～10美元。

旅游资讯

🏠　2310 Kuhio Avenue,Honolulu,HI96815
📞　808-9316000
🕐　7:00～9:00，11:00～22:00

Jack in The Box

　　Jack in The Box是美国一家著名的汉堡连锁店，在美国很多地方都有分店。这里不但是一个很经济的饮食去处，而且给的分量特别足，一份套餐足以解决一顿饭了。最重要的是这家汉堡店仅在欧胡岛上就有十几家连锁店，你可随时找到距离自己最近的地方用餐，是适合经济出游的人用餐的地方。人均消费10～20美元。

旅游资讯

🏠　112 Oneawa St.,Kailua,HI 96734
🕐　24小时

檀香山本地人爱去的购物地

本地人爱去的购物中心

阿拉莫阿那中心

阿拉莫阿那中心（Ala Moana Center）是全球最大的露天购物中心，距离威基基海滩只有几分钟的车程，交通十分便利。这里汇聚了夏威夷几乎所有的精品店，共有290多间商铺和70多家特色美味餐馆，满足了顾客游玩、美食、购物的需求。

旅游资讯

🏠 1450 Ala Moana Blvd,Honolulu,HI 96814

📞 808-9559517

📍 从威基基海滩乘8、19、20、23、24、42路公交车可到；从北岸（North Shore）乘55路公交车可到；从檀香山国际机场乘19或20路公交车可到

🕐 周一至周六9：30～21：00，星期日10：00～19：00；Makai Market美食广场每日9:00开始营业

📶 www.alamoanacenter.cn

> **TIPS** 可以到阿拉莫阿那中心的中文网站免费领取"优惠券大全"享受折扣优惠；到商铺购物的时候，也可以拿到一个停车优惠券，可以以很便宜的价格停车。

DFS威基基免税总汇店

DFS威基基免税总汇店（DFS Galleria Waikiki）是夏威夷州最大的免税商店。这里的商品包罗万象，从一线奢侈品牌到本地的特色纪念品都可以在这里找到。而且这里对于游客来说购物很方便，里面的店员第一语言是日语，第二语言就是中文，而且店员很多都是亚裔。这里经常会有一些促销活动，适合游客前来购物。

旅游资讯

🏠 330 Royal Hawaiian Avenue,Honolulu, HI 96815

📞 808-9312700

📍 免费接送巴士（DFS Galleria Trolley Express），往返于各大饭店和DFS威基基免税总汇店之间，从11:05～23:05，平均每30分钟一班，分为西向路线（WEST ROUTE），停靠站名分别为Ala Moana Hotel、Hawaii Prince Hotel、Ilikai Waikiki Hotel、Hilton Hawaiian Village、东线（East Route），停靠站名为Duke's Statue.Aston Waikiki Beach、Ocean Resort Hotel、Hyatt Regency Hotel、Pacific Beach Hotel

🕐 11:00～22:30

本地人爱去的特色市场

欧胡岛国际市场

欧胡岛国际市场（International Market）是一个物品齐全的跳蚤市场，里面除了能买到各种新奇的小玩意和纪念品以外，还可以买到一些很美味的小吃。如果你运气够好的话，还能淘到一些有意思的小商品。而且这个市场是可以砍价的，但是记得不要砍得太多哦。

旅游资讯

🏠 2330 Kalakaua Ave., Honolulu, HI 96815
📞 504-8888832
🕐 周一至周六9:00～20:00，周日11:00～18:00
🛜 www.internationalnashville.com

檀香山不花钱的娱乐活动

夏威夷州最早期的本地居民是波利尼西亚人，所以在这里经常能看到夏威夷本地人的传统节庆和用表演展示他们的传统文化，如果来到这里你有时间值得去看一看。

免费且丰富的娱乐活动

库希欧海滩火把秀

库希欧海滩火把秀（Kuhio Beach Torch linghing&hula show）是一个非常有夏威夷本土文化特色的表演，每天都在库希欧海滩公园表演。库希欧海滩公园临近檀香山动物园，位于钻石头山脚下。如果想了解夏威夷本土的历史与文化，这个表演无疑是最佳的方式。

旅游资讯

🏠 Kuhio Beach,Honolulu,HI 96815
📍 免费
🕐 周二、周四、周六至周日18:30～19:30

檀香山 → 夏威夷大岛

来回交通

乘飞机

　　欧胡岛和夏威夷大岛之间每天都有航班来往，乘坐飞机所需时间约55分钟，价格约94美元。

夏威夷大岛玩点速览

景 夏威夷火山国家公园

　　夏威夷火山国家公园（Hawaii Volcanoes National Park）位于夏威夷大岛，拥有冒纳罗亚（Mauna Loa）和基拉韦厄（Kīlauea）两座现代活火山，同时也是世界上最活跃的活火山之一。在这里你可以看到在世界其他地方看不到的景观，如岩浆从喷发到冷却的过程，还可以感受火山不断在改变着周围的环境。为了安全起见，可以在观景台上进行观赏。不但如此，在去往国家公园的路上，会时而下雨、时而起雾，你可看到火山周围因天气多变而形成的景色。

旅游资讯

🏠 Hawaii Volcanoes National Park,1 Crater Rim Drive,Hawaii Volcanoes National Park,HI 96718

📞 808-9856000

🕐 公园24小时开放，基拉韦厄访客中心7:45～17:00

💲 按车辆收费，每辆车交费10 美元，7天内有效；若按个人收费，每人收费5美元，7天内有效；未满15岁的人免票

📶 www.nps.gov/havo/index

TIPS 夏威夷火山国家公园和别的国家公园不同，因为上面什么设施也没有，所以需要早做准备。去之前一定要带足够的食物、水、汽油，因为在上面一呆就要一整天；而且一定要在有标志的路上走，提示危险的区域千万不要去，并且最好带一件外套，以备不时之需。

景 冒纳凯阿火山

冒纳凯阿火山（Mauna Kea）是夏威夷地区的一座著名活火山，海拔高度约为4207米，如果算上海底的部分，高度将超过1万米，是世界上最高的山体。冒纳凯阿火山虽然海拔很高，但是人在上面不会有很严重的高原反应，因为这里植被众多，含氧量丰富，一般人都可以适应。除此之外，在这里还可以看到周围的云海，会让人有一种置身于仙境的感觉，非常奇妙。入夜以后，还可以自驾或者跟团来这里观星，由于这里海拔过高而且空气好，以至于给人的感觉距离天空非常近。山上有几架天文望远镜，可以供游客观看满天星斗。

旅游资讯

🏠 Mauna Kea Access Rd,Hilo,HI 96720

TIPS 如果自己开车去火山的话，有些山路会不太好走，而且很多租车公司都规定不可以将车开到这里来，所以可以报一个当地的旅游团到达火山口。而且由于海拔过高，所以如果去的话，需要带一件厚外套，因为这里的气温会很低。

景 侏罗纪公园

侏罗纪公园（Jurassic Park）为当年经典电影《侏罗纪公园》和《哥斯拉》的主要取景地。这里又叫作谷兰尼牧场，是一个私人牧场，位于高山、大海之间。如果你来到这里游览，不但能看到许多当年拍摄《侏罗纪公园》留下的遗迹，也能看到《哥斯拉》留下的印记，如巨大的脚印、熟悉的电围栏和巨大的铁门，尤其是巨大的哥斯拉脚印，深达6米左右。你可以一边游览一边听导游的讲解，进一步了解到这些经典电影拍摄时的有趣故事。

旅游资讯

🏠 49-560 KamehamehaHwy,Kaneohe,HI 96744

📞 808-2377321

🕐 8:30～17:30

📶 www.ohanahawaiitour.com/ohanahawaii

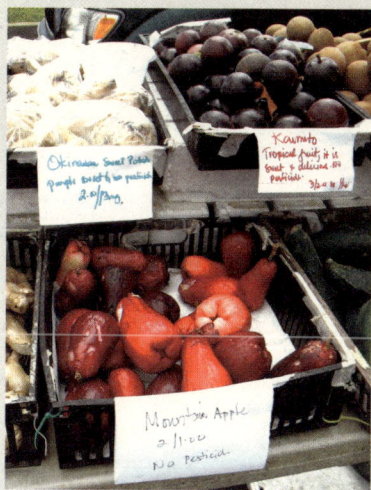

购 希洛农贸市场

希洛农贸市场（Hilo Farmers Market）是到达夏威夷大岛的第一站，也是全岛很著名的一个农贸市场，有超过20年的历史。这里有各种商贩出售的新鲜蔬菜和农副产品，以及各种小吃和手工艺品，包含了木瓜、香蕉、芒果、煎火腿、糯米寿司、草鞋、T恤、木雕等商品。而且这里的水果、蔬菜价格是全岛最便宜的，如果从希洛机场下飞机前往夏威夷火山国家公园，这里是补给最合适的地方。

旅游资讯

🏠 Mamo St. & Kamehameha Ave交叉路口

🕐 周三和周六6:00～16:00

📶 www.hilofarmersmarket. com

APPEN-DIX 附录

应急电话

美国应急电话	
名称	**电话**
紧急救助（匪警、急救、消防）	911
美国移民局	800-3755283
医疗咨询	800-3396993
气象台	213-5541212
巴士服务华语服务专线	888-6295992
大都会火车咨询服务	800-3715465

驻美使领馆

中国驻美国使领馆信息			
名称	**地址**	**电话**	**网址**
中国驻美国大使馆	3505 International Place,N.W. Washington,D.C.20008	202-4952266	www.chinaembassy.org/chn
中国驻纽约总领事馆	520 12th Ave,New York,NY 10036	212-2449392	newyork.chinaconsulate.org/chn
中国驻芝加哥总领事馆	100 west Erie Street, Chicago,IL60654	312-8030095	www.chinaconsulatechicago.org/chn

续表

名称	地址	电话	网址
中国驻旧金山总领事馆	1450 Laguna Street, San Francisco,CA 94115	415-8525900	www.chinaconsula-tesf.org/chn
中国驻洛杉矶总领事馆	443 Shatto Pl,Los Angeles,CA 90020	213-807-8008	losangeles.china-consulate.org/chn
中国驻休斯敦总领事馆	3417 Montrose Boulevard,Ho-uston,Texas 77006	713-5201462	houston.china-con-sulate.org/chn

TIPS 中国公民遇到人员伤亡、财物被盗、亲友失踪、证件丢失等紧急情况，可拨打领事馆电话寻求领事保护与协助。

出行常识

财物盗抢

　　财物偷盗事件一般会发生在旅游景点、商业中心、餐厅等人员流动性较大的区域。在整个旅行过程中，一旦遭遇行李或贵重物品损坏、丢失、被窃等意外事件，需及时报损、报失或报警，以将损失降低到最低程度。值得一提的是，不要携带大量现金出门，也不要露财，同时还要随时留意自己随身携带的物品。当然，要随身携带身份证件或者复印件，当遇到警察检查护照等身份证件时，应该先让对方出示证件。

护照遗失

当你发现护照遗失后，应及时向当地警察局报失，以获得警察局出具的报失证明、丢失护照的书面报告，再去邻近的中国驻美国使领馆补办护照。补办护照需提供当地警察局的报失证明、丢失护照的书面报告、丢失护照的复印件、身份证原件及复印件、护照申请表、护照照片。你也可以在网上申请补办，然后去就近的使领馆申请一张旅行证，其效果等同于护照。

饮酒及吸烟

饮酒

美国的法律规定，喝酒法定最小年龄为21岁。小于21岁的人，如果到商家买酒则需要出示自己的有效证件，例如驾照或护照。如果不出示有效证件，则不可以购买。酒吧、夜店等场所，也会谢绝21岁以下的人进入。

吸烟

美国有严格的法律规定，人们不可以在公共场合吸烟，而且有越来越严格的限制。美国的大多数州都通过了全面禁烟法律，公共场合涵盖范围包括餐厅、酒吧、酒店大堂及公共卫生间，而且机场、巴士站、火车站也全面禁烟。每个州都有自己的禁烟法令，大多数州规定人的最低买烟年龄为18岁，在吸烟之前请仔细确认。

自驾常识

如果前往美国自驾的话，需要提前公证自己的驾照翻译件，并在旅途中随身携带。翻译驾照并公证的作用有两个，一是在不能提供原件的情况下证明副本和原件相符合，并且在遇到警察盘问的时候，可以出示以便让警察看懂；二是在本人不能出席的情况下，证明文件确实是本人亲笔签字。

TIPS 1.租车时要购买保险，租车公司的工作人员会解释保险的事情，如果购买了海外旅游意外险，可以考虑不再购买租车公司提供的顾客财产损失险。

2.Dollar、Hertz等几家租车公司，都要求租车人出示国际驾驶证或是驾照翻译公证件，租车代理在租车时也会对此做出提醒。建议最好和租车公司通过邮件确认好租车所需证件，以及证件的时效性。

租车

租车公司

在美国绝大多数地方没有车是没有办法出行的，所以美国的租车点有很多。除了机场外，各大租车公司在美国各大城市和一些重要城镇里都设有租车点。

美国主要租车公司推荐	
名称	**网址**
Hertz	www.hertz.com
Avis	www.avis.com
Enterprise	www.enterprise.com
Budget	www.budget.com
Dollar	www.dollar.com

租车比价网站

游客可提前在网上比较几家大型租车公司的租车价格，然后再选择最合算的进行预订。

租车比价搜索/代理推荐		
名称	**特色**	**网址**
Rentalcars	不做实际的租车业务，对Hertz、Avisa、Europcar、Alamo、Budet、National、Dollar、Thrifty等租车公司的数据进行比价，能找到性价比高的车子	www.rentalcars.com

名称	特色	网址
Hotwire	可比较Alamo、Budget、Dollar、Enterprise、Europcar、Hertz、National、Thrifty的价格	www.hotwire.com
租租车	国内租车代理，提供多国完善的租车代理服务。提供免费的GPS出租是一大亮点，价格有一定优势	www.zuzuche.com
Carhire3000/Rentalcars	与Rentalca rs共用数据库，登录网站界面不同，拥有更多的租车公司支持，可在多家租车公司备选车辆中进行选择	www.car hire3000.com
信诺全球租车（Auto Europe）	提供丰富的租车信息，备选车辆多	www.autoeurope.cn

需携带物品

中英文地图

在网上或书店买一份美国最新的中英文对照地图，也可到当地机场旅游服务中心索取，有些加油站也会提供免费地图。美国中部地广人稀，在中部一些州或者海拔比较高的地区，电子设备或许会收不到信号，所以需要带一份中英文对照的地图，以备不时之需。

GPS

GPS是在美国不熟悉路况的情况下自驾必备的物品，能够提供建议路线规划、语音提示和图像提示，建议使用便携式或者车载GPS。

其他物品

在外自驾，尤其是在偏远的野外或者内陆地区，尽量随车携带急救包、足够的水、指南针，以及汽车备用轮胎等物品，以应对自驾时的突发情况。

自驾注意事项

避让行人和校车

行人在人行通道上拥有绝对通行权，当有行人通过道路时，必须先停车让行人先通过。此外，当遇到校车时，应减速行驶，且校车在单行道停下后，你是不可以超车的。

必须系好安全带

司机和前排乘坐者均须系好安全带，1.1米以下的儿童须使用儿童安全椅，否则会被罚款（各州要求略有不同）。而且在任何时候司机都不可以把儿童单独留在车内，哪怕去上厕所也不可以，不然的话有人看到就会报警，并会以危害儿童罪起诉你。

切勿疲劳、超速、醉酒或无照驾驶

在街道或公路上通常都有摄像头测速，超速行驶会被重罚。要注意，不同路段的车速限制也有所不同，一般高速公路的限速为60～75英里（96～120公里）/小时（各州情况略有不同）。一定不要喝酒和无照驾驶，这属于刑事犯罪，将被罚款甚至入狱。

注意路况

美国的路况总体较好，驾车的人也非常守规矩，很多高速公路为单向两车道，在开车时，要随时留意路况和周边环境，留意自己是否违规或者是否超速。